一册制企业IPO实战指南

实战指南

IPO全流程与案例深度剖析

尹松林◎著

人民邮电出版社

北京

图书在版编目（ＣＩＰ）数据

注册制企业IPO实战指南：IPO全流程与案例深度剖析 / 尹松林著. -- 北京：人民邮电出版社，2021.9
ISBN 978-7-115-56779-6

Ⅰ. ①注… Ⅱ. ①尹… Ⅲ. ①上市公司—公司法—中国—指南 Ⅳ. ①D922.291.91-62

中国版本图书馆CIP数据核字(2021)第130505号

内 容 提 要

    企业改制上市是一项系统工程，无论是行业龙头的大型企业，还是身处细分市场的中小企业，都必须严格遵守国内资本市场的各项法律法规。为更好地引导各行各业的拟上市企业充分了解中国多层次资本市场，帮助企业熟悉注册制下改制上市的流程和条件，本书主要内容包括中国多层次资本市场的介绍、注册制下各个板块的上市条件、改制辅导实务、IPO 审核中的常见法律问题案例、常见财务问题案例以及最近两年被否企业原因等。立足实务，避开知识、理论、法律条文的简单堆砌，为读者提供清晰的思路及实用的上市辅导，适合拟上市企业的中高层人士、财务会计从业人员及投资机构人士阅读和使用。

◆ 著　　　　　尹松林
　　责任编辑　刘晓莹
　　责任印制　彭志环

◆ 人民邮电出版社出版发行　　北京市丰台区成寿寺路 11 号
　　邮编　100164　　电子邮件　315@ptpress.com.cn
　　网址　https://www.ptpress.com.cn
　　三河市祥达印刷包装有限公司印刷

◆ 开本：700×1000　1/16
　　印张：23.5　　　　　　　　　　2021 年 9 月第 1 版
　　字数：360 千字　　　　　　　　2021 年 9 月河北第 1 次印刷

定价：88.00 元

读者服务热线：(010)81055296　印装质量热线：(010)81055316
反盗版热线：(010)81055315
广告经营许可证：京东市监广登字 20170147 号

注册制是股票首次公开发行（即 IPO）的一种体制，是发行申请人依法将应当公开的一切信息和资料，合理制成法律文件上交给监管机构，监管机构只负责审查发行申请人提交的材料是否履行了信息披露义务的制度。在注册制背景下，要求上市公司真实、准确、及时地披露信息，对监管部门而言，只要依法对发行人的申请文件和信息披露内容的合法合规性进行审核即可，不对发行人的盈利能力和投资价值做出判断。

那么，注册制下企业如何成功实现上市？

笔者曾在会计师事务所从事 5 年的审计工作，后在券商投行部门从事企业 IPO 承销保荐工作 13 年，在企业上市方面积累了一些经验。目前企业在科创板、创业板发行上市实施注册制，未来注册制也将在主板实施，在这一背景下，笔者把从业 18 年以来积累的实用知识和实践经验总结成本书，尽可能以简洁的语言呈现给读者，希望读者通过阅读本书，对我国的资本市场、企业上市的流程、企业上市需遵守的法律法规、企业上市过程中遇到的常见财务、法律等问题及其解决方法有所了解，对于拟上市企业及其投资人做到知己知彼，期望能对其上市之路有所帮助，这是笔者写本书的初衷。

本书内容主要分为四个部分。第一部分主要介绍我国多层次资本市场的发展情况，以及在主板、科创板、创业板和精选层上市所依据的主要法律文件、上市的主要条件、相关规定和改制上市的流程，在总体上对资本市场有个基础认识。第二部分主要介绍改制设立股份有限公司，包括如何选聘中介机构、中介机构初步尽职调查、如何确定上市主体、股份有限公司成立及规范运作等内容。第三部分主要介绍辅导与申报，包括辅导、尽职调查和申报材料等内容。第四部分主要介绍 IPO 审核重点案例，主要包括常见法律问题、常见财务问题以及对 2019 年至 2020 年未通过的企业提出询问的主要问题汇总等内容。写作本书时，参考资料截至 2020 年 12 月。

　　本书的一大特点是从实战的角度出发，将上市过程中的各个环节或者某一问题的解决均描述到具体的实操细节，让读者通过阅读本书学到有用的知识。本书适用读者的范围广泛，既适合拟上市企业相关人员、投资机构人士阅读，也可以给券商、律师、会计师等中介机构人员作为案例参考书使用。如果您想了解我国资本市场以及企业上市的相关知识，阅读本书也能开卷有益。

第一部分　认识市场

第二部分　上市第一步：改制设立股份有限公司

第四部分　上市重难点：IPO 审核重点案例

认识市场

我国股票市场起步于 20 世纪 80 年代末，当时上海、深圳和北京等地开始出现股票交易柜台。1990 年 12 月，上海证券交易所成立，当时有 8 只股票上市交易，俗称"老八股"，深圳证券交易所于 1990 年 12 月 1 日开始试营业。

第1章 我国多层次资本市场体系

一、我国多层次资本市场体系已初步形成

证券交易所的成立、场内交易场所的形成，标志着我国股票市场的建设开始步入正轨。经过 30 多年时间，我国股票市场获得了较大的发展成果，至 2021 年 7 月 15 日，上市公司发展到了 4406 家，沪深两市总市值达 85.75 万亿元。其中在上海证券交易所（以下简称"上交所"）上市的公司有 1943 家（其中科创板上市公司 309 家），总市值达 48.36 万亿元；在深圳证券交易所（以下简称"深交所"）上市的公司有 2463 家（其中创业板上市公司 986 家），总市值达 37.39 万亿元。我国多层次资本市场体系如图 1-1-1 所示。

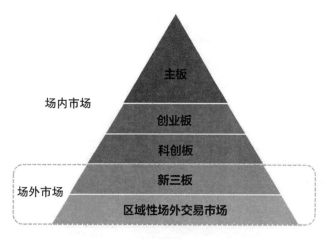

图 1-1-1　我国多层次资本市场体系

加快发展资本市场是国家根据新时期的需要而作出的重要战略部署。党的十八大报告提出，深化金融体制改革，健全促进宏观经济稳定、支持

实体经济发展的现代金融体系，加快发展多层次资本市场。这对资本市场支持实体经济发展提出了更高的要求。我国经济结构战略调整和产业升级迫切需要培养和扶植一大批高科技、高成长和创新性强的企业。中小企业的轻资产、不确定性等特点使其难以获得银行贷款支持，而资本市场能够为投融资双方提供风险共担、利益共享的机制，使其成为推动中小企业，特别是科技创新型企业成长的重要平台。发展多层次资本市场体系的意义在于，它能够为不同发展阶段的企业提供多元化的融资渠道，并最大限度地提高市场效率与提升风险控制能力。

经过 30 多年的发展，我国的多层次资本市场体系已初步形成。目前主要分为以下几个层次：主板市场；创业板、科创板市场；新三板市场和区域性场外交易市场。主板市场服务于行业龙头、大型和骨干型企业；创业板和科创板市场服务于处于成长中后期的具有自主创新能力的企业；而以全国中小企业股份转让系统（以下简称"新三板市场"或"全国股转系统"）和区域性场外交易市场（以下简称"四板市场"）为主体的场外市场主要服务于处于成长初期的小微企业。

主板市场：也称为一板市场，指传统意义上的证券市场，是证券发行、上市及交易的主要场所。主板市场对发行人的营业规模、股本规模、盈利水平等方面的要求标准较高。在主板市场上市的企业多为大型成熟企业，具有较大的资本规模以及较高、稳定的盈利能力。2004 年 5 月，经中华人民共和国国务院（以下简称"国务院"）批准，中国证券监督管理委员会（以下简称"证监会"）批复同意深圳证券交易所在主板市场内设立中小企业板块。2021 年 4 月，深圳证券交易所主板与中小板合并，合并后，原中小板上市公司的证券类别变更为"主板 A 股"，证券代码和证券简称保持不变。从资本市场架构来看，该板块也从属于主板市场。主板市场的公司在上海证券交易所和深圳证券交易所两个市场上市。

二板市场：包括创业板市场、科创板市场，是地位次于主板市场的二级证券市场，在上市门槛、监管制度、信息披露、交易者条件、投资风险等方面和主板市场有较大区别。其设立目的主要是扶持中小企业，尤其是高成长性企业，为风险投资和创投企业建立正常的退出机制，为自主创新国家战略提供融资平台，为多层次的资本市场体系建设添砖加瓦。

2019 年 1 月 28 日，证监会颁布《关于在上海证券交易所设立科创板并试点注册制的实施意见》，在上交所新设科创板，坚持面向世界科技前沿、面向经济主战场、面向国家重大需求，主要服务于符合国家战略、突破关键核心技术、市场认可度高的科技创新企业。重点支持新一代信息技术、高端装备、新材料、新能源、节能环保以及生物医药等高新技术产业和战略性新兴产业，推动互联网、大数据、云计算、人工智能和制造业深度融合，引领中高端消费，推动质量变革、效率变革、动力变革。

2020 年 6 月 12 日，证监会发布了《创业板首次公开发行股票注册管理办法（试行）》《创业板上市公司证券发行注册管理办法（试行）》《创业板上市公司持续监管办法（试行）》《证券发行上市保荐业务管理办法》。这些办法自公布之日起施行，宣告创业板审核也开始实施注册制。

新三板市场：指全国中小企业股份转让系统，是经国务院批准设立的全国性证券交易场所。全国中小企业股份转让系统有限责任公司为其运营管理机构。2012 年 9 月 20 日，该公司在国家工商总局（现为"国家市场监督管理总局"）注册成立，注册资本为 30 亿元。上海证券交易所、深圳证券交易所、中国证券登记结算有限责任公司、上海期货交易所、中国金融期货交易所、郑州商品交易所、大连商品交易所为公司股东单位。2020 年 1 月 19 日，全国股转系统颁布《全国中小企业股份转让系统股票向不特定合格投资者公开发行并在精选层挂牌规则（试行）》，这意味着符合条件的新三板挂牌公司可以申请公开发行并在精选层挂牌。

四板市场：区域性场外交易市场是为特定区域内的企业提供股权、债券的转让和融资服务的私募市场，一般以省级为单位，由省级人民政府监管。四板市场是我国多层次资本市场体系的重要组成部分，亦是我国多层次资本市场体系建设中必不可少的部分。四板市场对于促进企业特别是中小微企业股权交易和融资，鼓励科技创新和激活民间资本，加强对实体经济薄弱环节的支持，具有积极作用。

二、近十年国内 IPO 情况

IPO，是 Initial Public Offering 的简写，指首次公开发行。公开发行是指向不特定对象发行证券，或者向累计超过二百人的特定对象发行证券。根据《中华人民共和国证券法》的规定，公开发行需要中国证券监督管理机构核准。

截至 2020 年 12 月，自 2011 年以来的近十年来，累计 2100 余家公司通过 IPO 登陆国内资本市场，占目前上市公司总量的近一半，近十年来公司 IPO 累计融资金额约 18385 亿元，为经济发展提供了资金支持。最近几年，国家先后出台资本市场的支持政策，先后在科创板、创业板实施注册制，证监会也在推进全市场实施注册制。2020 年 7 月 30 日，中国共产党中央政治局召开会议，提出要推进资本市场基础制度建设，依法从严打击证券违法活动，促进资本市场平稳健康发展。2020 年 10 月 9 日，国务院印发《关于进一步提高上市公司质量的意见》，可以说国家更加重视资本市场的发展。我国 2011 年至 2020 年企业 IPO 融资金额、IPO 企业数量情况如表 1-1-1 所示。

表 1-1-1　2011 年至 2020 年企业 IPO 融资金额、IPO 企业数量情况

年份	IPO	
	融资金额（亿元）	企业数量（家）
2020 年	4719.00	395
2019 年	2532.48	203
2018 年	1378.15	105
2017 年	2301.09	438
2016 年	1496.08	227
2015 年	1574.25	222
2014 年	666.32	124
2013 年	0	2
2012 年	1030.00	154
2011 年	2688.47	277

注：2013 年因 IPO 暂停，融资金额为 0 亿元。

2020 年 1—12 月，企业通过 IPO 融资金额创历史新高，超过 2018 年、

2019 年两年的融资金额合计。当然，资本市场提供的股权融资不仅是 IPO 融资，还包括上市以后的增发、配股、可转债、优先股、公司债券等融资方式。近几年，上述方式的平均融资金额为 1.5 万亿元，而 2019 年全年人民币贷款增加 16.81 万亿元，通过资本市场融资的直接融资比重与通过银行贷款的间接融资比重仍存在较大差距。2020 年 11 月 30 日，在《中共中央关于制定国民经济和社会发展第十四个五年规划和二〇三五年远景目标的建议》辅导读本中，刊发了证监会主席《提高直接融资比重》的文章，指出截至 2020 年 9 月末，直接融资存量达到 79.8 万亿元，约占社会融资规模存量的 29%，"十四五"时期是我国开启全面建设社会主义现代化国家新征程的第一个五年。提高直接融资比重，对于深化金融供给侧结构性改革，加快构建新发展格局，实现更高质量、更有效率、更加公平、更可持续、更为安全的发展，具有十分重要的意义。我国 2011 年至 2020 年企业 IPO 融资金额如图 1-1-2 所示，企业 IPO 家数如图 1-1-3 所示。

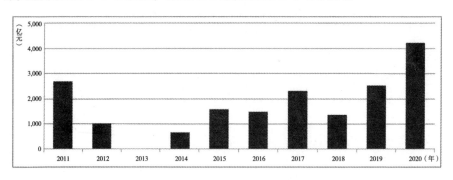

图 1-1-2　2011 年至 2020 年企业 IPO 融资金额

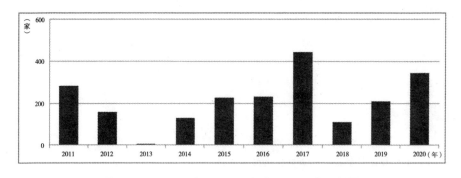

图 1-1-3　2011 年至 2020 年企业 IPO 企业数量

三、不同市场板块的简要比较

1. 交易代码的区别

在上海证券交易所上市的股票代码：主板以 600 开头，科创板以 688 开头。

在深圳证券交易所上市的股票代码：主板以 000 开头，创业板以 300 开头。

在全国股转系统挂牌的股票代码：新三板以 430 或 830 开头，老三板以 400 开头。

2. 开户条件、涨跌停板幅度的区别

不同市场板块的开户条件、涨跌停板幅度见图 1-1-4。

品种	准入资产门槛	是否T+0	涨跌停板
主板	无	T+1	10%
创业板	10 万元	T+1	20%
科创板	50 万元	T+1	20%
沪深港通	50 万元	T+0	无
新三板精选层	100 万元	T+1	30%

图 1-1-4 不同市场板块的开户条件、涨跌停板幅度

3. 审核制度的区别

科创板、创业板目前实施注册制，企业上市申请材料分别由上交所、深交所受理，并由上交所、深交所审核，审核通过后，提交证监会注册。

精选层挂牌的审核目前与科创板、创业板类似，拟挂牌精选层的新三板企业将申请材料提交给全国股转系统审核，全国股转系统审核通过后，提交证监会注册。

主板目前实施核准制，企业上市申请材料提交给证监会，证监会审核

通过并下发核准批文。

4. 发行上市条件的区别

企业选择不同的板块发行股票并上市的条件不同，此部分内容将在第 2 章至第 5 章专门介绍。

第2章　怎样可以在主板上市

一、在主板上市依据的法律文件

主板是指除科创板、创业板外的其他在上海证券交易所、深圳证券交易所上市的公司所在的板块。截至目前在主板的上市申请施行核准制，随着注册制的稳步推进，未来所有板块均将施行注册制。

在主板上市依据的主要法律、法规或规范性文件如表 1-2-1 所示。

表 1-2-1　在主板上市依据的法律文件

序号	文件名称	颁布机构	颁布时间
1	《中华人民共和国证券法》	全国人民代表大会常务委员会	2019-12-28
2	《中华人民共和国公司法》	全国人民代表大会常务委员会	2018-10-26
3	《首次公开发行股票并上市管理办法》	证监会	2020-7-10
4	《公开发行证券的公司信息披露内容与格式准则第 1 号——招股说明书》	证监会	2015-12-30
5	《公开发行证券的公司信息披露内容与格式准则第 9 号——首次公开发行股票并上市申请文件》	证监会	2006-5-18
6	《首发业务若干问题解答》	证监会	2020-6
7	《上海证券交易所股票上市规则》	上海证券交易所	2020-12-31
8	《深圳证券交易所股票上市规则》	深圳证券交易所	2020-12-31

二、在主板上市的主要条件

在主板上市的主要条件如表 1-2-2 所示。

表 1-2-2　在主板上市的主要条件

项目	条件
主体资格	依法设立且持续经营三年以上的股份有限公司
会计基础规范	发行人会计基础工作规范，财务报表的编制符合企业会计准则和相关会计制度的规定，在所有重大方面公允地反映了发行人的财务状况、经营成果和现金流量，并由注册会计师出具了无保留意见的审计报告
内部控制制度健全	内部控制制度健全且被有效执行，能够合理保证财务报告的可靠性、生产经营的合法性、营运的效率与效果。注册会计师出具了无保留结论的内部控制鉴证报告
独立性	资产完整，业务及人员、财务、机构独立
出资已缴足	发行人的注册资本已足额缴纳，发起人或者股东用作出资的资产的财产权转移手续已办理完毕，发行人的主要资产不存在重大权属纠纷
同业竞争和关联交易	与控股股东、实际控制人及其控制的其他企业间不存在对发行人构成重大不利影响的同业竞争，不存在严重影响独立性或者显失公平的关联交易
主营业务和管理团队稳定	最近三年内主营业务和董事、高级管理人员没有发生重大变化
控制权稳定	最近三年实际控制人没有发生变更
不存在违规担保	发行人的公司章程中已明确对外担保的审批权限和审议程序，不存在为控股股东、实际控制人及其控制的其他企业进行违规担保的情形
不存在资金占用	发行人有严格的资金管理制度，不得有资金被控股股东、实际控制人及其控制的其他企业以借款、代偿债务、代垫款项或者其他方式占用的情形
持续经营能力	不存在涉及主要资产、核心技术、商标等的重大权属纠纷，重大偿债风险，重大担保、诉讼、仲裁等或有事项，经营环境已经或者将要发生重大变化等对持续经营有重大不利影响的事项

项目	条件
生产经营符合国家产业政策	发行人生产经营符合法律、行政法规的规定，符合国家产业政策
不存在重大违法行为	最近 36 个月内不存在违反工商、税收、土地、环保、海关以及其他法律、行政法规，受到行政处罚，且情节严重的情形
董监高不存在处罚	董事、监事和高级管理人员不存在最近三年内受到证监会行政处罚或最近 12 个月内受到交易所的公开谴责，或者因涉嫌犯罪正在被司法机关立案侦查或者涉嫌违法违规正在被证监会立案调查且尚未有明确结论意见等情形
财务条件（同时满足）	（1）最近 3 个会计年度净利润均为正数且累计超过人民币 3000 万元，净利润以扣除非经常性损益前后较低者为计算依据 （2）最近 3 个会计年度经营活动产生的现金流量净额累计超过人民币 5000 万元；或者最近 3 个会计年度营业收入累计超过人民币 3 亿元 （3）发行前股本总额不少于人民币 3000 万元 （4）最近一期末无形资产（扣除土地使用权、水面养殖权和采矿权等后）占净资产的比例不高于 20% （5）最近一期末不存在未弥补亏损
依法纳税	发行人依法纳税，各项税收优惠符合相关法律法规的规定。发行人的经营成果对税收优惠不存在严重依赖
不存在重大偿债风险	发行人不存在重大偿债风险，不存在影响持续经营的担保、诉讼以及仲裁等重大或有事项
持续盈利能力	（1）不存在因经营模式、行业地位、经营环境、商标、专利、专有技术以及特许经营权等重要资产或技术影响持续盈利的情形 （2）不存在最近一年收入或净利润对关联方或重要客户的重大依赖 （3）不存在最近一年净利润主要来自合并报表外的投资收益

三、主要法律文件的规定

首次公开发行股票并在主板上市需符合下述文件的规定。

1.《中华人民共和国证券法》相关规定

关于首次公开发行股票的法律规定，适用于在主板、科创板、创业板及精选层上市，第十二条的部分具体规定如下。

公司首次公开发行新股，应当符合下列条件：

（一）具备健全且运行良好的组织机构；

（二）具有持续经营能力；

（三）最近三年财务会计报告被出具无保留意见审计报告；

（四）发行人及其控股股东、实际控制人最近三年不存在贪污、贿赂、侵占财产、挪用财产或者破坏社会主义市场经济秩序的刑事犯罪；

（五）经国务院批准的国务院证券监督管理机构规定的其他条件。

2.《首次公开发行股票并上市管理办法》相关规定

《首次公开发行股票并上市管理办法》"第二章 发行条件"规定了公司在主板发行的主要条件，主要条款规定如下。

第一节 主体资格

第八条 发行人应当是依法设立且合法存续的股份有限公司。

经国务院批准，有限责任公司在依法变更为股份有限公司时，可以采取募集设立方式公开发行股票。

第九条 发行人自股份有限公司成立后，持续经营时间应当在3年以上，但经国务院批准的除外。

有限责任公司按原账面净资产值折股整体变更为股份有限公司的，持续经营时间可以从有限责任公司成立之日起计算。

第十条 发行人的注册资本已足额缴纳，发起人或者股东用作出资的资产的财产权转移手续已办理完毕，发行人的主要资产不存在重大权属纠纷。

第十一条 发行人的生产经营符合法律、行政法规和公司章程的规定，符合国家产业政策。

第十二条 发行人最近3年内主营业务和董事、高级管理人员没有发生重大变化，实际控制人没有发生变更。

第十三条 发行人的股权清晰，控股股东和受控股股东、实际控制人支配的股东持有的发行人股份不存在重大权属纠纷。

第二节 规范运行

第十四条 发行人已经依法建立健全股东大会、董事会、监事会、独立董事、董事会秘书制度，相关机构和人员能够依法履行职责。

第十五条　发行人的董事、监事和高级管理人员已经了解与股票发行上市有关的法律法规，知悉上市公司及其董事、监事和高级管理人员的法定义务和责任。

第十六条　发行人的董事、监事和高级管理人员符合法律、行政法规和规章规定的任职资格，且不得有下列情形：

（一）被中国证监会采取证券市场禁入措施尚在禁入期的；

（二）最近36个月内受到中国证监会行政处罚，或者最近12个月内受到证券交易所公开谴责；

（三）因涉嫌犯罪被司法机关立案侦查或者涉嫌违法违规被中国证监会立案调查，尚未有明确结论意见。

第十七条　发行人的内部控制制度健全且被有效执行，能够合理保证财务报告的可靠性、生产经营的合法性、营运的效率与效果。

第十八条　发行人不得有下列情形：

（一）最近36个月内未经法定机关核准，擅自公开或者变相公开发行过证券；或者有关违法行为虽然发生在36个月前，但目前仍处于持续状态；

（二）最近36个月内违反工商、税收、土地、环保、海关以及其他法律、行政法规，受到行政处罚，且情节严重；

（三）最近36个月内曾向中国证监会提出发行申请，但报送的发行申请文件有虚假记载、误导性陈述或重大遗漏；或者不符合发行条件以欺骗手段骗取发行核准；或者以不正当手段干扰中国证监会及其发行审核委员会审核工作；或者伪造、变造发行人或其董事、监事、高级管理人员的签字、盖章；

（四）本次报送的发行申请文件有虚假记载、误导性陈述或者重大遗漏；

（五）涉嫌犯罪被司法机关立案侦查，尚未有明确结论意见；

（六）严重损害投资者合法权益和社会公共利益的其他情形。

第十九条　发行人的公司章程中已明确对外担保的审批权限和审议程序，不存在为控股股东、实际控制人及其控制的其他企业进行违规担保的情形。

第二十条　发行人有严格的资金管理制度，不得有资金被控股股东、实际控制人及其控制的其他企业以借款、代偿债务、代垫款项或者其他方式占用的情形。

第三节　财务与会计

第二十一条　发行人资产质量良好，资产负债结构合理，盈利能力较强，现金流量正常。

第二十二条　发行人的内部控制在所有重大方面是有效的，并由注册会计师出具了无保留结论的内部控制鉴证报告。

第二十三条　发行人会计基础工作规范，财务报表的编制符合企业会计准则和相关会计制度的规定，在所有重大方面公允地反映了发行人的财务状况、经营成果和现金流量，并由注册会计师出具了无保留意见的审计报告。

第二十四条　发行人编制财务报表应以实际发生的交易或者事项为依据；在进行会计确认、计量和报告时应当保持应有的谨慎；对相同或者相似的经济业务，应选用一致的会计政策，不得随意变更。

第二十五条　发行人应完整披露关联方关系并按重要性原则恰当披露关联交易。关联交易价格公允，不存在通过关联交易操纵利润的情形。

第二十六条　发行人应当符合下列条件：

（一）最近 3 个会计年度净利润均为正数且累计超过人民币 3000 万元，净利润以扣除非经常性损益前后较低者为计算依据；

（二）最近 3 个会计年度经营活动产生的现金流量净额累计超过人民币 5,000 万元；或者最近 3 个会计年度营业收入累计超过人民币 3 亿元；

（三）发行前股本总额不少于人民币 3000 万元；

（四）最近一期末无形资产（扣除土地使用权、水面养殖权和采矿权等后）占净资产的比例不高于 20%；

（五）最近一期末不存在未弥补亏损。

中国证监会根据《关于开展创新企业境内发行股票或存托凭证试点的若干意见》等规定认定的试点企业（以下简称试点企业），可不适用前款第（一）项、第（五）项规定。

第二十七条　发行人依法纳税，各项税收优惠符合相关法律法规的规定。发行人的经营成果对税收优惠不存在严重依赖。

第二十八条　发行人不存在重大偿债风险，不存在影响持续经营的担保、诉讼以及仲裁等重大或有事项。

第二十九条 发行人申报文件中不得有下列情形：

（一）故意遗漏或虚构交易、事项或者其他重要信息；

（二）滥用会计政策或者会计估计；

（三）操纵、伪造或篡改编制财务报表所依据的会计记录或者相关凭证。

第三十条 发行人不得有下列影响持续盈利能力的情形：

（一）发行人的经营模式、产品或服务的品种结构已经或者将发生重大变化，并对发行人的持续盈利能力构成重大不利影响；

（二）发行人的行业地位或发行人所处行业的经营环境已经或者将发生重大变化，并对发行人的持续盈利能力构成重大不利影响；

（三）发行人最近1个会计年度的营业收入或净利润对关联方或者存在重大不确定性的客户存在重大依赖；

（四）发行人最近1个会计年度的净利润主要来自合并财务报表范围以外的投资收益；

（五）发行人在用的商标、专利、专有技术以及特许经营权等重要资产或技术的取得或者使用存在重大不利变化的风险；

（六）其他可能对发行人持续盈利能力构成重大不利影响的情形。

3. 上海证券交易所、深圳证券交易所股票上市规则的相关规定

发行人首次公开发行股票后申请其股票在本所上市，应当符合下列条件：

（一）股票经中国证监会核准已公开发行；

（二）公司股本总额不少于人民币5000万元；

（三）公开发行的股份达到公司股份总数的25%以上；公司股本总额超过人民币4亿元的，公开发行股份的比例为10%以上；

（四）公司最近3年无重大违法行为，财务会计报告无虚假记载；

（五）本所要求的其他条件。

第 3 章　怎样可以在科创板上市

一、在科创板上市依据的法律文件

首次公开发行股票并在科创板上市依据的主要法律、法规或规范性文件如表 1-3-1 所示。

表 1-3-1　在科创板上市依据的主要法律文件

序号	文件名称	颁布机构	颁布时间
1	《中华人民共和国证券法》	全国人民代表大会常务委员会	2019-12-28
2	《中华人民共和国公司法》	全国人民代表大会常务委员会	2018-10-26
3	《关于在上海证券交易所设立科创板并试点注册制的实施意见》	证监会	2019-1-28
4	《科创板首次公开发行股票注册管理办法（试行）》	证监会	2020-7-10
5	《公开发行证券的公司信息披露内容与格式准则第 41 号——科创板公司招股说明书》	证监会	2019-3-1
6	《公开发行证券的公司信息披露内容与格式准则第 42 号——首次公开发行股票并在科创板上市申请文件》	证监会	2019-3-1
7	《上海证券交易所科创板股票发行上市申请文件受理指引》	上海证券交易所	2019-3-1
8	《上海证券交易所科创板上市保荐书内容与格式指引》	上海证券交易所	2019-3-1

序号	文件名称	颁布机构	颁布时间
9	《上海证券交易所科创板股票发行上市审核规则（2020年修订）》	上海证券交易所	2020-12-4
10	《上海证券交易所科创板股票发行上市审核问答》	上海证券交易所	2019-3-3
11	《上海证券交易所科创板股票上市规则（2020年12月修订）》	上海证券交易所	2020-12-31
12	《上海证券交易所科创板股票发行上市审核问答（二）》	上海证券交易所	2019-3-24
13	《科创属性评价指引（试行）》	上海证券交易所	2020-3-20
14	《上海证券交易所科创板企业发行上市申报及推荐暂行规定》	上海证券交易所	2020-3-27

二、在科创板上市的主要条件

发行人申请首次公开发行股票并在科创板上市，应当符合科创板定位，面向世界科技前沿、面向经济主战场、面向国家重大需求。科创板市场优先支持符合国家战略，拥有关键核心技术，科技创新能力突出，主要依靠核心技术开展生产经营，具有稳定的商业模式，市场认可度高，社会形象良好，具有较强成长性的企业。在科创板上市的主要条件见表1-3-2。

表1-3-2　在科创板上市的主要条件

项目	条件
主体资格	依法设立且持续经营三年以上的股份有限公司
会计基础规范	发行人会计基础工作规范，财务报表的编制和披露符合企业会计准则和相关信息披露规则的规定，在所有重大方面公允地反映了发行人的财务状况、经营成果和现金流量，并由注册会计师出具标准无保留意见的审计报告
内部控制制度健全	内部控制制度健全且被有效执行，能够合理保证公司运行效率、合法合规和财务报告的可靠性，并由注册会计师出具无保留结论的内部控制鉴证报告
独立性	资产完整，业务及人员、财务、机构独立

续表

项目	条件
同业竞争和关联交易	与控股股东、实际控制人及其控制的其他企业间不存在对发行人构成重大不利影响的同业竞争，不存在严重影响独立性或者显失公平的关联交易
主营业务和管理团队稳定	最近 2 年内主营业务和董事、高级管理人员及核心技术人员均没有发生重大不利变化
控制权稳定	控股股东股份权属清晰，最近二年实际控制人没有发生变更
持续经营能力	不存在涉及主要资产、核心技术、商标等的重大权属纠纷，重大偿债风险，重大担保、诉讼、仲裁等或有事项，经营环境已经或者将要发生重大变化等对持续经营有重大不利影响的事项
生产经营符合国家产业政策	发行人生产经营符合法律、行政法规的规定，符合国家产业政策
发行人及实际控制人不存在重大违法行为	最近三年内，发行人及其控股股东、实际控制人不存在刑事犯罪，不存在欺诈发行、重大信息披露违法或者其他涉及公共安全等领域的重大违法行为
董监高不存在处罚	董事、监事和高级管理人员不存在最近 3 年内受到中国证监会行政处罚，或者因涉嫌犯罪正在被司法机关立案侦查或者涉嫌违法违规正在被中国证监会立案调查且尚未有明确结论意见等情形
市值及财务指标（五选一）	（1）预计市值不低于人民币 10 亿元，最近两年净利润均为正且累计净利润不低于人民币 5000 万元，或者预计市值不低于人民币 10 亿元，最近一年净利润为正且营业收入不低于人民币 1 亿元 （2）预计市值不低于人民币 15 亿元，最近一年营业收入不低于人民币 2 亿元，且最近三年累计研发投入占最近三年累计营业收入的比例不低于 15% （3）预计市值不低于人民币 20 亿元，最近一年营业收入不低于人民币 3 亿元，且最近三年经营活动产生的现金流量净额累计不低于人民币 1 亿元 （4）预计市值不低于人民币 30 亿元，且最近一年营业收入不低于人民币 3 亿元 （5）预计市值不低于人民币 40 亿元，主要业务或产品需经国家有关部门批准，市场空间大，目前已取得阶段性成果。医药行业企业需至少有一项核心产品获准开展二期临床试验，其他符合科创板定位的企业需具备明显的技术优势并满足相应条件
红筹企业或表决权差异企业指标（二选一）	（1）预计市值不低于人民币 100 亿元 （2）预计市值不低于人民币 50 亿元，且最近一年营业收入不低于人民币 5 亿元

项目	条件
发行人所属行业	（1）新一代信息技术领域，主要包括半导体和集成电路、电子信息、下一代信息网络、人工智能、大数据、云计算、软件、互联网、物联网和智能硬件等 （2）高端装备领域，主要包括智能制造、航空航天、先进轨道交通、海洋工程装备及相关服务等 （3）新材料领域，主要包括先进钢铁材料、先进有色金属材料、先进石化化工新材料、先进无机非金属材料、高性能复合材料、前沿新材料及相关服务等 （4）新能源领域，主要包括先进核电、大型风电、高效光电光热、高效储能及相关服务等 （5）节能环保领域，主要包括高效节能产品及设备、先进环保技术装备、先进环保产品、资源循环利用、新能源汽车整车、新能源汽车关键零部件、动力电池及相关服务等 （6）生物医药领域，主要包括生物制品、高端化学药、高端医疗设备与器械及相关服务等 （7）符合科创板定位的其他领域
科创属性同时符合下列3项指标的发行人鼓励申报科创板	（1）最近三年累计研发投入占最近三年累计营业收入比例5%以上，或者最近三年研发投入金额累计在6000万元以上；其中，软件企业最近三年累计研发投入占最近三年累计营业收入比例10%以上 （2）形成主营业务收入的发明专利（含国防专利）5项以上，软件企业除外 （3）最近三年营业收入复合增长率达到20%，或者最近一年营业收入金额达到3亿元
科技创新能力突出的发行人，不受前条规定的科创属性指标的限制	（1）拥有的核心技术经国家主管部门认定具有国际领先、引领作用或者对于国家战略具有重大意义 （2）作为主要参与单位或者核心技术人员作为主要参与人员，获得国家自然科学奖、国家科技进步奖、国家技术发明奖，并将相关技术运用于主营业务 （3）独立或者牵头承担与主营业务和核心技术相关的"国家重大科技专项"项目 （4）依靠核心技术形成的主要产品（服务），属于国家鼓励、支持和推动的关键设备、关键产品、关键零部件、关键材料等，并实现了进口替代 （5）形成核心技术和主营业务收入相关的发明专利（含国防专利）合计50项以上

三、主要法律文件的规定

1.《科创板首次公开发行股票注册管理办法（试行）》的相关规定

《科创板首次公开发行股票注册管理办法（试行）》"第二章　发行条件"的规定如下。

第十条　发行人是依法设立且持续经营 3 年以上的股份有限公司，具备健全且运行良好的组织机构，相关机构和人员能够依法履行职责。

有限责任公司按原账面净资产值折股整体变更为股份有限公司的，持续经营时间可以从有限责任公司成立之日起计算。

第十一条　发行人会计基础工作规范，财务报表的编制和披露符合企业会计准则和相关信息披露规则的规定，在所有重大方面公允地反映了发行人的财务状况、经营成果和现金流量，并由注册会计师出具标准无保留意见的审计报告。

发行人内部控制制度健全且被有效执行，能够合理保证公司运行效率、合法合规和财务报告的可靠性，并由注册会计师出具无保留结论的内部控制鉴证报告。

第十二条　发行人业务完整，具有直接面向市场独立持续经营的能力：

（一）资产完整，业务及人员、财务、机构独立，与控股股东、实际控制人及其控制的其他企业间不存在对发行人构成重大不利影响的同业竞争，不存在严重影响独立性或者显失公平的关联交易。

（二）发行人主营业务、控制权、管理团队和核心技术人员稳定，最近 2 年内主营业务和董事、高级管理人员及核心技术人员均没有发生重大不利变化；控股股东和受控股股东、实际控制人支配的股东所持发行人的股份权属清晰，最近 2 年实际控制人没有发生变更，不存在导致控制权可能变更的重大权属纠纷。

（三）发行人不存在主要资产、核心技术、商标等的重大权属纠纷，重大偿债风险，重大担保、诉讼、仲裁等或有事项，经营环境已经或者将要发生重大变化等对持续经营有重大不利影响的事项。

第十三条　发行人生产经营符合法律、行政法规的规定，符合国家产业政策。

最近 3 年内，发行人及其控股股东、实际控制人不存在贪污、贿赂、侵占财产、挪用财产或者破坏社会主义市场经济秩序的刑事犯罪，不存在欺诈发行、重大信息披露违法或者其他涉及国家安全、公共安全、生态安全、生产安全、公众健康安全等领域的重大违法行为。

董事、监事和高级管理人员不存在最近 3 年内受到中国证监会行政处罚，或者因涉嫌犯罪被司法机关立案侦查或者涉嫌违法违规被证监会立案调查，尚未有明确结论意见等情形。

2.《上海证券交易所科创板股票上市规则（2020 年 12 月 31 日修订）》的相关规定

2.1.1 发行人申请在本所科创板上市，应当符合下列条件：

（一）符合中国证监会规定的发行条件；

（二）发行后股本总额不低于人民币 3000 万元；

（三）公开发行的股份达到公司股份总数的 25% 以上；公司股本总额超过人民币 4 亿元的，公开发行股份的比例为 10% 以上；

（四）市值及财务指标符合本规则规定的标准；

（五）本所规定的其他上市条件。

红筹企业发行股票的，前款第二项调整为发行后的股份总数不低于 3000 万股，前款第三项调整为公开发行的股份达到公司股份总数的 25% 以上；公司股份总数超过 4 亿股的，公开发行股份的比例为 10% 以上。红筹企业发行存托凭证的，前款第二项调整为发行后的存托凭证总份数不低于 3000 万份，前款第三项调整为公开发行的存托凭证对应基础股份达到公司股份总数的 25% 以上；发行后的存托凭证总份数超过 4 亿份的，公开发行存托凭证对应基础股份达到公司股份总数的 10% 以上。

本所可以根据市场情况，经中国证监会批准，对上市条件和具体标准进行调整。

2.1.2 发行人申请在本所科创板上市，市值及财务指标应当至少符合下列标准中的一项：

（一）预计市值不低于人民币 10 亿元，最近两年净利润均为正且累计净利润不低于人民币 5000 万元，或者预计市值不低于人民币 10 亿元，最近一年净利润为正且营业收入不低于人民币 1 亿元；

（二）预计市值不低于人民币 15 亿元，最近一年营业收入不低于人民币 2 亿元，且最近三年累计研发投入占最近三年累计营业收入的比例不低于 15%；

（三）预计市值不低于人民币 20 亿元，最近一年营业收入不低于人民币 3 亿元，且最近三年经营活动产生的现金流量净额累计不低于人民币 1 亿元；

（四）预计市值不低于人民币 30 亿元，且最近一年营业收入不低于人民币 3 亿元；

（五）预计市值不低于人民币 40 亿元，主要业务或产品需经国家有关部门批准，市场空间大，目前已取得阶段性成果。医药行业企业需至少有一项核心产品获准开展二期临床试验，其他符合科创板定位的企业需具备明显的技术优势并满足相应条件。

本条所称净利润以扣除非经常性损益前后的孰低者为准，所称净利润、营业收入、经营活动产生的现金流量净额均指经审计的数值。

2.1.3 符合《国务院办公厅转发证监会关于开展创新企业境内发行股票或存托凭证试点若干意见的通知》（国办发〔2018〕21 号）相关规定的红筹企业，可以申请发行股票或存托凭证并在科创板上市。

营业收入快速增长，拥有自主研发、国际领先技术，同行业竞争中处于相对优势地位的尚未在境外上市红筹企业，申请在科创板上市的，市值及财务指标应当至少符合下列标准之一：

（一）预计市值不低于人民币 100 亿元；

（二）预计市值不低于人民币 50 亿元，且最近一年营业收入不低于人民币 5 亿元。

前款所称营业收入快速增长，指符合下列标准之一：

（一）最近一年营业收入不低于人民币 5 亿元的，最近 3 年营业收入复合增长率 10% 以上；

（二）最近一年营业收入低于人民币 5 亿元的，最近 3 年营业收入复合增长率 20% 以上；

（三）受行业周期性波动等因素影响，行业整体处于下行周期的，发行人最近 3 年营业收入复合增长率高于同行业可比公司同期平均增长水平。

处于研发阶段的红筹企业和对国家创新驱动发展战略有重要意义的红筹企业，不适用"营业收入快速增长"上述要求。

2.1.4　发行人具有表决权差异安排的，市值及财务指标应当至少符合下列标准中的一项：

（一）预计市值不低于人民币 100 亿元；

（二）预计市值不低于人民币 50 亿元，且最近一年营业收入不低于人民币 5 亿元。

发行人特别表决权股份的持有人资格、公司章程关于表决权差异安排的具体规定，应当符合本规则第四章第五节的规定。

本规则所称表决权差异安排，是指发行人依照《公司法》第一百三十一条的规定，在一般规定的普通股份之外，发行拥有特别表决权的股份（以下简称特别表决权股份）。每一特别表决权股份拥有的表决权数量大于每一普通股份拥有的表决权数量，其他股东权利与普通股份相同。

3.《科创属性评价指引（试行）》的相关规定

为落实科创板定位，支持和鼓励硬科技企业在科创板上市，根据《关于在上海证券交易所设立科创板并试点注册制的实施意见》和《科创板首次公开发行股票注册管理办法（试行）》，制定本指引。

一、支持和鼓励科创板定位规定的相关行业领域中，同时符合下列 3 项指标的企业申报科创板上市：

（1）最近三年研发投入占营业收入比例 5% 以上，或最近三年研发投入金额累计在 6000 万元以上；

（2）形成主营业务收入的发明专利 5 项以上；

（3）最近三年营业收入复合增长率达到 20%，或最近一年营业收入金额达到 3 亿元。

采用《上海证券交易所科创板股票发行上市审核规则》第二十二条第（五）款规定的上市标准申报科创板的企业可不适用上述第（3）项指标中关于"营业收入"的规定；软件行业不适用上述第（2）项指标的要求，研发占比应在 10% 以上。

二、支持和鼓励科创板定位规定的相关行业领域中，虽未达到前述指标，但符合下列情形之一的企业申报科创板上市：

（1）发行人拥有的核心技术经国家主管部门认定具有国际领先、引领作用或者对于国家战略具有重大意义；

（2）发行人作为主要参与单位或者发行人的核心技术人员作为主要参与人员，获得国家科技进步奖、国家自然科学奖、国家技术发明奖，并将相关技术运用于公司主营业务；

（3）发行人独立或者牵头承担与主营业务和核心技术相关的"国家重大科技专项"项目；

（4）发行人依靠核心技术形成的主要产品（服务），属于国家鼓励、支持和推动的关键设备、关键产品、关键零部件、关键材料等，并实现了进口替代；

（5）形成核心技术和主营业务收入的发明专利（含国防专利）合计 50 项以上。

4.《上海证券交易所科创板企业发行上市申报及推荐暂行规定》的相关规定

第一条　为了落实中国证监会支持和鼓励符合科创属性规定的企业申报科创板有关要求，进一步明确科创板定位把握标准，引导和规范发行人申报和保荐机构推荐工作，促进科创板市场持续健康发展，根据《关于在上海证券交易所设立科创板并试点注册制的实施意见》《科创板首次公开发行股票注册管理办法（试行）》《科创属性评价指引（试行）》（以下简称《指引》）和《上海证券交易所科创板股票发行上市审核规则》（以下简称《审核规则》），制定本规定。

第二条　科创板企业发行上市申报和推荐，应当基于《指引》和本规定中的科创属性要求，把握发行人是否符合科创板定位。

发行人申报科创板发行上市的，应当对照《指引》和本规定中的科创属性要求，对其是否符合科创板定位进行自我评估。保荐机构推荐发行人申报科创板发行上市的，应当对发行人是否符合与科创板定位相关的科创属性要求，进行核查把关，作出专业判断。

第三条　申报科创板发行上市的发行人，应当属于下列行业领域的高新技术产业和战略性新兴产业：

（一）新一代信息技术领域，主要包括半导体和集成电路、电子信息、下一代信息网络、人工智能、大数据、云计算、软件、互联网、物联网和智能硬件等；

（二）高端装备领域，主要包括智能制造、航空航天、先进轨道交通、海洋工程装备及相关服务等；

（三）新材料领域，主要包括先进钢铁材料、先进有色金属材料、先进石化化工新材料、先进无机非金属材料、高性能复合材料、前沿新材料及相关服务等；

（四）新能源领域，主要包括先进核电、大型风电、高效光电光热、高效储能及相关服务等；

（五）节能环保领域，主要包括高效节能产品及设备、先进环保技术装备、先进环保产品、资源循环利用、新能源汽车整车、新能源汽车关键零部件、动力电池及相关服务等；

（六）生物医药领域，主要包括生物制品、高端化学药、高端医疗设备与器械及相关服务等；

（七）符合科创板定位的其他领域。

第四条 科创属性同时符合下列 3 项指标的发行人，支持和鼓励其按照《指引》的规定申报科创板发行上市：

（一）最近 3 年累计研发投入占最近 3 年累计营业收入比例 5% 以上，或者最近 3 年研发投入金额累计在 6000 万元以上；其中，软件企业最近 3 年累计研发投入占最近 3 年累计营业收入比例 10% 以上；

（二）形成主营业务收入的发明专利（含国防专利）5 项以上，软件企业除外；

（三）最近 3 年营业收入复合增长率达到 20%，或者最近一年营业收入金额达到 3 亿元。采用《审核规则》第二十二条第二款第（五）项上市标准申报科创板发行上市的发行人除外。

第五条 具备下列情形之一，科技创新能力突出的发行人，不受前条规定的科创属性指标的限制，支持和鼓励其按照《指引》的规定申报科创板发行上市：

（一）拥有的核心技术经国家主管部门认定具有国际领先、引领作用或者对于国家战略具有重大意义；

（二）作为主要参与单位或者核心技术人员作为主要参与人员，获得国家自然科学奖、国家科技进步奖、国家技术发明奖，并将相关技术运用于主营业务；

（三）独立或者牵头承担与主营业务和核心技术相关的"国家重大科技专项"项目；

（四）依靠核心技术形成的主要产品（服务），属于国家鼓励、支持和推动的关键设备、关键产品、关键零部件、关键材料等，并实现了进口替代；

（五）形成核心技术和主营业务收入相关的发明专利（含国防专利）合计 50 项以上。

第4章　怎样可以在创业板上市

一、在创业板上市依据的法律文件

首次公开发行股票并在创业板上市依据的主要法律、法规或规范性文件如表1-4-1所示。

表1-4-1　在创业板上市依据的主要法律文件

序号	文件名称	颁布机构	颁布时间
1	《中华人民共和国证券法》	全国人民代表大会常务委员会	2019-12-28
2	《中华人民共和国公司法》	全国人民代表大会常务委员会	2018-10-26
3	《创业板首次公开发行股票注册管理办法（试行）》	证监会	2020-6-12
4	《公开发行证券的公司信息披露内容与格式准则第28号——创业板公司招股说明书（2020年修订）》	证监会	2020-6-12
5	《公开发行证券的公司信息披露内容与格式准则第29号——首次公开发行股票并在创业板上市申请文件（2020年修订）》	证监会	2020-6-12
6	《深圳证券交易所创业板股票发行上市审核规则》	深圳证券交易所	2020-6-12
7	《深圳证券交易所创业板企业发行上市申报及推荐暂行规定》	深圳证券交易所	2020-6-12
8	《深圳证券交易所创业板发行上市申请文件受理指引》	深圳证券交易所	2020-6-12

续表

序号	文件名称	颁布机构	颁布时间
9	《深圳证券交易所创业板股票首次公开发行上市审核问答》	深圳证券交易所	2020-6-12
10	《深圳证券交易所创业板股票上市规则》	深圳证券交易所	2020-12-31

二、在创业板上市的主要条件

创业板定位于深入贯彻创新驱动发展战略，适应发展更多依靠创新、创造、创意的大趋势，主要服务于成长型创新创业企业，并支持传统产业与新技术、新产业、新业态、新模式深度融合。在创业板上市的主要条件如表 1-4-2 所示。

表 1-4-2　在创业板上市的主要条件

项目	条件
主体资格	依法设立且持续经营三年以上的股份有限公司
会计基础规范	发行人会计基础工作规范，财务报表的编制和披露符合企业会计准则和相关信息披露规则的规定，在所有重大方面公允地反映了发行人的财务状况、经营成果和现金流量，并由注册会计师出具无保留意见的审计报告
内部控制制度健全	内部控制制度健全且被有效执行，能够合理保证公司运行效率、合法合规和财务报告的可靠性，并由注册会计师出具无保留结论的内部控制鉴证报告
独立性	资产完整，业务及人员、财务、机构独立
同业竞争和关联交易	与控股股东、实际控制人及其控件的其他企业间不存在对发行人构成重大不利影响的同业竞争，不存在严重影响独立性或者显失公平的关联交易
主营业务和管理团队稳定	最近二年内主营业务和董事、高级管理人员均没有发生重大不利变化
控制权稳定	控股股东股份权属清晰，最近二年实际控制人没有发生变更
持续经营能力	不存在涉及主要资产、核心技术、商标等的重大权属纠纷，重大偿债风险，重大担保、诉讼、仲裁等或有事项，经营环境已经或者将要发生重大变化等对持续经营有重大不利影响的事项

续表

项目	条件
生产经营符合国家产业政策	发行人生产经营符合法律、行政法规的规定，符合国家产业政策
发行人及实际控制人不存在重大违法行为	最近三年内，发行人及其控股股东、实际控制人不存在刑事犯罪，不存在欺诈发行、重大信息披露违法或者其他涉及公共安全等领域的重大违法行为
董监高不存在处罚	董事、监事和高级管理人员不存在最近三年内受到证监会行政处罚，或者因涉嫌犯罪正在被司法机关立案侦查或者涉嫌违法违规正在被证监会立案调查且尚未有明确结论意见等情形
市值及财务指标（三选一）	（1）最近两年净利润均为正，且累计净利润不低于5000万元 （2）预计市值不低于10亿元，最近一年净利润为正且营业收入不低于1亿元 （3）预计市值不低于50亿元，且最近一年营业收入不低于3亿元
红筹企业或表决权差异企业指标（二选一）	（1）预计市值不低于100亿元，且最近一年净利润为正 （2）预计市值不低于50亿元，最近一年净利润为正且营业收入不低于5亿元
不支持在创业板上市的行业	（1）农林牧渔业；（2）采矿业；（3）酒、饮料和精制茶制造业；（4）纺织业；（5）黑色金属冶炼和压延加工业；（6）电力、热力、燃气及水生产和供应业；（7）建筑业；（8）交通运输、仓储和邮政业；（9）住宿和餐饮业；（10）金融业；（11）房地产业；（12）居民服务、修理和其他服务业 上述行业与互联网、大数据、云计算、自动化、人工智能、新能源等新技术、新产业、新业态、新模式深度融合的创新创业企业除外

三、主要法律文件的规定

1.《创业板首次公开发行股票注册管理办法（试行）》的相关规定

第十条　发行人是依法设立且持续经营三年以上的股份有限公司，具备健全且运行良好的组织机构，相关机构和人员能够依法履行职责。

有限责任公司按原账面净资产值折股整体变更为股份有限公司的，持续经营时间可以从有限责任公司成立之日起计算。

第十一条　发行人会计基础工作规范，财务报表的编制和披露符合企业会计准则和相关信息披露规则的规定，在所有重大方面公允地反映了发行人的财务状况、经营成果和现金流量，最近三年财务会计报告由注册会计师出具无保留意见的审计报告。

发行人内部控制制度健全且被有效执行，能够合理保证公司运行效率、合法合规和财务报告的可靠性，并由注册会计师出具无保留结论的内部控制鉴证报告。

第十二条　发行人业务完整，具有直接面向市场独立持续经营的能力：

（一）资产完整，业务及人员、财务、机构独立，与控股股东、实际控制人及其控制的其他企业间不存在对发行人构成重大不利影响的同业竞争，不存在严重影响独立性或者显失公平的关联交易；

（二）主营业务、控制权和管理团队稳定，最近二年内主营业务和董事、高级管理人员均没有发生重大不利变化；控股股东和受控股股东、实际控制人支配的股东所持发行人的股份权属清晰，最近二年实际控制人没有发生变更，不存在导致控制权可能变更的重大权属纠纷；

（三）不存在涉及主要资产、核心技术、商标等的重大权属纠纷，重大偿债风险，重大担保、诉讼、仲裁等或有事项，经营环境已经或者将要发生重大变化等对持续经营有重大不利影响的事项。

第十三条　发行人生产经营符合法律、行政法规的规定，符合国家产业政策。

最近三年内，发行人及其控股股东、实际控制人不存在贪污、贿赂、侵占财产、挪用财产或者破坏社会主义市场经济秩序的刑事犯罪，不存在欺诈发行、重大信息披露违法或者其他涉及国家安全、公共安全、生态安全、生产安全、公众健康安全等领域的重大违法行为。

董事、监事和高级管理人员不存在最近三年内受到中国证监会行政处罚，或者因涉嫌犯罪正在被司法机关立案侦查或者涉嫌违法违规正在被中国证监会立案调查且尚未有明确结论意见等情形。

2.《深圳证券交易所创业板股票上市规则（2020 年修订）》的相关规定

2.1.1　发行人申请在本所创业板上市，应当符合下列条件：

（一）符合中国证券监督管理委员会（以下简称中国证监会）规定的

创业板发行条件；

（二）发行后股本总额不低于 3000 万元；

（三）公开发行的股份达到公司股份总数的 25% 以上；公司股本总额超过 4 亿元的，公开发行股份的比例为 10% 以上；

（四）市值及财务指标符合本规则规定的标准；

（五）本所要求的其他上市条件。

红筹企业发行股票的，前款第二项调整为发行后的股份总数不低于 3000 万股，前款第三项调整为公开发行的股份达到公司股份总数的 25% 以上；公司股份总数超过 4 亿股的，公开发行股份的比例为 10% 以上。红筹企业发行存托凭证的，前款第二项调整为发行后的存托凭证总份数不低于 3000 万份，前款第三项调整为公开发行的存托凭证对应基础股份达到公司股份总数的 25% 以上；发行后的存托凭证总份数超过 4 亿份的，公开发行存托凭证对应基础股份达到公司股份总数的 10% 以上。

本所可以根据市场情况，经中国证监会批准，对上市条件和具体标准进行调整。

2.1.2　发行人为境内企业且不存在表决权差异安排的，市值及财务指标应当至少符合下列标准中的一项：

（一）最近两年净利润均为正，且累计净利润不低于 5000 万元；

（二）预计市值不低于 10 亿元，最近一年净利润为正且营业收入不低于 1 亿元；

（三）预计市值不低于 50 亿元，且最近一年营业收入不低于 3 亿元。

2.1.3　符合《国务院办公厅转发证监会关于开展创新企业境内发行股票或存托凭证试点若干意见的通知》（国办发〔2018〕21 号）等相关规定且最近一年净利润为正的红筹企业，可以申请其股票或存托凭证在创业板上市。

营业收入快速增长，拥有自主研发、国际领先技术，同行业竞争中处于相对优势地位的尚未在境外上市红筹企业，申请在创业板上市的，市值及财务指标应当至少符合下列标准中的一项：

（一）预计市值不低于 100 亿元，且最近一年净利润为正；

（二）预计市值不低于 50 亿元，最近一年净利润为正且营业收入不低于 5 亿元。

前款所称营业收入快速增长，指符合下列标准之一：

（一）最近一年营业收入不低于 5 亿元的，最近三年营业收入复合增长率 10% 以上；

（二）最近一年营业收入低于 5 亿元的，最近三年营业收入复合增长率 20% 以上；

（三）受行业周期性波动等因素影响，行业整体处于下行周期的，发行人最近三年营业收入复合增长率高于同行业可比公司同期平均增长水平。

处于研发阶段的红筹企业和对国家创新驱动发展战略有重要意义的红筹企业，不适用"营业收入快速增长"的规定。

2.1.4　发行人具有表决权差异安排的，市值及财务指标应当至少符合下列标准中的一项：

（一）预计市值不低于 100 亿元，且最近一年净利润为正；

（二）预计市值不低于 50 亿元，最近一年净利润为正且营业收入不低于 5 亿元。

发行人特别表决权股份的持有人资格、公司章程关于表决权差异安排的具体要求，应当符合本规则第四章第四节的规定。

2.1.5　本节所称净利润以扣除非经常性损益前后的孰低者为准，所称净利润、营业收入均指经审计的数值。

3.《深圳证券交易所创业板企业发行上市申报及推荐暂行规定》的相关内容

第一条　为引导、规范创业板发行人申报和保荐人推荐工作，促进创业板市场持续健康发展，根据《创业板首次公开发行股票注册管理办法（试行）》《证券发行上市保荐业务管理办法》《深圳证券交易所创业板股票发行上市审核规则》等有关规定，制定本规定。

第二条　创业板定位于深入贯彻创新驱动发展战略，适应发展更多依靠创新、创造、创意的大趋势，主要服务成长型创新创业企业，并支持传统产业与新技术、新产业、新业态、新模式深度融合。

第三条　支持和鼓励符合创业板定位的创新创业企业申报在创业板发行上市。

保荐人应当顺应国家经济发展战略和产业政策导向，准确把握创业板定位，切实履行勤勉尽责义务，推荐符合高新技术产业和战略性新兴产业发展方向的创新创业企业，以及其他符合创业板定位的企业申报在创业板发行上市。

第四条　属于中国证监会公布的《上市公司行业分类指引（2012 年修订）》中下列行业的企业，原则上不支持其申报在创业板发行上市，但与互联网、大数据、云计算、自动化、人工智能、新能源等新技术、新产业、新业态、新模式深度融合的创新创业企业除外：

（一）农林牧渔业；（二）采矿业；（三）酒、饮料和精制茶制造业；（四）纺织业；（五）黑色金属冶炼和压延加工业；（六）电力、热力、燃气及水生产和供应业；（七）建筑业；（八）交通运输、仓储和邮政业；（九）住宿和餐饮业；（十）金融业；（十一）房地产业；（十二）居民服务、修理和其他服务业。

第五条　本规定第四条所列行业中与互联网、大数据、云计算、自动化、人工智能、新能源等新技术、新产业、新业态、新模式深度融合的创新创业企业，支持其申报在创业板发行上市。

保荐人应当对该发行人与新技术、新产业、新业态、新模式深度融合情况进行尽职调查，做出专业判断，并在发行保荐书中说明具体核查过程、依据和结论。

本所发行上市审核中，将对按本条第一款规定申报的发行人的业务模式、核心技术、研发优势等情况予以重点关注，并可根据需要向本所行业咨询专家库的专家进行咨询。

第六条　发行人及其保荐人可在申报前，就本规定相关条款的理解和适用，向本所进行咨询。

第七条　本所可以根据国家经济发展战略、产业政策导向和创业板发展需要，对本规定第四条规定的行业进行调整。

第 5 章　怎样可以在精选层挂牌

一、在精选层挂牌依据的法律文件

股票向不特定合格投资者公开发行并在精选层挂牌依据的主要法律、法规或规范性文件如表 1-5-1 所示。

表 1-5-1　在精选层挂牌依据的法律文件

序号	文件名称	颁布机构	颁布时间
1	《中华人民共和国证券法》	全国人民代表大会常务委员会	2019-12-28
2	《中华人民共和国公司法》	全国人民代表大会常务委员会	2018-10-26
3	《非上市公众公司监督管理办法》	证监会	2019-12-20
4	《非上市公众公司信息披露管理办法》	证监会	2019-12-20
5	《非上市公众公司信息披露内容与格式准则第 12 号——向不特定合格投资者公开发行股票申请文件》	证监会	2020-01-17
6	《非上市公众公司信息披露内容与格式准则第 11 号——向不特定合格投资者公开发行股票说明书》	证监会	2020-01-17
7	《中国证监会关于全国中小企业股份转让系统挂牌公司转板上市的指导意见》	证监会	2020-06-03
8	《全国中小企业股份转让系统分层管理办法》	全国中小企业股份转让系统	2019-12-27

序号	文件名称	颁布机构	颁布时间
9	《全国中小企业股份转让系统股票向不特定合格投资者公开发行并在精选层挂牌规则（试行）》	全国中小企业股份转让系统	2020-01-19
10	《全国中小企业股份转让系统精选层挂牌审查问答（一）》	全国中小企业股份转让系统	2020-01-21
11	《全国中小企业股份转让系统精选层挂牌审查细则（试行）》	全国中小企业股份转让系统	2020-02-28
12	《全国中小企业股份转让系统股票向不特定合格投资者公开发行并在精选层挂牌业务指南1号——申报与审查》	全国中小企业股份转让系统	2020-03-06
13	《全国中小企业股份转让系统股票向不特定合格投资者公开发行并在精选层挂牌业务指南2号——发行与挂牌》	全国中小企业股份转让系统	2020-03-06

二、在精选层挂牌的主要条件

新三板挂牌企业按规模、公司治理等分为三层：基础层、创新层和精选层。精选层挂牌的主体是已经在新三板挂牌的企业，因此，若要在精选层挂牌首先要挂牌新三板满12个月，并已经是创新层企业。与科创板、创业板不同，精选层挂牌暂未作出明确的行业限制，包容性更强，财务指标要求在所有板块中也是最低的。在审核上，精选层的审核比照IPO，这也为将来精选层挂牌企业转板至沪深交易所创造了条件。

在精选层挂牌的主要条件梳理如表1-5-2所示。

表 1-5-2　在精选层挂牌的主要条件

项目	条件
主体资格	在新三板连续挂牌满 12 个月的创新层公司
公开发行条件	（1）具备健全且运行良好的组织机构 （2）具有持续盈利能力，财务状况良好，最近 3 年财务会计文件无虚假记载 （3）依法规范经营，最近 3 年内，公司及其控股股东、实际控制人不存在刑事犯罪，不存在公众安全等领域的重大违法行为，最近 12 个月内未受到证监会行政处罚
财务指标条件（四选一）	（1）市值不低于 2 亿元，最近两年净利润均不低于 1500 万元且加权平均净资产收益率平均不低于 8%，或者最近一年净利润不低于 2500 万元且加权平均净资产收益率不低于 8% （2）市值不低于 4 亿元，最近两年营业收入平均不低于 1 亿元，且最近一年营业收入增长率不低于 30%，最近一年经营活动产生的现金流量净额为正 （3）市值不低于 8 亿元，最近一年营业收入不低于 2 亿元，最近两年研发投入合计占最近两年营业收入合计比例不低于 8% （4）市值不低于 15 亿元，最近两年研发投入合计不低于 5000 万元 上述所称市值是指以挂牌公司向不特定合格投资者公开发行价格计算的股票市值
股权分散条件	（1）最近一年期末净资产不低于 5000 万元 （2）公开发行的股份不少于 100 万股，发行对象不少于 100 人 （3）公开发行后，公司股本总额不少于 3000 万元 （4）公开发行后，公司股东人数不少于 200 人，公众股东持股比例不低于公司股本总额的 25%；公司股本总额超过 4 亿元的，公众股东持股比例不低于公司股本总额的 10%
负面清单条件	（1）违规担保或资金占用。发行人存在违规对外担保、资金占用或其他权益被控股股东、实际控制人严重损害的情形，尚未解除或消除影响的 （2）犯罪或重大违法。挂牌公司或其控股股东、实际控制人存在贪污、贿赂、侵占财产、挪用财产或破坏社会主义经济秩序的刑事犯罪；存在欺诈发行、重大信息披露违法或者其他涉及国家安全、公共安全、生态安全、生产安全、公众健康安全等领域的重大违法行为

项目	条件
负面清单条件	（3）行政处罚或纪律处分。发行人或其控股股东、实际控制人，董监高最近 12 个月内存在被证监会及其派出机构行政处罚；或因证券市场违法违规行为受到全国股转公司等自律监管机构公开谴责 （4）立案。发行人或其控股股东、实际控制人，董监高正在被司法机关立案侦查或证监会立案调查，尚未有明确结论意见 （5）失信。发行人或其控股股东、实际控制人被列入失信被执行人情形尚未消除 （6）定期报告披露不及时。未按期披露年报、半年报 （7）非标意见。最近三年财务会计报告被出具非标准审计意见 （8）其他情形。证监会和全国股转公司规定的，对挂牌公司经营稳定性、直接面向市场独立持续经营的能力具有重大不利影响，或者存在挂牌公司利益受到损害等其他情形
经营稳定性	主营业务稳定：最近 24 个月内主营业务未发生重大变化 控制权稳定：最近 24 个月内实际控制人未发生变更 管理团队层稳定：最近 24 个月内董事、高级管理人员未发生重大不利变化
独立持续经营	（1）独立性 发行人业务、资产、人员、财务、机构独立 发行人与控股股东、实际控制人及其控制的其他企业间不存在对发行人构成重大不利影响的同业竞争，不存在严重影响发行人独立性或者显失公平的关联交易 （2）诚信要求 发行人或其控股股东、实际控制人在申报受理后至进入精选层前不存在被列入失信被执行人名单且尚未消除的情形。如有对发行人主营业务收入或净利润占比超过 10% 的重要子公司的，同遵循前述要求 （3）持续经营能力 不存在对发行人持续经营能力构成重大不利影响的情形
行业监管要求	精选层设立初期，优先支持创新创业型实体企业，暂不允许金融和类金融企业进入精选层，后续将结合深化新三板改革措施落地情况及监管环境统筹考虑 发行人不得属于产能过剩行业或存在《产业结构调整指导目录》中规定的限制类、淘汰类产能。产能过剩行业的认定以国务院主管部门的规定为准

三、主要法律文件的规定

1.《非上市公众公司监督管理办法》的相关规定

第五十五条 公司申请公开发行，应当符合以下条件：

（一）具备健全且运行良好的组织机构；

（二）具有持续盈利能力，财务状况良好，最近3年财务会计文件无虚假记载；

（三）依法规范经营，最近3年内，公司及其控股股东、实际控制人不存在贪污、贿赂、侵占财产、挪用财产或者破坏社会主义市场经济秩序的刑事犯罪，不存在欺诈发行、重大信息披露违法或者其他涉及国家安全、公共安全、生态安全、生产安全、公众健康安全等领域的重大违法行为，最近12个月内未受到中国证监会行政处罚。

2.《全国中小企业股份转让系统股票向不特定合格投资者公开发行并在精选层挂牌规则（试行）》的相关规定

第十一条 发行人应当为在全国股转系统连续挂牌满十二个月的创新层挂牌公司。

第十二条 发行人申请股票公开发行并在精选层挂牌应当符合《公众公司办法》规定的公开发行股票的相关要求和《全国中小企业股份转让系统分层管理办法》（以下简称《分层管理办法》）规定的精选层市值、财务条件等要求，且不存在《分层管理办法》规定的不得进入精选层的情形。

发行人存在违规对外担保、资金占用或者其他权益被控股股东、实际控制人严重损害情形的，应当在相关情形已经解除或者消除影响后申请股票公开发行并在精选层挂牌。

发行人具有表决权差异安排的，该安排应当平稳运行至少一个完整会计年度，且相关信息披露和公司治理符合有关规定。

第十三条 发行对象应当为已开通全国股转系统精选层股票交易权限的合格投资者。

第十四条 发行人应当聘请其主办券商担任保荐机构。主办券商不具有保荐机构资格的，发行人应当聘请其具有保荐机构资格的子公司担任保荐机构。

第十五条　发行人应当聘请具有证券承销业务资格的主办券商或其子公司作为承销机构。

主承销商可以由发行人保荐机构担任，也可以由发行人保荐机构与其他承销机构共同担任。

第十六条　发行人股票停复牌、内幕信息知情人登记与报备等事项，应当按照全国股转公司有关规定办理。

第十七条　发行人控股股东、实际控制人及其亲属以及本次发行前直接持有10%以上股份的股东或虽未直接持有但可实际支配10%以上股份表决权的相关主体持有或控制的股票，自在精选层挂牌之日起十二个月内不得转让或委托他人代为管理。法律法规、部门规章、规范性文件和全国股转公司有关规定对前述股票的限售期另有规定的，同时还应遵守相关规定。

发行人高级管理人员、核心员工参与战略配售取得的股票，自在精选层挂牌之日起十二个月内不得转让或委托他人代为管理。其他投资者参与战略配售取得的股票，自在精选层挂牌之日起六个月内不得转让或委托他人代为管理。

第十八条　发行人及相关主体在中国证监会作出核准决定及按照全国股转公司有关规定披露招股文件前，不得采取任何公开或变相公开方式进行股票推介活动，也不得通过其他利益关联方或委托他人进行相关活动。

3.《全国中小企业股份转让系统分层管理办法》的相关规定

第二章　各市场层级的进入条件

第十条　申请挂牌公司符合挂牌条件，但未进入创新层的，应当自挂牌之日起进入基础层。

挂牌公司未进入创新层和精选层的，应当进入基础层。

第十一条　挂牌公司进入创新层，应当符合下列条件之一：

（一）最近两年净利润均不低于1000万元，最近两年加权平均净资产收益率平均不低于8%，股本总额不少于2000万元；

（二）最近两年营业收入平均不低于6000万元，且持续增长，年均复合增长率不低于50%，股本总额不少于2000万元；

（三）最近有成交的60个做市或者集合竞价交易日的平均市值不低于6亿元，股本总额不少于5000万元；采取做市交易方式的，做市商家数不少于 6 家。

第十二条　挂牌公司进入创新层，同时还应当符合下列条件：

（一）公司挂牌以来完成过定向发行股票（含优先股），且发行融资金额累计不低于 1000 万元；

（二）符合全国股转系统基础层投资者适当性条件的合格投资者人数不少于 50 人；

（三）最近一年期末净资产不为负值；

（四）公司治理健全，制定并披露股东大会、董事会和监事会制度、对外投资管理制度、对外担保管理制度、关联交易管理制度、投资者关系管理制度、利润分配管理制度和承诺管理制度；设立董事会秘书，且其已取得全国股转系统挂牌公司董事会秘书任职资格；

（五）中国证监会和全国股转公司规定的其他条件。

第十三条　挂牌公司或其他相关主体最近 12 个月内或层级调整期间出现下列情形之一的，挂牌公司不得进入创新层：

（一）挂牌公司或其控股股东、实际控制人存在贪污、贿赂、侵占财产、挪用财产或者破坏社会主义市场经济秩序的刑事犯罪；存在欺诈发行、重大信息披露违法或者其他涉及国家安全、公共安全、生态安全、生产安全、公众健康安全等领域的重大违法行为；

（二）挂牌公司或其控股股东、实际控制人、董事、监事、高级管理人员被中国证监会及其派出机构采取行政处罚；或因证券市场违法违规行为受到全国股转公司等自律监管机构公开谴责；

（三）挂牌公司或其控股股东、实际控制人、董事、监事、高级管理人员因涉嫌犯罪正被司法机关立案侦查或涉嫌违法违规正被中国证监会及其派出机构立案调查，尚未有明确结论意见；

（四）挂牌公司或其控股股东、实际控制人被列入失信被执行人名单且情形尚未消除；

（五）未按照全国股转公司规定在每个会计年度结束之日起 4 个月内编制并披露年度报告，或者未在每个会计年度的上半年结束之日起 2 个月内编制并披露半年度报告；

（六）最近两年财务会计报告被会计师事务所出具非标准审计意见的

审计报告；仅根据本办法第十一条第二项规定标准进入创新层的，最近三年财务会计报告被会计师事务所出具非标准审计意见的审计报告；

（七）中国证监会和全国股转公司规定的其他情形。

第十四条　申请挂牌公司同时符合挂牌条件和下列条件的，自挂牌之日起进入创新层：

（一）符合本办法第十一条第一项或第二项的规定；或者在挂牌时即采取做市交易方式，完成挂牌同时定向发行股票后，公司股票市值不低于6亿元，股本总额不少于5000万元，做市商家数不少于6家，且做市商做市库存股均通过本次定向发行取得；

（二）完成挂牌同时定向发行股票，且融资金额不低于1000万元；

（三）完成挂牌同时定向发行股票后，符合全国股转系统基础层投资者适当性条件的合格投资者人数不少于50人；

（四）符合本办法第十二条第三项和第四项的规定；

（五）不存在本办法第十三条第一项至第四项、第六项情形；

（六）中国证监会和全国股转公司规定的其他条件。

前款所称市值是指以申请挂牌公司挂牌同时定向发行价格计算的股票市值。

第十五条　在全国股转系统连续挂牌满12个月的创新层挂牌公司，可以申请公开发行并进入精选层。

挂牌公司申请公开发行并进入精选层时，应当符合下列条件之一：

（一）市值不低于2亿元，最近两年净利润均不低于1500万元且加权平均净资产收益率平均不低于8%，或者最近一年净利润不低于2500万元且加权平均净资产收益率不低于8%；

（二）市值不低于4亿元，最近两年营业收入平均不低于1亿元，且最近一年营业收入增长率不低于30%，最近一年经营活动产生的现金流量净额为正；

（三）市值不低于8亿元，最近一年营业收入不低于2亿元，最近两年研发投入合计占最近两年营业收入合计比例不低于8%；

（四）市值不低于15亿元，最近两年研发投入合计不低于5000万元。

前款所称市值是指以挂牌公司向不特定合格投资者公开发行（以下简

称公开发行）价格计算的股票市值。

第十六条 挂牌公司完成公开发行并进入精选层时，除应当符合本办法第十五条规定条件外，还应当符合下列条件：

（一）最近一年期末净资产不低于5000万元；

（二）公开发行的股份不少于100万股，发行对象不少于100人；

（三）公开发行后，公司股本总额不少于3000万元；

（四）公开发行后，公司股东人数不少于200人，公众股东持股比例不低于公司股本总额的25%；公司股本总额超过4亿元的，公众股东持股比例不低于公司股本总额的10%；

（五）中国证监会和全国股转公司规定的其他条件。

公众股东是指除以下股东之外的挂牌公司股东：

（一）持有公司10%以上股份的股东及其一致行动人；

（二）公司董事、监事、高级管理人员及其关系密切的家庭成员，公司董事、监事、高级管理人员直接或间接控制的法人或者其他组织。关系密切的家庭成员，包括配偶、子女及其配偶、父母及配偶的父母、兄弟姐妹及其配偶、配偶的兄弟姐妹、子女配偶的父母。

第十七条 挂牌公司或其他相关主体出现下列情形之一的，挂牌公司不得进入精选层：

（一）挂牌公司或其控股股东、实际控制人最近三年内存在本办法第十三条第一项规定情形；

（二）挂牌公司或其控股股东、实际控制人、董事、监事、高级管理人员最近12个月内存在本办法第十三条第二项规定情形；

（三）本办法第十三条第三项至第五项规定情形；

（四）最近三年财务会计报告被会计师事务所出具非标准审计意见的审计报告；

（五）中国证监会和全国股转公司规定的，对挂牌公司经营稳定性、直接面向市场独立持续经营的能力具有重大不利影响，或者存在挂牌公司利益受到损害等其他情形。

第6章　注册制下企业改制上市流程

一、注册制的含义

注册制是股票首次公开发行的一种体制，是发行申请人依法将应当公开的一切信息和资料，合理制成法律文件上交给监管机构，监管机构只负责审查发行申请人提交的材料是否履行了信息披露义务的制度。注册制要求上市公司真实、准确、及时地披露信息，对监管部门而言，只要依法对发行人的申请文件和信息披露内容的合法合规性进行审核即可，不对发行人的盈利能力和投资价值作出判断。

目前在科创板、创业板的上市申请实施注册制。交易所在受理审核中，着重对申请文件进行齐备性检查，包括检查申请文件与证监会及交易所规定的文件目录是否相符，文件名称与文件本身内容是否相符，文件签字或签章是否完整、清晰、一致，文档字体、排版等格式是否符合相关规定，招股说明书引用的中介机构报告是否在有效期等。

同时，科创板、创业板实行的是"受理即披露"，即所有申报企业的信息，都在第一时间予以披露。因此，市场各方对受理企业进行了深入讨论和剖析。

作为信息披露第一责任人的发行人，负有及时向中介机构提供真实、完整、准确的财务会计资料和其他资料，全面配合中介机构开展尽职调查的责任。同时，发行人的言行也必须与信息披露内容相一致，发行人要保障信息披露的质量和数量，满足投资者理性决策的信息需求。

作为"守门人"的中介机构，不仅要确保发行人的申请文件等信息披露资料真实、准确、完整、及时，还要承担相应的法律责任。

二、注册制进展

2018 年 11 月 5 日，科创板于上海证券交易所设立并试点注册制。

2020 年 4 月 27 日，中央全面深化改革委员会第十三次会议审议通过了《创业板改革并试点注册制总体实施方案》，并在创业板试点注册制。

2020 年 10 月 9 日，国务院印发《关于进一步提高上市公司质量的意见》，提出将"全面推行、分步实施证券发行注册制，支持优质企业上市"。

在可预期的未来，企业通过发行股票登陆国内资本市场均将实施注册制。

三、企业改制上市流程

企业改制上市一般分为改制辅导、监管机构审核和发行上市三个阶段，具体如图 1-6-1 所示。在实施注册制的科创板、创业板的公司申报审核的机构分别为上交所和深交所，交易所审核通过后提交证监会注册。新三板企业申请精选层挂牌的审核机构为全国股转系统，全国股转系统审核通过后提交证监会注册。

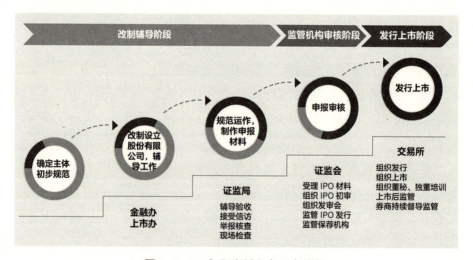

图 1-6-1 企业改制上市三个阶段

（一）改制设立股份有限公司

（1）企业拟定改制重组方案，聘请证券中介机构对方案进行可行性论证。

（2）对拟改制的资产进行审计、评估，签署发起人协议，起草公司章程等文件。

（3）设置公司内部组织机构，设立股份有限公司。

（二）尽职调查与辅导

（1）向当地证监局申报辅导备案。

（2）保荐机构和其他中介对公司进行尽职调查、问题诊断、专业培训和业务指导。

（3）完善组织机构和内部管理，规范企业行为，明确业务发展目标和募集资金投向。

（4）对照发行上市条件对存在的问题进行整改，准备首次公开发行申请文件。

（5）当地证监局对辅导情况进行验收。

（三）申请文件的申报

（1）企业和证券中介按照证券监管机构的要求制作申请文件。

（2）保荐机构进行内核并向证券监管机构尽职推荐。

（3）符合申报条件的，证券监管机构在 5 个工作日内受理申请文件。

（四）申请文件提交证券监管机构审核

1. 申请主板上市

根据《中国证监会发行监管部首次公开发行股票审核工作流程》，按照依法行政、公开透明、集体决策、分工制衡的要求，首次公开发行股票（以下简称"首发"）的审核工作流程分为受理、反馈会、初审会、发审会、封卷、核准发行等主要环节，分别由不同处室负责，相互配合、相互制约。对每一个发行人的审核决定均通过会议以集体讨论的方式提出意见，避免个人决断。具体的审核工作流程如图 1-6-2 所示。

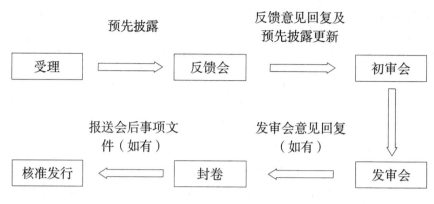

图 1-6-2　申请主板上市的审核工作流程

（1）受理和预先披露。

证监会受理部门根据有关规定，依法受理首发申请文件，并按程序转发行监管部。发行监管部在正式受理后按程序安排预先披露，并将申请文件分发至相关监管处室，相关监管处室根据发行人的行业、公务回避的有关要求以及审核人员的工作量等确定审核人员。（注：在证监会网站上预先披露的文件是拟上市企业的招股说明书。）

（2）反馈会。

相关监管处室审核人员审阅发行人申请文件后，从非财务和财务两个角度撰写审核报告，提交反馈会讨论。反馈会主要讨论初步审核中关注的主要问题，确定需要发行人补充披露以及中介机构进一步核查说明的问题。

反馈会按照申请文件受理顺序安排。反馈会由综合处组织，参会人员有相关监管处室审核人员和处室负责人等。反馈会后将形成书面意见，履行内部程序后反馈给保荐机构。反馈意见发出前不安排发行人及其中介机构与审核人员沟通。

保荐机构收到反馈意见后，组织发行人及相关中介机构按照要求进行回复。综合处收到反馈意见回复材料进行登记后转相关监管处室。审核人员按要求对申请文件以及回复材料进行审核。

发行人及其中介机构收到反馈意见后，在准备回复材料过程中如有疑问可与审核人员进行沟通，如有必要也可与处室负责人、部门负责人进行沟通。

审核过程中如发生或发现应予披露的事项，发行人及其中介机构应及时报告发行监管部并补充、修改相关材料。初审工作结束后，将形成初审报告（初稿）提交初审会讨论。

（3）预先披露更新。

发行人对反馈意见已按要求回复、财务资料未过有效期，且需征求意见的相关政府部门无异议的，将安排预先披露更新。对于具备条件的项目，发行监管部将通知保荐机构报送发审会材料和用于更新的预先披露材料，并在收到相关材料后安排预先披露更新，以及按受理顺序安排初审会。

（4）初审会。

初审会由审核人员汇报发行人的基本情况、初步审核中发现的主要问题及反馈意见回复情况。初审会由综合处组织，发行监管部相关负责人、相关监管处室负责人、审核人员以及发审委委员（按小组）参加。

根据初审会讨论情况，审核人员修改、完善初审报告。初审报告是发行监管部初审工作的总结，履行内部程序后与申请材料一并提交发审会。

初审会讨论决定提交发审会审核的，发行监管部在初审会结束后出具初审报告，并书面告知保荐机构需要进一步说明的事项以及做好上发审会的准备工作。初审会讨论后认为发行人尚有需要进一步披露和说明的重大问题、暂不提交发审会审核的，将再次发出书面反馈意见。

（5）发审会。

发审委制度是发行审核中的专家决策机制。目前，发审委委员不固定分组，采用计算机摇号的方式，随机产生项目审核小组，依次参加初审会和发审会。各组中委员个人存在需回避事项的，按程序安排其他委员替补。发审委通过召开发审会进行审核工作。发审会以投票方式对首发申请进行表决。《中国证券监督管理委员会发行审核委员会办法》规定：发审委会议审核首发申请适用普通程序。发审委委员投票表决采用记名投票方式，会前需撰写工作底稿，会议全程录音。

发审会召开5天前证监会发布会议公告，公布发审会审核的发行人名单、会议时间、参会发审委委员名单等。首发发审会由审核人员向委员报告审核情况，并就有关问题提供说明，委员发表审核意见，发行人代表和保荐代表人（各2名）到会陈述和接受询问，聆询时间不超过40分钟，聆询结束后由委员投票表决。发审会认为发行人有需要进一步披露和说明问题的，形成书面审核意见后告知保荐机构。（注：发审会召开前，发行人应组织模拟发审会，以在正式发审会上应付自如。发行人代表一般是董事长或总经理，最好是董事长，以体现对事情的重视；另一名发行人代表一般是财务总监或董事会秘书）

保荐机构收到发审委审核意见后，组织发行人及相关中介机构按照要求回复。综合处收到审核意见回复材料后转相关监管处室。审核人员按要求对回复材料进行审核并履行内部程序。

（6）封卷。

发行人的首发申请通过发审会审核后，需要进行封卷工作，即将申请文件原件重新归类后存档备查。封卷工作在按要求回复发审委意见后进行。如没有发审委意见需要回复，则在通过发审会审核后即进行封卷。

（7）会后事项。

会后事项是指发行人首发申请通过发审会审核后，招股说明书刊登前发生的可能影响本次发行上市及对投资者作出投资决策有重大影响的应予披露的事项。发生会后事项的需履行会后事项程序，发行人及其中介机构应按规定向综合处提交会后事项材料。综合处接收相关材料后转相关监管处室。审核人员按要求及时提出处理意见。需重新提交发审会审核的，按照会后事项相关规定履行内部工作程序。如申请文件没有封卷，则会后事项与封卷可同时进行。

（8）核准发行。

核准发行前，发行人及保荐机构应及时报送发行承销方案。

封卷并履行内部程序后，将进行核准批文的下发工作。发行人领取核准发行批文后，无重大会后事项或已履行完会后事项程序的，可按相关规定启动招股说明书刊登工作。

审核程序结束后，发行监管部根据审核情况起草持续监管意见书，书面告知日常监管部门。

2. 申请科创板、创业板上市以及精选层挂牌

申请科创板、创业板上市以及精选层挂牌审核流程与申请主板的流程基本一致，主要区别是审核机构分别为上交所、深交所和全国股转系统。

审核通过后，提交证监会注册。具体流程如图 1-6-3 所示。

图 1-6-3　申请科创板、创业板上市以及精选层挂牌的流程

（1）受理。

申请科创板上市的企业，由上交所受理。受理即在上交所网站预先公开披露招股说明书。

申请创业板上市的企业，由深交所受理。受理即在深交所网站预先公开披露招股说明书。

申请精选层挂牌的企业，由全国股转系统受理。受理即在全国股转系统网站预先公开披露招股说明书。

（2）审核。

自发行上市申请受理之日起二十个工作日内，交易所审核机构通过系统向保荐人提出首轮审核问询。保荐人就审核问询问题的回复材料，将通过交易所网站进行披露。

保荐人提交首轮问询回复后，交易所审核机构认为需继续问询的，将在十个工作日内通过系统发送问询意见函。

在发行上市审核期间，交易所审核机构可以根据需要通过系统通知等方式要求发行人及其控股股东、实际控制人、董事、监事、高级管理人员，保荐人、证券服务机构及其相关人员至交易所指定地点接受当面问询。接受问询的相关人员应在约定时间准时到交易所指定地点进行问询沟通。

（3）上市委会议。

审核问询结束后，交易所审核机构将根据以下不同情形，通过系统向保荐人发送审核意见函：①要求更新申请文件，并做好上市委员会审议准备；②要求进一步落实相关事项。

保荐人收到交易所审核意见函后，应及时通过系统提交更新后的申请文件（上会稿）。

保荐人落实完相关事项、提交申请文件（上会稿）并预先披露后，交易所审核机构将通过交易所网站发布上市委员会审议会议通知公告，并通过系统告知发行人及其保荐人。通知内容包括会议时间、会议地点、审议项目、参会委员名单等。在上市委员会审议会议通知的同时，申请文件（上会稿）在交易所网站预先披露。

上市委员会审议会议结束当日，保荐人应注意查收短信信息，并及时登录交易所网站查看上市委员会审议会议结果。

（4）报送证监会注册。

上市委员会同意发行人发行上市的，保荐人应及时修改、更新相关预披露文件，并通过系统报送申请文件（注册稿）。在交易所向证监会报送同意发行上市的审核意见时，申请文件（注册稿）将在证监会网站和交易所网站同步披露。

发行人注册生效后，发行人及其保荐人应及时与交易所保荐承销管理部门联系，做好发行承销的相关准备工作。

（5）发行上市。

发行人在交易所网站及符合证监会规定的媒体全文披露招股说明书及发行公告等信息。主承销商与发行人组织路演，向投资者推介。主承销商与发行人通过直接定价或询价定价的方式确定发行价格。投资者进行网上、网下申购，发行人刊登发行结果公告，会计师事务所验资，股份初始登记后，股票正式在交易所（或全国股转系统）上市交易。

第7章 企业上市的好处

企业公开发行上市，是其迅速发展壮大的主要途径。企业公开发行上市，主要有以下好处。

（1）有利于建立现代企业制度，规范法人治理结构，提高企业管理水平，降低经营风险。

（2）建立了直接融资的平台，有利于增大企业自有资本的比例，改进企业的资本结构，提升企业自身抗风险的能力，增强企业的发展后劲。

（3）有利于企业树立品牌，提升企业形象，增强企业的凝聚力、吸引力、兼容性及扩张力。

（4）有利于建立归属清晰、权责明确、保护严格、流转顺畅的现代产权制度，增强企业创业和创新的动力。

（5）有利于完善激励机制，吸引和留住人才。

（6）有利于企业进行资产并购与重组等资本运作，利用各种金融工具，进行行业整合，迅速做大做强。

（7）有利于企业长期在股市融资。企业可通过证券市场的持续融资不断促进企业发展、扩大企业规模。

（8）有利于股权的增值并增强流动性，为创业者的资金构筑退出平台。

（9）有利于提高客户和供应商的信任度。上市通常是企业有能力支付账单和提供服务的证明，潜在的供应商和客户在与上市公司打交道时会觉得比较安全，公开上市可以加强客户、供应商、贷款人以及投资者的信心。

第8章 企业上市的坏处

公开发行上市后，企业性质转变为社会公众公司，企业将拥有成千上万的社会公众股东。为了保护社会公众股东的权益，上市公司要接受更为严格的监管，企业生产经营和运作将置于透明状态，企业的社会责任和压力会更大。

（1）要遵守的法律、法规和规章会增加。企业公开发行上市后，要遵守各项证券类法律法规、证监会和证券交易所颁布的规章规则。

（2）监管和监督的部门会增加。企业公开发行上市后，要接受证监会、证券交易所等证券监管部门的监管；此外还会受到媒体和社会公众的广泛监督，以及保荐机构等中介机构的持续督导。

（3）企业的透明度会提高。为了保证全体股东及时、全面了解企业的情况，上市公司必须按照《中华人民共和国证券法》、证监会颁布的信息披露准则和证券交易所颁布的股票上市规则等法律、法规和规章，及时、充分、公平地披露企业信息，企业及其董事、监事、高级管理人员应当保证信息披露内容的真实、准确、完整，没有虚假记载、误导性陈述或重大遗漏。

（4）经营压力会增加。在成熟的资本市场，权益资本成本要高于债务资本成本，投资者购买企业的股票要求获得合理的投资回报，如果企业经营不善，业绩不佳，将会遭到投资者的抛弃。

（5）对大股东的约束力将增加。首先，大股东不能搞"一言堂"，必须在严格遵守现代企业公司治理规则的情况下参与企业管理与决策；其次，必须规范运作，大股东不得侵占上市公司资产，损害上市公司权益；最后，公开发行上市后，大股东持有股权的相对比例会降低，有可能影响其对企业的控制力。

（6）上市的成本可能对生产经营造成影响。在企业改制、上市过程中，企业需承担中介机构服务费以及差旅、住宿、招待等费用，企业的规范运作成本有时也不菲，因此，企业在生产经营发展到一定规模后再考虑上市，风险会比较小。

第二部分

上市第一步：改制设立股份有限公司

企业计划在国内资本市场发行股票并上市，如果不是股份有限公司，需要改制为股份有限公司。在改制阶段需要聘请中介机构对企业近三年的财务、法律、业务等情况进行尽职调查，就企业存在的问题按资本市场的规则进行规范和整改，以满足发行上市的条件。

第1章　选聘中介机构和成立企业内部工作小组

企业上市是一项系统工程，主要涉及三家中介机构，分别是保荐机构、会计师事务所和律师事务所。

保荐机构是十分重要的中介机构，是企业改制上市过程中的总设计师、各中介机构的总协调人、文件制作的总编撰。保荐机构中具体负责企业上市业务的部门称作投资银行部，保荐机构投资银行部委派两名保荐代表人在企业发行股票的招股说明书以及需要保荐机构发表意见的文件上签字。

保荐机构应当严格履行法定职责，遵守业务规则和行业规范，对发行人的申请文件和信息披露资料进行审慎核查，督导发行人规范运行，对其他中介机构出具的专业意见进行核查，对发行人是否具备持续盈利能力、是否符合法定发行条件作出专业判断，并确保发行人的申请文件和招股说明书等信息披露资料真实、准确、完整、及时。

会计师事务所协助企业完善财务管理、会计核算和内部控制制度，就改制上市过程中的财务、税务问题提供专业意见，协助制作申报材料，出具审计报告和验资报告等。会计师事务所委派两名注册会计师在审计报告等文件上签字。

律师事务所负责解决改制上市过程中的有关法律问题，协助企业准备报批所需的各项法律文件，出具法律意见书和律师工作报告等。律师事务所委派两名律师在法律意见书等文件上签字。

一、怎么选聘中介机构

1.企业在选择中介机构时应考虑的因素

（1）中介机构人员的专业性。

中介机构人员的经验对企业上市工作的开展具有非常重要的影响。经验丰富的中介机构人员更加了解上市各个环节的工作，能够准确把握上市企业存在的问题及解决方法、严格控制上市过程中可能存在的风险，帮助企业更加顺利地完成上市工作。券商及签字保荐代表人的从业经历可通过中国证券业协会网站查询，签字保荐代表人、签字注册会计师、签字律师过往项目经历可通过搜索关键字查询。具有丰富经验的中介机构人员对项目的推进可起到事半功倍的效果。在此基础上，如果中介机构人员具备与本企业所处行业相关的其他上市企业成功运作的经验，则能让企业的上市进程更加顺畅。

（2）中介机构团队的敬业精神和对企业的重视程度。

中介机构团队的敬业精神和对企业的重视程度对企业上市工作的开展十分重要。企业需要与中介机构团队多接触，了解其在工作中是否勤勉尽责。在企业准备启动上市的初步尽职调查工作中，中介机构团队对前期工作的时间安排是否合理、项目人员的投入精力是否充足、保荐代表人是否到场等都可以从侧面反映出中介机构团队的工作态度和对企业的重视程度。企业可通过各中介机构提供的初步方案看出各中介机构团队对企业上市工作的重视程度。中介机构前期初步尽职调查后提供给企业的初步方案质量，也可以反映出中介机构团队的敬业精神。

（3）中介机构签字人员是否驻场开展工作。

一般而言，应该各有一名签字保荐代表人、签字注册会计师、签字律师常驻现场开展工作。上述签字人员是处理企业存在的各项问题的关键决策人员，如果长期不在现场，企业上市过程中的重要问题决策是否准确可能存在不确定性，从而给上市造成不确定性。驻场人员应该有较高的专业水平和极强的责任心，驻场人员的工作能力和工作态度是比较重要的影响因素。

（4）中介机构的沟通能力和合作水平。

股票发行上市是发行人以及各中介机构"合力"的结果，中介机构之间应积极合作，尤其是保荐机构与律师事务所、会计师事务所之间。有些中介机构达成了固定的合作关系，这样在服务企业的过程中沟通会更顺畅。从前期各中介机构与企业的沟通中可以看出各中介机构的沟通能力，也可以了解各中介机构与企业关于上市的理念是否一致，预计上市工作中各方合作是否能够顺利进行。

（5）中介机构的费用。

中介机构的费用是企业控制发行上市成本需要考虑的一个重要问题，具体收费或收费标准一般由双方协商确定。下文对上市过程中的费用情况做了详细描述。

（6）中介机构的口碑和品牌。

中介机构的口碑和品牌也是选择中介机构时应考虑的一个因素，不过具体执行的团队比中介机构整体更重要，因此选择时应当先对执行团队进行了解，将中介机构的品牌作为辅助参考的因素。对于中介机构的业内口碑，企业可以通过向证券行业、会计师行业、律师行业的人员咨询，了解行业内部对中介机构的评价和看法，也可以通过网络搜索关注中介机构是否出现过重大负面风险事件进行判断。

2. 了解中介机构业务排名情况

中介机构业务排名可以反映出其业务执行情况，为寻求合作提供参考。2019 年度保荐机构 IPO 业务单数前 20 名的情况如表 2-1-1 所示。

表 2-1-1　2019 年度保荐机构 IPO 业务单数前 20 名

排名	保荐机构名称	IPO 业务单数（单）
1	中信证券股份有限公司	25
2	中信建投证券股份有限公司	19
3	广发证券股份有限公司	16
4	中国国际金融股份有限公司	15
5	国信证券股份有限公司	12
5	招商证券股份有限公司	12
7	东兴证券股份有限公司	9
8	国泰君安证券股份有限公司	8
9	长江证券股份有限公司	7
10	安信证券股份有限公司	6
10	华泰联合证券承销保荐有限公司	6
10	民生证券股份有限公司	6
13	光大证券股份有限公司	5
13	国金证券股份有限公司	5

续表

排名	保荐机构名称	IPO 业务单数（单）
13	海通证券股份有限公司	5
13	中泰证券股份有限公司	5
17	东方花旗证券有限公司	3
17	东莞证券股份有限公司	3
17	东吴证券股份有限公司	3
17	申万宏源证券承销保荐有限责任公司	3

2019 年度会计师事务所 IPO 业务单数前 20 名的情况如表 2-1-2 所示。

表 2-1-2　2019 年度会计师事务所 IPO 业务单数前 20 名

排名	会计师事务所名称	IPO 业务单数（单）
1	立信会计师事务所	43
2	天健会计师事务所	29
3	瑞华会计师事务所	15
4	致同会计师事务所	13
5	信永中和会计师事务所	12
6	广东正中珠江会计师事务所	11
6	容诚会计师事务所	11
8	安永华明会计师事务所	9
9	毕马威华振会计师事务所	8
9	大华会计师事务所	8
11	德勤华永会计师事务所	6
11	普华永道中天会计师事务所	6
13	天职国际会计师事务所	4
14	大信会计师事务所	3
14	天衡会计师事务所	3
14	中汇会计师事务所	3
14	中审众环会计师事务所	3
14	众华会计师事务所	3
14	江苏公证天业会计师事务所	3
20	福建华兴会计师事务所	2

2019 年度律师事务所 IPO 业务单数前 20 名的情况如表 2-1-3 所示。

表 2-1-3　2019 年度律师事务所 IPO 业务单数前 20 名

排名	律师事务所名称	IPO 业务单数（单）
1	北京市中伦律师事务所	21
2	北京市金杜律师事务所	17
3	上海市锦天城律师事务所	16
4	国浩律师（上海）事务所	13
5	北京市君合律师事务所	11
6	北京国枫律师事务所	10
7	北京德恒律师事务所	9
8	北京金诚同达律师事务所	8
9	北京市嘉源律师事务所	7
10	广东信达律师事务所	7
11	北京大成律师事务所	6
12	北京市天元律师事务所	6
13	北京市康达律师事务所	5
13	国浩律师（北京）事务所	5
13	国浩律师（杭州）事务所	5
13	江苏世纪同仁律师事务所	5
13	上海市通力律师事务所	5
13	北京海润天睿律师事务所	5
13	北京市通商律师事务所	5
20	国浩律师（深圳）事务所	3

3. 了解企业上市需承担的费用情况

企业上市费用主要是中介机构费用，包括：①改制设立财务顾问费用；②辅导费用；③保荐与证券承销费用、会计师费用、律师费用、资产评估费用等；其中，保荐机构的承销保荐费用占比最高。上述与上市相关的费用，绝大部分在企业上市时从募集资金里扣除，并且上市费用不计入企业的当期费用，不影响企业的利润表。企业上市费用的相关情况如表 2-1-4 所示。

表 2-1-4 企业上市费用的相关情况

项目	费用名称	收费标准	支付时间
改制、辅导	财务顾问费用	双方协商确定，一般在 50 万元左右	改制阶段支付
发行、上市	保荐费用	参照行业标准双方协商确定，一般在 200 万元—400 万元	申报前支付
	承销费用	参照行业标准双方协商确定	上市后从募集资金里扣除
	会计师费用	参照行业标准双方协商确定	按项目进展分阶段支付，大部分在上市后支付
	律师费用	参照行业标准双方协商确定	按项目进展分阶段支付，大部分在上市后支付
	评估费用	一般在 50 万元—100 万元	项目实施后支付
	其他发行费用	根据实际情况而定	实际发生时支付

表 2-1-5 统计了 20 家上市公司的费用情况，从中可以了解企业上市费用情况，在企业与中介机构洽谈上市费用时做到心中有数。

表 2-1-5 20 家公司的上市费用情况

序号	上市公司及代码	IPO 募集资金总额	发行费用情况
1	瑞丰新材 300910	113475.00 万元	发行费用总额为 9291.63 万元。其中：保荐及承销费用为 7345.96 万元；审计及验资费用为 650.94 万元；律师费用为 452.83 万元；信息披露费用为 490.57 万元；发行上市手续费及其他费用为 351.33 万元
2	联泓新科 003022	168874.56 万元	发行费用总额为 7874.56 万元。其中：保荐及承销费用为 6582.32 万元；审计、验资及评估费用为 416.04 万元；律师费用为 311.32 万元；用于本次发行的信息披露费用为 471.70 万元；上市手续费为 74.31 万元；材料制作费为 18.87 万元

续表

序号	上市公司及代码	IPO 募集资金总额	发行费用情况
3	友发集团 601686	182612.00 万元	发行费用总额为 12612.01 万元。其中：保荐及承销费用为 9855.57 万元；审计及验资费用为 1641.51 万元；律师费用为 429.25 万元；用于本次发行的信息披露费用为 546.23 万元；发行手续费用及其他费用为 139.45 万元
4	朗特智能 300916	60193.80 万元	发行费用总额为 7171.78 万元。其中：承销费用为 4815.50 万元、保荐费用为 200.00 万元；审计及验资费用为 955.00 万元；律师费用为 726.04 万元；发行手续费用为 2.60 万元；信息披露费用为 400.94 万元；材料制作费用为 71.70 万元
5	声迅股份 003004	41451.96 万元	发行费用总额为 3643.69 万元。其中：保荐及承销费用为 2118.55 万元；审计及验资费用为 471.70 万元；律师费用为 550.00 万元；用于本次发行的信息披露费用为 471.70 万元；用于本次发行的手续费用、材料制作费用为 31.74 万元
6	东亚药业 605177	88409.20 万元	发行费用总额为 10165.35 万元。其中：保荐及承销费用为 6143.87 万元；审计及验资费用为 2243.63 万元；律师费用为 695.75 万元；发行手续费用及其他费用为 470.78 万元；与本次发行相关的信息披露费用为 611.32 万元
7	康平科技 300907	34320.00 万元	发行费用总额为 5139.66 万元。其中：保荐费用为 226.42 万元，承销费用为 2830.19 万元；律师费用为 720.13 万元；审计及验资费用为 805.66 万元；资产评估费用为 18.87 万元；用于本次发行的信息披露费用为 478.30 万元；发行手续费用及其他费用为 60.09 万元
8	广联航空 300900	93924.72 万元	发行费用总额为 8277.18 万元。其中：保荐及承销费用为 5920.98 万元；审计及验资费用为 1207.55 万元；律师费用为 533.02 万元；用于本次发行的信息披露费用为 478.30 万元；发行手续费及其他费用为 137.33 万元

序号	上市公司及代码	IPO募集资金总额	发行费用情况
9	中胤时尚300901	53760.00万元	发行费用总额为6028.02万元。其中：保荐及承销费用为4838.40万元；审计及验资费用为485.85万元；律师费用为218.87万元；信息披露费用为447.17万元；发行手续费用及其他费用为37.73万元
10	熊猫乳品300898	33418.00万元	发行费用总额为5638.00万元。其中：保荐及承销费用为3625.54万元；审计及验资费用为660.38万元；律师费用为924.53万元；用于本次发行的信息披露费用为400.94万元；发行手续费用及其他费用为26.61万元
11	金龙鱼300999	1393349.03万元	发行费用总额为24055.22万元。其中：保荐及承销费用为19283.02万元；审计及验资费用为2970.00万元；律师费用为849.06万元；评估费用为56.60万元；用于本次发行的信息披露费用为440.57万元；发行手续费用及其他费用为455.97万元
12	日久光电003015	46165.20万元	发行费用总额为4791.21万元。其中：保荐及承销费用为3160.38万元；审计费用为779.25万元；律师费用为306.60万元；信息披露费用为481.13万元；发行手续费用及材料制作费等其他费用为63.85万元
13	帅丰电器605336	85500.80万元	发行费用总额为6375.98万元。其中：保荐及承销费用为4839.67万元；审计及验资费用为458.78万元；律师费用为513.68万元；用于本次发行的信息披露费用为518.86万元；发行手续费及材料制作费用为44.99万元
14	爱美客300896	357175.40万元	发行费用总额为13662.02万元。其中：承销及保荐费用为10054.50万元；审计及验资费用为1379.83万元；律师费用为1679.79万元；用于本次发行的信息披露费用为414.95万元；发行手续费用为132.95万元

续表

序号	上市公司及代码	IPO 募集资金总额	发行费用情况
15	上海凯鑫 300899	38965.85 万元	发行费用总额为 3673.66 万元。其中：保荐费用为 94.34 万元，承销费用为 2573.22 万元；会计师费用为 339.62 万元；律师费用为 246.23 万元；用于本次发行的信息披露费用为 391.51 万元；发行手续费用及其他费用为 28.74 万元
16	巴比食品 605338	78864.00 万元	发行费用总额为 4459.21 万元。其中：保荐及承销费用为 3117.51 万元；审计及验资费用为 571.32 万元；律师费用为 235.85 万元；用于本次发行的信息披露及发行手续费用为 509.25 万元；其他发行费用为 25.28 万元
17	兰剑智能 688557	50330.90 万元	发行费用总额为 4731.71 万元。其中：保荐费用为 150.94 万元；承销费用为 3223.16 万元；审计及验资费用为 542.45 万元；律师费用为 316.04 万元；信息披露费用为 449.06 万元；发行手续费及其他费用为 50.06 万元
18	艾力斯 688578	204570.00 万元	发行费用总额为 11315.03 万元。其中：承销及保荐费用为 9649.53 万元；审计及验资费用为 704.47 万元；律师费用为 420.00 万元；用于本次发行的信息披露费用为 415.09 万元；发行手续费等其他费用为 125.94 万元
19	中控技术 688777	175541.49 万元	发行费用总额为 11808.88 万元。其中：保荐费用为 566.04 万元，承销费用为 7693.19 万元；审计及验资费用为 1950.00 万元；律师费用为 980.00 万元；用于本次发行的信息披露费用为 551.89 万元；本次发行的发行手续费、材料制作费等其他费用为 67.76 万元
20	会通股份 688219	38074.61 万元	发行费用总额为 5292.47 万元。其中：承销及保荐费用为 2830.19 万元；审计及验资费用为 1509.43 万元；律师费用为 471.70 万元；用于本次发行的信息披露费用为 389.62 万元；发行手续费及其他费用为 91.53 万元

企业上市费用金额一般与募集资金总额相关，一般募集资金金额越大，中介机构费用占募集资金的比例越小。表2-1-6是2019年平均承销保荐费率的统计情况。

表2-1-6　2019年平均承销保荐费率情况

募集资金总额（元）	上市家数	平均承销保荐费率
25亿—< 30亿	1	1.70%
20亿—< 25亿	4	4.90%
16亿—< 20亿	2	4.07%
14亿—< 16亿	4	3.66%
12亿—< 14亿	5	5.37%
10亿—< 12亿	7	5.47%
9亿—< 10亿	4	6.68%
8亿—< 9亿	5	5.82%
7亿—< 8亿	4	6.77%
6亿—< 7亿	14	6.86%
5亿—< 6亿	17	7.67%
4.5亿—< 5亿	13	7.20%
4亿—< 4.5亿	16	7.44%
3.5亿—< 4亿	19	8.05%
3亿—< 3.5亿	25	9.68%
2.5亿—< 3亿	34	10.10%
2亿—< 2.5亿	34	10.56%
1.5亿—< 2亿	20	11.54%
1亿—< 1.5亿	6	15.34%
合计	234	8.77%

平均承销保荐费率＝承销保荐费用÷募集资金总额。平均承销保荐费率与募集资金金额的关系总体上呈反相关。

二、成立企业内部改制上市工作小组

为了和中介机构做好配合，企业需成立以下内部改制上市工作小组。

（1）改制上市决策组：一般由公司董事长或总经理、董事会秘书、财务总监组成，主要负责的内容如下。改制、上市等重大问题的决策；审议和批准改制、上市计划及工作日程安排；根据改制计划决定专项事务组工作内容；管理和督导下属各工作组工作进度；以及负责与国家各主管部门及监管部门的沟通。

（2）综合事务工作组：主要负责拟订各项业务发展规划及存续企业的发展模式；拟订改制重组的整体方案、各阶段具体工作计划以及其他相关文件；拟订股份有限公司治理结构及组织架构方案；拟订与各主管部门的沟通、汇报及申请材料；以及负责与主管部门的公关、沟通工作。

（3）法律事务工作组：主要负责准备企业历史沿革、股本演变文件和资料；负责准备企业商标、专利、土地、房产等各项资产权属的文件和资料；审查改制过程中各项法律文件；与律师共同拟订公司章程等内部控制制度；拟订董事会、股东大会等相关会议文件；以及准备诉讼、仲裁、环保、安全、产品质量等涉及法律方面的资料。

（4）业务工作组：主要负责准备企业的各种业务文件和资料；负责对重大业务问题进行研究讨论；负责准备企业技术、研发、产品、生产以及募投项目等方面的文件和资料并与中介机构对接；负责准备企业所在行业的发展前景、市场、上下游、竞争情况等方面的资料并与中介机构对接。

（5）财务工作组：负责与会计师对接企业上市涉及财务方面的各项工作；负责准备企业各口径财务数据资料和文件并与中介机构对接；根据整体安排，制定财务审计工作与资产评估工作的具体实施方案并落实；敦促会计师及评估师按计划完成审计工作及资产评估工作；出具各种专项文件，跟踪了解财务审计方面的相关问题及工作进程；就出现的问题提出解决方案。

三、改制、上市工作的机制安排

企业内部工作小组和中介机构的沟通机制是顺利完成工作的保障，主要工作机制如下。

（1）定期会议制度：规范上市过程中的中介机构协调会议召开，健全的定期会议制度有利于各部门、各单位协同工作。

（2）邮件管理制度（微信群、QQ 群制度）：电子邮件（微信群、QQ群）是不同部门和单位间交换信息的重要渠道，健全的邮件管理制度对保证沟通渠道的畅通十分重要。

（3）文件管理制度：上市过程会产生数量巨大、种类繁多的文件，规范的文件管理制度十分必要。

（4）档案管理制度：对上市过程中的通讯录、备忘录、会议纪要等档案进行规范管理。

第2章　中介机构初步尽职调查

一、初步尽职调查的目的是判断上市的可行性

企业和中介机构有了初步合作意向后，通常委托券商、会计师和律师对企业进行初步尽职调查，目的是在短时间内对企业整体情况进行摸底，了解企业大体财务状况及规范性，帮助企业判断上市的可行性，确定申报报告期、上市主体等事项。

二、初步尽职调查的资料清单

根据所处阶段和目的，初步尽职调查不同于中介机构正式进场后的详细尽职调查，清单一般在两页纸左右，整个尽职调查和报告撰写过程大约用时一周。考虑到初步尽职调查的时间和定位，中介机构基本依赖发行人提供的信息，初步尽职调查中对于不重要的核查、清单中不重要的外部证据可以先不用进行调查。

以公司基本情况为例，详细的尽职调查中对于关联方、股东、发行人主体的基本情况均需要律师去工商部门调档，发行人、控股股东的财务状况需要审计机构出具审计报告。初步尽职调查中要了解的一般关联方基本情况只需在外部网站查询基本信息即可，要求提供发行人主体范围内的调档资料的主要目的不是对发行人提供的信息进行核查，而是发现发行人因为专业性受限，未能发现的隐藏问题。

与正式尽职调查清单相比，初步尽职调查清单变动较大，中介机构会根据公司的行业特点和具体情况把握具体内容，以下为示例内容。

1. 公司的设立及历史沿革

（1）公司及分、子公司工商登记资料。

（2）公司最新营业执照。

（3）公司章程，包括现有章程及历次章程修正案。

（4）公司内部组织结构图及其说明（包括说明公司设立的职能部门及各职能部门的职责、各部门人员数量）。

（5）公司最近三年会议记录，包括董事会会议决议及记录、股东大会会议决议及记录、总经理办公会会议记录（如适用）、经理会议记录及其他管理单位的会议决议及记录。

2. 公司的各项法律资格、登记和备案

公司从事各经营事项所需要的全部政府登记、许可、备案文件等资料，包括但不限于各项行政许可证书（特许经营权）、相关的资质证书等，以及公司从事各经营事项所需要的准入证书文件等。

3. 公司的股东及管理层

（1）与公司股权有关的任何质押、其他产权担保的详情。如有相关合同，也应提供。

（2）公司股东的简历。

（3）公司董事、监事、高级管理人员的简历。

4. 对外股权投资

（1）公司所有的对外投资企业的股权结构图和清单（应注明每家公司的准确名称、注册地址、注册资本、股权比例及经营范围）。

（2）公司所投资企业（包括全资子企业、控股企业、参股企业）的企业法人营业执照、最新公司章程。

（3）公司实际控制人实际控制和参股的所有公司名单，以及说明其与公司之间的业务关系。

5. 公司业务

（1）公司商业模式、主要产品、主要业务以及业务流程概述（按照采购模式、生产模式、销售模式等分类介绍说明）。

（2）公司最近三年的前十大客户名单及其销售收入、销售收入占各年总营业收入比重（不含税、以财务报表数据为准）、各期前十大客户的重

点大额销售合同。

（3）公司最近三年的前十大供应商名单及各年采购金额、采购金额占总采购成本（如无法统计采购成本，以主营业务成本替代）比重（不含税、以财务报表数据为准）、各期前十大供应商的重点大额采购合同。

（4）公司最近三年的现金收入情况及其占收入比重。

（5）如果公司存在金额较大的外委业务，请以外协单位为统计口径，说明最近三年的委外金额（或者采购金额）及其占采购总成本的比重，并提供重点大额委托合同（如有）。

（6）公司现行已成文的内部管理制度，包括主要会计政策、会计核算办法及财务管理制度、生产经营、员工薪酬、劳保福利及财产物资管理制度等。

（7）公司最新 PPT 介绍文件。

6. 公司财务情况

（1）公司最近三年财务报表、审计报告（含附注）。

（2）公司最近三年所得税汇算清缴文件、纳税申报文件。

7. 公司的主要财产（包括自有或租赁的土地、房产）

公司使用或拥有的土地（包括无证土地）及房屋（包括无证房屋），以及其他单项价值在 50 万元以上的资产情况汇总表，并注明土地和房产证号、面积。如没有取得土地和房产证书，请注明。

8. 知识产权

（1）公司及其实际控制人控制的其他企业持有或拥有的全部专利（发明、实用新型和外观设计）、商标、服务标识、商号、专有技术、标志、域名、软件著作权（包括对前述内容的申请）的汇总表。

（2）公司与第三方订立的有关专利（包括专利申请权）、商标、专有技术、域名的转让、许可协议（公司作为转让方或受让方、许可方或被许可方）及有关登记注册证明。

（3）说明公司是否有实际使用其他方享有的知识产权的情况，并详细说明使用的情况、原因及与对方的关系。

9. 关联方及关联交易

（1）确认最近三年公司与关联方是否存在关联交易，如存在，请提供关联交易协议。

（2）公司实际控制人控制的其他企业的工商登记文件、营业执照、公司章程、财务报表、审计报告以及主营业务等情况介绍。

10. 其他

（1）任何有关或涉及公司已经发生的、正在进行的或已有明显迹象表明可能要发生的重大诉讼、仲裁、行政处罚或者行政复议情况汇总表和文件。

（2）重大合同。标的额超过人民币 50 万元的各类合同，或金额不足人民币 50 万元，但对公司的业务、生产、经营、财务有重大影响的合同。重大合同包括但不限于借款合同、担保合同、采购合同、销售合同、租赁合同、合作合同等。

三、中介机构形成 IPO 初步方案

初步尽职调查后，中介机构判断发行人发行上市不存在重大障碍的，会从客户的具体情况出发，出具 IPO 初步方案。该方案内容一般包括发行人基本情况、行业状况、募集资金投资项目、上市主体、股权调整建议、改制上市前存在的问题及解决方案、上市板块分析、申报报告期的确定及上市时间进度安排等。初步方案的形成意味着企业上市迈出了第一步，接下来就是企业按照中介机构制定的方案逐步推进，就企业存在的问题在上市前规范和解决。

第3章　如何确定上市主体

上市主体应符合证监会首次公开发行股票规定的发行条件，主要包括主体资格、规范运行以及财务等方面的一系列规定。企业在选择上市主体、确立上市架构时通常应重点考虑以下因素。

（1）主体资格。

实务中，企业实际控制人有时会经营多项业务，若各业务主体互不相关，可分别独立上市。若各业务之间有较强相似性或相关性，根据整体上市的要求，企业需要对这些业务进行重组，此时企业需要将实际控制人旗下某个企业作为上市主体，收购实际控制人旗下其他相同主营业务的企业。在选择上市主体时，建议将历史沿革规范、股权清晰、主业突出、资产优质、盈利能力强的企业确定为上市主体，并以此为核心构建上市架构。

（2）上市主体的独立性。

对于实际控制人下有多个企业的情况，选择哪个企业作为上市主体需要权衡。上市主体的选择应该有利于消除同业竞争、减少不必要的关联交易，保持资产、人员、财务、机构、业务独立，并在招股说明书中披露已达到发行监管对企业独立性的基本要求。

（3）上市主体的规范性。

上市主体应建立健全完善的股东大会、董事会、监事会制度，相关机构和人员能够依法履行职责。上市主体最近三年不得存在重大违法违规行为，发行人的董事、监事和高级管理人员符合相应的任职要求。上市主体的产权关系清晰，不存在法律障碍，在重组中应剥离非经营资产和不良资产，明确进入股份有限公司与未进入股份有限公司资产的产权关系，使得股份有限公司资产结构、股权结构规范合理。

（4）上市主体的盈利能力。

上市主体的选择应使其经营业绩具有连续性和持续盈利能力，内部控制规范健全，关联交易价格公允，不存在通过关联交易操纵利润的情形，不存在重大偿债风险，并且符合财务方面的发行条件。

第4章　同业竞争问题解析

一、什么是同业竞争

同业竞争，是指拟上市公司的控股股东、实际控制人及其控制的其他企业所从事的业务与拟上市公司业务相同或相似，双方构成或可能构成直接或间接竞争关系，可能对拟上市公司的业务开展及股东的利益产生不利影响。

《公开发行证券的公司信息披露内容与格式准则第 1 号——招股说明书（2015 年修订）》第五十一条规定，发行人的业务独立于控股股东、实际控制人及其控制的其他企业，与控股股东、实际控制人及其控制的其他企业间不存在同业竞争或者显失公平的关联交易。

同业竞争是企业 IPO 中必须消除的问题。在存在同业竞争的情况下，拟上市公司与其控股股东、实际控制人控制的其他企业存在利益冲突，容易出现利益相关方损害拟上市公司利益的情况，所以若同业竞争没有得到有效解决，会成为成功过会的一个实质性障碍。

二、监管部门对同业竞争问题的解答

《首发业务若干问题解答（2020 年 6 月修订）》问题 15 就同业竞争问题做了专项解答，如下。

发行上市监管对同业竞争行为作出了限制性规定，发行人及中介机构在核查判断同业竞争事项时，应当主要关注哪些方面？

答：（1）核查范围。中介机构应当针对发行人控股股东（或实际控制人）及其近亲属全资或控股的企业进行核查。

（2）判断原则。同业竞争的"同业"是指竞争方从事与发行人主营业务相同或相似业务。核查认定该相同或相似的业务是否与发行人构成"竞争"时，应按照实质重于形式的原则，结合相关企业历史沿革、资产、人员、主营业务（包括但不限于产品服务的具体特点、技术、商标商号、客户、供应商等）等方面与发行人的关系，以及业务是否有替代性、竞争性、是否有利益冲突、是否在同一市场范围内销售等，论证是否与发行人构成竞争；不能简单以产品销售地域不同、产品的档次不同等认定不构成同业竞争。

对于控股股东、实际控制人控制的与发行人从事相同或相似业务的公司，发行人还应当结合目前自身业务和关联方业务的经营情况、未来发展战略等，在招股说明书中披露未来对于相关资产、业务的安排，以及避免上市后出现同业竞争的措施。

（3）亲属控制的企业应如何核查认定。如果发行人控股股东或实际控制人是自然人，其夫妻双方直系亲属（包括配偶、父母、子女）控制的企业与发行人存在竞争关系的，应认定为构成同业竞争。

发行人控股股东、实际控制人的其他亲属及其控制的企业与发行人存在竞争关系的，应当充分披露前述相关企业在历史沿革、资产、人员、业务、技术、财务等方面对发行人独立性的影响，报告期内交易或资金往来、销售渠道、主要客户及供应商重叠等情况，以及发行人未来有无收购安排。

三、同业竞争问题的解决措施

1. 收购合并

若关联方的资产相对优质，那么拟上市公司可以将这部分存在同业竞争的关联方资产通过收购合并的形式，装入拟上市公司主体，进行资产的有机整合。这样既能解决同业竞争的问题，又可以扩大拟上市公司的资产及业务规模。

2. 资产、股份转让

若拟上市公司觉得关联方资产并不是特别优质，不愿意将其收购，那么关联方可以将这部分资产转让给与拟上市公司不存在关联关系的第三方，从而解决同业竞争的问题。同时关联方也可以转让持有的拟上市公司股份，使得自身与拟上市公司不构成关联关系。在采用通过资产转让的方式解决同业竞争问题时，应重点注意是否真实转让，是否存在股份代持、虚假转让的情形。

3. 停业或注销

在进行关联方资产转让时，若没有合适的受让方愿意接受该部分资产或因其他原因不采用资产转让时，拟上市公司还可以将这部分存在同业竞争的业务进行注销或停业处理，或改变其经营范围，放弃竞争业务。

4. 承诺协议

拟上市公司应在有关股东协议、公司章程等文件中规定避免同业竞争的措施，并在申请发行上市前取得控股股东对于同业竞争的有效承诺，让其承诺将不以任何方式直接或间接地从事或参与和拟上市公司竞争的任何业务活动。

四、宏川智慧（002930）案例分析

广东宏川智慧物流股份有限公司（以下简称"宏川智慧"或"公司"）系一家仓储物流综合服务提供商，主要为境内外石化产品生产商、贸易商和终端用户提供仓储综合服务、物流链管理服务、中转及其他相关服务，业务具体包括装卸、仓储、过驳、中转、物流链管理等。

宏川智慧目前通过控制拥有码头、储罐等经营性资产的三家主要子公司，即三江港储、太仓阳鸿及南通阳鸿为客户提供服务，三家子公司分别位于广东东莞、江苏太仓和江苏南通。公司库区罐容总量为 107.03 万立方米，其中三江港储总罐容为 24.13 万立方米，太仓阳鸿总罐容为 60.60 万立方米，南通阳鸿总罐容为 22.30 万立方米。公司储罐收费定价考量的因素包括：包罐或拼罐模式、长租或短租、储罐材质、储罐大小等。包罐模式下依据储罐材质和长租或短租等情况按储罐面积收费，拼罐模式下按照储存物质的重量收费，因此，罐容总量和储罐的使用效率直接影响公司的盈利规模和质量。

2014 年度、2015 年度、2016 年度和 2017 年 1—9 月，宏川智慧的净利润分别为 6615.97 万元、8049.77 万元、8396.85 万元和 7198.14 万元，业绩

规模符合 IPO 的标准且较为稳定。

如上文所言，宏川智慧目前通过三家主要子公司三江港储、太仓阳鸿及南通阳鸿为客户提供服务，而三江港储、太仓阳鸿及南通阳鸿系宏川智慧通过同一控制下收购的方式取得的。证监会对上述事项进行了问询，主要关注点如下。

第一，说明并披露发行人收购太仓阳鸿、南通阳鸿、宏川发展（中国香港）100% 股权和三江港储 75% 股权的背景和原因；

第二，补充披露上述收购行为的定价过程和会计处理情况，说明是否符合《企业会计准则》的规定，并量化分析对发行人相关项目的累积影响；

第三，披露发行人重组后的运行期间，申报时是否符合运行期要求。

【案例点评】

业务重组是 IPO 过程中绝大多数企业都将面对的问题，如何通过重组的方式整合集团资源，同时使得拟上市主体满足 IPO 的发行条件，是一个综合性的系统工程，其中主要涉及同业竞争及关联交易问题、主营业务是否突出、盈利水平和质量是否达标（包括是否会产生巨额商誉）、运行期限（主要判断经营稳定性问题）等问题。

本案例中，宏川智慧通过收购实际控制人旗下同业公司，解决了同业竞争问题，实现了实际控制人旗下与拟上市主体相同主营业务的整体上市。但这一方式衍生了另一个问题，即很多拟上市主体在上市前因为营业收入、净利润等达不到上市条件，就收购很多资产拼凑上市的问题。针对此问题，规定根据重组收购资产占原有资产的比例，拟上市主体需要运行一段时间以后才能申报。证监会反馈问题"第三，披露发行人重组后的运行期间，申报时是否符合运行期要求"即是对此问题的询问。本案例中的宏川智慧已符合运行时间要求，因此顺利通过审核。

以下是该问题的法律依据：《〈首次公开发行股票并上市管理办法〉第十二条发行人最近 3 年内主营业务没有发生重大变化的适用意见——证券期货法律适用意见第 3 号》。

《首次公开发行股票并上市管理办法》（证监会令第 32 号，以下简称《首发办法》）第十二条要求，发行人最近 3 年内主营业务没有发生重大变化。近来，一些申请首次公开发行股票并上市的公司（以下简称发行人）

最近 3 年（以下简称报告期）内存在对同一公司控制权人下相同、类似或相关业务进行重组的情况，不少发行人咨询该情况是否符合《首发办法》的上述要求。经研究，我会认为：

一、发行人对同一公司控制权人下相同、类似或相关业务进行重组，多是企业集团为实现主营业务整体发行上市、降低管理成本、发挥业务协同优势、提高企业规模经济效应而实施的市场行为。从资本市场角度看，发行人在发行上市前，对同一公司控制权人下与发行人相同、类似或者相关的业务进行重组整合，有利于避免同业竞争、减少关联交易、优化公司治理、确保规范运作，对于提高上市公司质量，发挥资本市场优化资源配置功能，保护投资者特别是中小投资者的合法权益，促进资本市场健康稳定发展，具有积极作用。

二、发行人报告期内存在对同一公司控制权人下相同、类似或相关业务进行重组情况的，如同时符合下列条件，视为主营业务没有发生重大变化：

（一）被重组方应当自报告期期初起即与发行人受同一公司控制权人控制，如果被重组方是在报告期内新设立的，应当自成立之日即与发行人受同一公司控制权人控制；

（二）被重组进入发行人的业务与发行人重组前的业务具有相关性（相同、类似行业或同一产业链的上下游）。

重组方式遵循市场化原则，包括但不限于以下方式：

（一）发行人收购被重组方股权；

（二）发行人收购被重组方的经营性资产；

（三）公司控制权人以被重组方股权或经营性资产对发行人进行增资；

（四）发行人吸收合并被重组方。

三、发行人报告期内存在对同一公司控制权人下相同、类似或相关业务进行重组的，应关注重组对发行人资产总额、营业收入或利润总额的影响情况。发行人应根据影响情况按照以下要求执行：

（一）被重组方重组前一个会计年度末的资产总额或前一个会计年度的营业收入或利润总额达到或超过重组前发行人相应项目 100% 的，为便于投资者了解重组后的整体运营情况，发行人重组后运行一个会计年度后方可申请发行。

（二）被重组方重组前一个会计年度末的资产总额或前一个会计年度的营业收入或利润总额达到或超过重组前发行人相应项目50%，但不超过100%的，保荐机构和发行人律师应按照相关法律法规对首次公开发行主体的要求，将被重组方纳入尽职调查范围并发表相关意见。发行申请文件还应按照《公开发行证券的公司信息披露内容与格式准则第9号——首次公开发行股票并上市申请文件》（证监发行字〔2006〕6号）附录第四章和第八章的要求，提交会计师关于被重组方的有关文件以及与财务会计资料相关的其他文件。

（三）被重组方重组前一个会计年度末的资产总额或前一个会计年度的营业收入或利润总额达到或超过重组前发行人相应项目20%的，申报财务报表至少须包含重组完成后的最近一期资产负债表。

四、被重组方重组前一会计年度与重组前发行人存在关联交易的，资产总额、营业收入或利润总额按照扣除该等交易后的口径计算。

五、发行人提交首发申请文件前一个会计年度或一期内发生多次重组行为的，重组对发行人资产总额、营业收入或利润总额的影响应累计计算。

第5章　改制时自然人缴纳个人所得税问题解析

有限责任公司整体变更为股份有限公司时，涉及盈余公积、未分配利润以及资本公积（其他资本公积）转增股本，自然人股东应当按照财产转让所得缴纳 20% 个人所得税，这一点一直比较明确，但是对于资本公积（股本溢价）转增注册资本是否缴纳个人所得税过去并没有定论。并且改制时，虽然按照"先分红再转增"逻辑应当缴纳个人所得税，但是由于这期间股东并没有现金收入，缴纳个人所得税对股东来说存在一定困难，所以税务局一般会出具免交或缓交证明。对于有限责任公司整体变更为股份有限公司个人股东是否缴纳个人所得税，下文从法规及案例角度做详细分析。

一、法律、法规规定

（1）《国家税务总局关于股份制企业转增股本和派发红股征免个人所得税的通知》（国税发〔1997〕198 号）的有关规定如下。

一、股份制企业用资本公积金转增股本不属于股息、红利性质的分配，对个人取得的转增股本数额，不作为个人所得，不征收个人所得税。

二、股份制企业用盈余公积金派发红股属于股息、红利性质的分配，对个人取得的红股数额，应作为个人所得征税。

（2）《国家税务总局关于原城市信用社在转制为城市合作银行过程中个人股增值所得应纳个人所得税的批复》（国税函〔1998〕289 号）的有关规定如下。

二、《国家税务总局关于股份制企业转增股本和派发红股征免个人所得税的通知》（国税发〔1997〕198 号）中所表述的"资本公积金"是指股份制企业股票溢价发行收入所形成的资本公积金。将此转增股本由个人取得的数额，不作为应税所得征收个人所得税。而与此不相符合的其他资本公积金分配个人所得部分，应当依法征收个人所得税。

（3）《国家税务总局关于进一步加强高收入者个人所得税征收管理的通知》（国税发〔2010〕54号）的有关规定如下。

加强企业转增注册资本和股本管理，对以未分配利润、盈余公积和除股票溢价发行外的其他资本公积转增注册资本和股本的，要按照"利息、股息、红利所得"项目，依据现行政策规定计征个人所得税。

（4）《财政部 国家税务总局关于个人非货币性资产投资有关个人所得税政策的通知》（财税〔2015〕41号）的有关规定如下。

一、个人以非货币性资产投资，属于个人转让非货币性资产和投资同时发生。对个人转让非货币性资产的所得，应按照"财产转让所得"项目，依法计算缴纳个人所得税。

…………

五、本通知所称非货币性资产，是指现金、银行存款等货币性资产以外的资产，包括股权、不动产、技术发明成果以及其他形式的非货币性资产。

本通知所称非货币性资产投资，包括以非货币性资产出资设立新的企业，以及以非货币性资产出资参与企业增资扩股、定向增发股票、股权置换、重组改制等投资行为。

（5）《财政部 国家税务总局关于将国家自主创新示范区有关税收试点政策推广到全国范围实施的通知》（财税〔2015〕116号）的有关规定如下。

自2016年1月1日起，全国范围内的中小高新技术企业以未分配利润、盈余公积、资本公积向个人股东转增股本时，个人股东一次缴纳个人所得税确有困难的，可根据实际情况自行制定分期缴税计划，在不超过5个公历年度内（含）分期缴纳，并将有关资料报主管税务机关备案。

（6）《国家税务总局关于股权奖励和转增股本个人所得税征管问题的公告》（国家税务总局公告2015年第80号）的有关规定如下。

非上市及未在全国中小企业股份转让系统挂牌的中小高新技术企业以未分配利润、盈余公积、资本公积向个人股东转增股本，并符合财税〔2015〕

116 号文件有关规定的，纳税人可分期缴纳个人所得税；非上市及未在全国中小企业股份转让系统挂牌的其他企业转增股本，应及时代扣代缴个人所得税。

二、法规解读

从上述规定可以看出，盈余公积、未分配利润、资本公积（其他资本公积）转增股本需要缴纳个人所得税。

在财税〔2015〕116 号文件及国家税务总局公告 2015 年第 80 号文件发布之前，资本公积（股票溢价）转增股本不需要缴纳个人所得税。在此之后，资本公积（股票溢价）转增股本需要缴纳个人所得税（适用 20% 税率）。

国家税务总局公告 2015 年第 80 号文件已明确：非上市及未在全国中小企业股份转让系统挂牌的其他企业转增股本，应及时代扣代缴个人所得税。即除上市公司及新三板挂牌公司外，其他企业（包括有限责任公司）资本公积（包括资本溢价）转增股本均需要缴纳个人所得税。

三、案例分析

（一）深信服（300454）：首次申报缓缴整体变更的个人所得税，第二次申报时完成缴纳

1. 首次申报时，8 名自然人股东尚未缴纳改制个人所得税的具体金额和原因

2016 年 12 月 5 日，深信服有限全体董事召开董事会，审议通过了整体变更设立股份公司的议案，并确定以 2016 年 9 月 30 日为基准日，将公司经审计净资产 867,573,383.54 元（其中资本公积 226,806,647.62 元，盈余公积 30,000,000.00 元，未分配利润 514,766,735.92）折合成 36,000.00 万股份，余额 507,573,383.54 元计入资本公积。根据税法规定，股份公司改制设立过程中以资本公积、盈余公积、未分配利润转增自然人股本，应按照利息、股息、红利所得缴纳个人所得税。

鉴于改制设立股份公司过程中自然人股东未获得现金收益，且个人所得税金额较大，自然人股东一次性缴纳上述个人所得税存在实际困难，因此，8名自然人股东尚未缴纳改制个人所得税，并向深圳市南山区地方税务局提交了关于自然人股东缓缴改制相关个人所得税的申请。

2. 主管税务机关收到公司提交的缓缴申请后，出具了《税务事项通知书》，且上述8名自然人股东已于2018年1月12日足额缴纳上述改制个人所得税

2017年3月7日，公司向深圳市南山区地方税务局提交了关于自然人股东缓缴改制相关个人所得税的申请资料，并在提交的《代扣代缴税款承诺书》中承诺："今后向转增股本的股东支付股息红利、或者向转增股本的持股员工支付年度考核奖金时，除正常扣缴应缴个人所得税外，支付剩余款项时优先补扣补缴转增股本应缴个人所得税，扣缴不足部分在以下3个时间节点中优先发生的时间节点缴清，否则愿负相关法律责任：1、企业上市的次月15日内；2、转增股本的个人再转让股权的次月15日内；3、转增股本满3年（税款10万元以下），或者在转增股本满5年（税款10万元以上）时。"

2017年3月27日，深圳市南山区地方税务局向公司出具《税务事项通知书》（深地税南事通〔2017〕1号）。根据深圳市南山区地方税务局出具的完税证明、电子缴款凭证，发行人8名自然人股东何朝曦、熊武、冯毅、张开翼、郭栋梓、夏伟伟、邓文俊、王力强已于2018年1月12日足额缴纳上述改制个人所得税。

2018年1月30日，深圳市南山区地方税务局出具复函：2008年1月至2017年12月，何朝曦、熊武、冯毅、张开翼、郭栋梓、夏伟伟、邓文俊、王力强暂未发现税务违法记录。

2018年1月31日，发行人自然人股东何朝曦、熊武、冯毅、张开翼、郭栋梓、夏伟伟、邓文俊、王力强分别出具承诺：对于针对历史上发行人整体变更为股份公司、历次股权转让及增资，如存在主管税务部门要求本人补缴个人所得税的情形，本人将全额缴纳应缴个人所得税税款、滞纳金及因此产生的所有相关费用。

（二）科创新源（300731）：申请缓缴整体变更的个人所得税

1. 内部决策及外部审批程序

2015 年 8 月 31 日，公司股东会决议同意以整体变更方式设立深圳科创新源新材料股份有限公司。2015 年 9 月 21 日，全体发起人召开了股份公司创立大会。2015 年 11 月 12 日，整体变更股份公司通过了深圳市市场监督管理局核准。

2. 增资的原因和背景

本次增资系整体变更设立股份有限公司，将公司形式由有限责任公司变更为股份有限公司。

3. 交易定价依据

根据瑞华会计师事务所（特殊普通合伙）出具的"瑞华审字〔2015〕48410005 号"《审计报告》，截至 2015 年 7 月 31 日，公司账面净资产为人民币 124,474,693.97 元。2015 年 9 月 21 日，科创鑫华、苏州天利、钟志辉、丁承、上海映雪夜锦投资合伙企业（有限合伙）、周东作为发起人，签署《发起人协议》，以公司经审计后的账面净资产出资，整体变更设立股份有限公司，总股本 60,000,000 股，每股面值人民币 1 元。

4. 交易价款支付情况、出资来源及合法性

本次股改以账面净资产 124,474,693.97 元折股为 6,000 万股，账面净资产经瑞华会计师事务所（特殊普通合伙）出具"瑞华审字〔2015〕48410005 号"《审计报告》进行审计，出具"瑞华验字〔2015〕48410008 号"《验资报告》，对发起人出资予以审验。出资来源合法。

5. 缴纳税费情况，是否存在股份代持、委托持股或者其他利益安排的情形

公司以 2015 年 7 月 31 日经审计的账面净资产 124,474,693.97 元为基础整体变更设立股份有限公司，折为公司股份 6,000 万股时，包括实际控制人在内的自然人股东均未缴纳个人所得税。根据《关于个人非货币性资产投资有关个人所得税政策的通知》（财税〔2015〕41 号）第三条的规定，纳税人一次性缴税有困难的，可合理确定分期缴纳计划并报主管税务机关备案后，自发生上述应税行为之日起不超过 5 个公历年度内（含）分期缴纳个人所得税。公司已就本次以未分配利润折股、整体变更设立股份公司时

自然人股东所涉个人所得税向主管税务机关申请缓缴备案，缴纳计划为：个人股东、有限合伙股东投资人应分别于 2018 年 12 月 20 日、2019 年 12 月 20 日、2020 年 12 月 20 日缴纳其应缴税款的 33.33%（共 80 万元）、33.33%（共 80 万元）、33.34%（共 80 万元），深圳市光明新区地方税务局于 2016 年 5 月 25 日下发"深地税光受执〔2016〕2030 号"《深圳市光明新区地方税务局税务事项通知书》对缓缴事项进行备案。本次增资不存在股份代持、委托持股或者其他利益安排的情形。

四、小结

通过上述法规解读及案例分析可知，目前 IPO 中对改制自然人缴纳个人所得税问题非常严格，拟上市主体绝对不能抱侥幸心理。

（1）盈余公积、未分配利润、资本公积（其他资本公积）转增股本一定要按要求缴纳个人所得税，其中高新技术企业可以按照财税〔2015〕116 号文件规定分 5 年缴纳个人所得税。另外，非高新技术企业也可以向税务局申请分期缴纳，但是取得证明难度会大一点。

（2）2016 年 1 月 1 日以前，国家税务总局公告 2015 年第 80 号文件实施以前，资本公积（资本溢价）转增股本可以依据国税发〔1997〕198 号及国税函〔1998〕289 号的规定向税务局申请出具免交个人所得税的证明。

（3）2016 年 1 月 1 日国家税务总局公告 2015 年第 80 号文件实施之后，资本公积（资本溢价）转增股本应当缴纳个人所得税，其中高新技术企业可以按照财税〔2015〕116 号文件的规定分 5 年缴纳个人所得税。其他企业也可于当地税务局申请缓交。

第6章　出资瑕疵问题解析

企业出资存在瑕疵是比较常见的现象。企业在发展过程中，对出资方面的重视不够，或者未按照上市的要求履行相关程序等都可能造成出资的瑕疵。对于拟上市公司而言，出资瑕疵也并不一定会构成实质性障碍，关键还是要看以何种方式解决及解决的彻底性。

一、常见出资瑕疵情形

1. 实物等非货币性资产未经过评估

发行人股东在使用非货币性资产出资时未进行评估作价，或存在出资不实的情形。如不存在恶意造成出资不实的行为，并通过评估复核等手段予以验证，或价值已摊销完毕并转化为经营成果，对未来没有重大影响，不存在潜在风险，则一般不会构成上市的实质性障碍。

2. 出资未经过验资

有的企业成立或变更注册资本，没有取得会计师事务所的验资报告也办理了注册登记，或虽然对重大出资进行了验资，但验资机构不具备相关执业资格。例如，某拟上市企业整体变更为股份有限公司时，工商登记机关在企业未提交注册会计师出具的验资报告的情况下，就进行了工商登记变更设立，导致股份有限公司改制设立存在重大瑕疵。经过修订后，《中华人民共和国公司法》（以下简称《公司法》）虽然已经不强制公司增资时必须履行验资程序，但对于拟上市企业，笔者建议，在用非货币性资产出资时，为明确出资的到位情况，仍应聘请具有证券从业资质的会计师事务所对非货币性资产出资进行验资。

3.货币资金出资比例、无形资产出资比例问题

货币资金出资比例、无形资产比例问题是指未遵守旧《公司法》的问题，旧《公司法》第二十七条规定全体股东的货币出资金额不得低于有限责任公司注册资本的30%；《公司法》（2005年12月31日前）对工业产权、非专利技术出资占注册资本的最高比例为20%，其中，有限责任公司、国家对采用高新技术成果有特别规定的除外。《关于以高新技术成果出资入股若干问题的规定》（已于2006年5月23日废止）则明确以高新技术成果出资入股，作价总金额可以超过公司注册资本的百分之二十，但不得超过百分之三十五。

新《公司法》对货币资金和无形资产出资比例无限制性规定，因此这种情况系历史遗留问题。出现这种情况时，发行人及中介机构首先应如实披露，承认有不规范且存在瑕疵的情形；其次应说明当时的情形以及支持此种做法的政策；再次寻求工商部门的认可，开具相关合规证明，并说明不存在出资不实的情形，不会对发行人的后续经营构成实质性影响。

4.非货币性财产出资未办理财产转移手续

以实物、知识产权、土地使用权等非货币性资产出资的，根据《公司法》需要办理财产转移手续，但实际未办理。在尽管上述非货币性资产未转让至公司名下，但相关资产实际交予公司占有及使用，且股东未就公司使用相关资产取得或按照相关安排收取费用等情况下，在权属转移至公司后不构成上市实质性障碍；当上述非货币性资产的所有权转移给公司存在重大障碍时，将影响公司上市。

5.出资资产与公司经营业务无关

股东出资资产经评估具有实际价值，但与公司实际从事的主营业务并无密切关系，投入后未产生相关经济效益，则存在股东未实际履行出资义务的瑕疵。从会计角度看，投入资产存在减值损失风险。

6.关联股东资金占用

有限责任公司整体变更折股时，控股股东、实际控制人及其他股东占用公司资金，如果占用的资金为经营性形成的应收款项，不认定为出资不到位；如果占用的资金为非经营性资金，或虽然是经营形成的，但长期未收回形成事实上的资金占用，尤其是占股本比例较大或甚至超过股本金额

的，则可能被认定为出资不实。

7. 以未经批准的划拨土地使用权出资

股东以未经有权审批机关批准的划拨土地使用权作为出资，不符合《公司法》等有关规定，若上市前仍未解决将形成实质性障碍。

8. 出资资产来源不清晰

盘点时虽然存在实物资产，但是用于出资的实物资产没有购买发票、股东付款痕迹等证明资产权属的原始票据，无法判断是股东资产还是公司资产。该种情形下的出资资产多数是公司账外经营所得的、以股东名义购买的资产，纳入账内核算后实际应当认定为公司资产。应当注意的是，不能为了证实资产权属而使用虚假票据。例如，某公司在上市过程中被举报设立时实物资产出资（固定资产、存货）用的是假发票，涉及金额 700 万元，占当时注册资本的 90%，尽管申报期末存货及固定资产账面价值金额不大，但造假性质严重，可能会影响发行审核。

9. 出资不及时

公司申请注册资本变更时，实际未投入资本，经过一定期间后才实际投入，这种未及时出资的资产影响资产折旧或摊销，从而影响与财务相关的数据。

10. 出资手续不完善

如外商投资企业改制、未分配利润转增股本时，公司及注册会计师未根据《财政部国家外汇管理局关于进一步加强外商投资企业验资工作及健全外资外汇登记制度的通知》等文件的规定办理外汇登记及验资，可能存在因违反规定被罚款、不予通过年检等处罚。此外，出资手续不完善还包括减资但未履行减资程序等不规范的行为。

二、出资瑕疵主要解决方法

1. 股东补足出资

无论是何种出资瑕疵，首先要确保此出资到位、资本充足，需要相关股东补足的，相关股东要以后续投入方式使资本到位。补足的方式：货币资金补足、应付股东补足、股东以非货币性资产补足。一般而言，缺多少补多少。补足出资应在改制为股份有限公司之前完成。

2. 瑕疵资产转让

拟上市公司股东权属存在瑕疵的资产，如划拨建设用地使用权、未办理产权过户手续的房产等资产。解决方案是将该瑕疵资产作价转让或者由原股东用等额货币资金置换出瑕疵资产，彻底解决出资瑕疵，证明资本充足。瑕疵资产的转让作价不应低于原出资作价；如果低于原出资作价，除非有合理解释，否则可能被认定为出资不足，侵害其他债权人和股东利益，股东需要补足出资。

3. 验资报告复核

对于因出资不足，由股东补足出资的；历史出资过程中存在未验资的；实际出资情况与验资报告不符，但验资报告日前后已缴足资本的；验资报告存在形式瑕疵的：通常需要由申报会计师出具验资复核报告，确认拟上市公司的注册资本已实际到位。

4. 取得批文及证明

对于注册资本是否到位、属实，应取得工商部门确认问题已得到解决并免予处罚的明确意见。对于资产权属瑕疵，应取得国务院国有资产监督管理委员会（以下简称"国资委"）、上级单位及其他资产权属相关方的确认文件。涉及划拨用地转让的，需取得有批准权的政府、国资委的批文。涉及税务问题的，需取得税务机关免予处罚的证明文件。

5. 股东承诺

《公司法》对出资不到位的情况已有明确的责任归属，即责任股东负补缴义务、其他股东负连带责任。为进一步明确责任，避免拟上市公司产生不必要纠纷，不将责任带入上市公司，全体股东要出具对该出资瑕疵承担相应责任的承诺。

三、与出资相关的法律规定

1.《中华人民共和国公司法》的相关规定

第二十七条　股东可以用货币出资，也可以用实物、知识产权、土地使用权等可以用货币估价并可以依法转让的非货币财产作价出资；但是，法律、行政法规规定不得作为出资的财产除外。

对作为出资的非货币财产应当评估作价，核实财产，不得高估或者低估作价。法律、行政法规对评估作价有规定的，从其规定。

第二十八条　股东应当按期足额缴纳公司章程中规定的各自所认缴的出资额。股东以货币出资的，应当将货币出资足额存入有限责任公司在银行开设的账户；以非货币财产出资的，应当依法办理其财产权的转移手续。

股东不按照前款规定缴纳出资的，除应当向公司足额缴纳外，还应当向已按期足额缴纳出资的股东承担违约责任。

第二十九条　股东认足公司章程规定的出资后，由全体股东指定的代表或者共同委托的代理人向公司登记机关报送公司登记申请书、公司章程等文件，申请设立登记。

第三十条　有限责任公司成立后，发现作为设立公司出资的非货币财产的实际价额显著低于公司章程所定价额的，应当由交付该出资的股东补足其差额；公司设立时的其他股东承担连带责任。

第一百九十九条　公司的发起人、股东虚假出资，未交付或者未按期交付作为出资的货币或者非货币财产的，由公司登记机关责令改正，处以虚假出资金额百分之五以上百分之十五以下的罚款。

第二百条　公司的发起人、股东在公司成立后，抽逃其出资的，由公司登记机关责令改正，处以所抽逃出资金额百分之五以上百分之十五以下的罚款。

2.《首次公开发行股票并上市管理办法》的相关规定

第十条　发行人的注册资本已足额缴纳，发起人或者股东用作出资的资产的财产权转移手续已办理完毕，发行人的主要资产不存在重大权属纠纷。

3.《首发业务若干问题解答（2020 年 6 月修订）》的相关规定

问题 7、发行人历史上存在出资或者改制瑕疵等涉及股东出资情形的，中介机构核查应重点关注哪些方面？

答：发行人的注册资本应依法足额缴纳。发起人或者股东用作出资的资产的财产权转移手续已办理完毕。保荐机构和发行人律师应关注发行人是否存在股东未全面履行出资义务、抽逃出资、出资方式等存在瑕疵，或者发行人历史上涉及国有企业、集体企业改制存在瑕疵的情形。

（1）历史上存在出资瑕疵的，应当在申报前依法采取补救措施。保荐机构和发行人律师应当对出资瑕疵事项的影响及发行人或相关股东是否因出资瑕疵受到过行政处罚、是否构成重大违法行为及本次发行的法律障碍，是否存在纠纷或潜在纠纷进行核查并发表明确意见。发行人应当充分披露存在的出资瑕疵事项、采取的补救措施，以及中介机构的核查意见。

（2）对于发行人是国有企业、集体企业改制而来的或历史上存在挂靠集体组织经营的企业，若改制过程中法律依据不明确、相关程序存在瑕疵或与有关法律法规存在明显冲突，原则上发行人应在招股说明书中披露有权部门关于改制程序的合法性、是否造成国有或集体资产流失的意见。国有企业、集体企业改制过程不存在上述情况的，保荐机构、发行人律师应结合当时有效的法律法规等，分析说明有关改制行为是否经有权机关批准、法律依据是否充分、履行的程序是否合法以及对发行人的影响等。发行人应在招股说明书中披露相关中介机构的核查意见。

四、典型案例

（一）双杰电气（300444）：无形资产出资作价较高

发行人有限公司成立时，赵志宏等六人以"单相接地故障检测系统"非专利技术出资评估作价 600 万元。就此事实，证监会反馈四个问题：

（1）进一步披露上述非专利技术的来源、是否属于职务成果，结合赵志宏等 6 名自然人的专业背景、研发过程及分工情况、2007 年无形资产增资后又减资等情况说明不属于职务成果的真实性及合理性、各自然人享有技术权益比例的确定依据及真实性、是否存在争议或潜在纠纷；

（2）结合赵志宏等 6 名自然人的工作经历说明不属于职务成果的真实性和合理性、赵志宏等 6 名自然人是否存在侵占其他公司财产的情形、是否存在争议或潜在纠纷；

（3）提供该非专利技术的评估报告，说明上述非专利技术评估时采取的评估方法，结合上述非专利技术的研发投入情况、产生效益情况说明评估为 625.99 万元的合理性和公允性，是否存在高评和虚增注册资本的情形；

（4）说明非专利技术出资是否履行相应的审批或有关部门的认定程序、是否合法有效、增资后无形资产超过《公司法》规定的比例是否构成重大违法行为，是否存在遭受处罚的风险。请保荐机构和律师对上述事项进行核查，说明核查过程、提供相关依据并发表意见。

中介机构及发行人对问题一的回复如下。

赵志宏等人具有电力系统相关专业的背景，并且多年来一直从事电力及相关行业的工作，具备从事该技术所需的专业知识和经验。该非专利技术是赵志宏等人利用非工作时间进行的，未利用双杰配电或其他公司的资源，也未接受任何公司的委托，是赵志宏等人自主研发的成果，该非专利技术不属于职务成果是真实的、合理的。2000 年 3 月，赵志宏等人就单相接地故障检测系统的研制开发及成果归属问题签署了协议。相关当事人对此均无异议，不存在争议或潜在纠纷。

中介机构及发行人对问题二的回复如下。

赵志宏等六名自然人未接受他人委托研发"单相接地故障检测系统"非专利技术，在研发过程中未利用他人的物质条件，不存在侵占其他公司财产的情形；在合纵科技工作期间，袁学恩进行了基础技术研究，为"一种寻找单相接地故障的方法及探测器"发明专利（专利号为 ZL01109726.4）的发明人之一，此外根据北京双收知识产权代理有限公司出具的《侵权分析报告》，"单相接地故障检测系统"非专利技术不存在侵犯合纵科技"一种寻找单相接地故障的方法及探测器"的专利权的可能性，合纵科技也对此进行了说明，声明与赵志宏等人在劳资、专利或技术、商业秘密等事项不存在纠纷或潜在纠纷。"单相接地故障检测系统"非专利技术不存在争议或潜在纠纷。

中介机构及发行人对问题三的回复如下。

发行人在设立之初在市场拓展、产品推广等方面遇到了较大的困难，故障检测产品市场销售情况不好。发行人为了适应市场需求进行了产品方向的调整，致使"单相接地故障检测系统"非专利技术的收益未达到《资产评估报告》（京欣会评报字〔2002〕第 037 号）中的预期。但上述情况在资产评估报告出具时、发行人设立前是无法预测到的，因此不存在高评、虚增。同时，在双杰配电 2008 年 12 月整体变更为股份公司之前，该非专利技术账面价值为 0，对发行人改制后的资产价值不构成影响。

中介机构及发行人对问题四的回复如下。

发行人首次出资无形资产的比例虽然超过了《公司法》（1999 年修订）规定的比例，但符合 2000 年 5 月 16 日颁布的《北京市工商行政管理局关于中关村科技园区高新技术企业注册登记改制改组工作的试点意见》、《中关村科技园区企业登记注册管理办法》等规范性文件的要求，因此不构成重大违法行为，不存在遭受处罚的风险，对发行人本次发行不构成影响。

【案例点评】

对于历史沿革中存在无形资产出资情形的发行人，中介机构在进行尽职调查及问题解决时，应主要关注的要点如下。

1. 无形资产权属问题

对于权属问题，发行人应做到在规定时间内办理产权转移手续，并主动对转移过程留痕，避免在日后核查上无证据。对于产权转移存在重大障碍的无形资产，相关出资方应以等额货币资金补足出资。对于职务发明，应设法证明该无形资产不属于职务发明。

2. 无形资产价值问题

出资的无形资产应能对发行人经营起到重要作用，并能产生一定收益，其评估作价应由具有证券从业资格的机构负责。相应机构应保持谨慎性原则，不得低估或高估。

3. 无形资产出资程序问题

对于出资时未进行评估的问题，应重点关注是否存在出资不实情形。如不存在恶意造成出资不实行为，并通过评估复核等手段予以验证，或者价值已摊销完毕并转化为经营成果，对未来没有影响的情况下，一般不会构成上市的实质性障碍。

对于出资时未验资的问题，应聘请具有证券从业资格的会计师事务所对出资行为进行复核验资。虽然新《公司法》不强制公司增资时必须履行验资程序，但对于拟上市企业，在使用非货币性资产出资时，为明确出资的到位情况，仍应聘请具有证券从业资格的会计师事务所进行验资。

对于出资时的相关评估、验资机构缺少相应资质问题，发行人应聘请具有证券从业资格的机构进行复核。

对于无形资产出资比例过大问题，可参考前文"货币资金出资比例、无形资产出资比例问题"的内容。

（二）南威软件（603636）：股东出资的房产未办理过户手续

发行人前身南威有限注册资本由 300 万元增加至 800 万元时，原股东吴志雄将其购买的房产（评估作价 419.4 万元）及货币（30.6 万元）出资、吴某以货币出资 50 万元。增资完成后，出资房产所有权未登记在南威有限名下。针对该事实，证监会提出反馈问题，发行人及中介机构的回复如下。

由于开发商未按时办理产权登记等原因，上述出资房产的所有权未登记至南威有限名下。2005 年 4 月 14 日，南威有限股东会作出决议，同意吴志雄变更出资方式，以货币重新出资 419.4 万元。经达山会计师事务所以厦达山会验字〔2005〕第 424-1 号《验资报告》审验，截至 2005 年 4 月 12 日，南威有限已收到吴志雄本次货币出资 419.4 万元。同年 5 月 24 日，泉州市工商局核准该等出资变更事项。

经查验，2003 年 3 月吴志雄用于出资的房产未办理过户手续，不符合《公司法》等法律法规的规定。该等房产当时已部分交付南威有限使用，未办理过户主要是由于第三方原因所致。出资房产未办理过户手续未对发行人的其他股东和相关债权人造成实质性损害后果，其他股东或相关债权人未就此提出权利主张，也未因此产生其他民事纠纷，发行人或吴志雄未因此受到相关行政处罚。吴志雄已于 2005 年 5 月以现金补足该等出资，补足出资的行为符合《公司法》等法律法规的规定，真实有效。自吴志雄补足出资起计已时逾两年，出资房产未办理过户手续可能导致的法律风险和潜在纠纷已实质性消除，对本次发行上市不构成法律障碍。

【案例点评】

类似本案例中因出资财产权属问题而导致的出资瑕疵，一般中介机构会建议公司采取变更出资方式并以货币补足的形式进行处理。货币补足后，出资财产一般捐赠给公司，但如果出资财产本身存在瑕疵会给发行人带来不利影响，则会建议公司返还给原出资人，避免带来纠纷或潜在纠纷。从本案例发行人及中介机构对瑕疵出资的处理可以看出，监管机构对此类问题一般不作为重点问题进行反馈。

（三）赛托生物（300583）：发行人控股股东的出资补正

2009年3月，米超杰（发行人实际控制人）在山东润鑫（发行人控股股东）增资过程中用作出资的土地使用权存在瑕疵；2014年3月，米超杰以其自有资金向山东润鑫补足出资2450万元。针对该情形，证监会提出问题如下。

请发行人补充说明上述出资瑕疵的背景、原因，上述情形是否构成重大违法违规情形，是否存在其他纠纷或潜在纠纷，是否构成本次发行上市的障碍。

保荐机构、发行人律师对上述问题的回复如下。

1. 发行人控股股东山东润鑫的设立及历次股权变更情况

2009年3月，经山东润鑫股东会审议同意，山东润鑫注册资本从1,000万元增至3,500万元，新增注册资本2500万元由米超杰以土地使用权的方式认缴2,450万元，以货币方式认缴50万元。

2009年4月2日，菏泽江天联合会计师事务所出具江天验字〔2009〕202号《验资报告》验证：截至2009年4月2日，山东润鑫已收到米超杰缴纳的新增注册资本合计人民币2,500万元，其中：米超杰以土地使用权出资2,450万元，以货币资金出资50万元。增资后累计注册资本变更为3,500万元。本次增资于2009年4月3日在定陶县工商行政管理局办理完成了登记手续。

2. 出资补正的程序

米超杰用以增资的定国用〔2008〕第2008246号《国有土地使用权证》所记载的使用权人为山东润鑫。基于公司资本真实、充足以及股东和公司资产独立性的合规性考量，经山东润鑫股东会同意，米超杰于2014年3月以其自有货币资金补正了前述出资瑕疵，同时本次货币方式出资由定陶永恒有限责任会计师事务所出具定永会验字〔2014〕第004号《验资报告》验证出资到位，山东润鑫亦就本次出资方式的变更办理完成了相关工商变更登记手续。定陶县工商行政管理局于2015年7月出具了《证明》，确认山东润鑫设立及历次工商变更登记手续符合法律法规的规定。

3. 股东确认函及实际控制人兜底承诺

根据山东润鑫及其股东米超杰、王峰出具的《确认函》确认，就米超杰以自有资金补正山东润鑫出资瑕疵事宜不存在任何纠纷或潜在纠纷；米超杰个人亦出具了《承诺函》承诺：如山东润鑫因过往出资瑕疵受到工商、税务等主管部门的处罚，则米超杰愿以其自有资金承担该等罚款／损失。

综上，山东润鑫历史上的出资瑕疵已于 2014 年得到补正，山东润鑫的注册资本已全额缴足，并且山东润鑫之工商、税务等主管机构亦出具了证明，确认该公司存续、运营的合法合规。鉴于发行人控股股东历史上的出资瑕疵已经得到补正，并履行了公司内部审议程序和相关验资手续，同时亦获得了主管部门出具的合法合规证明，发行人控股股东的上述瑕疵不构成发行人本次发行上市的实质障碍。

【案例点评】

本案例涉及的是发行人控股股东的出资瑕疵问题。若发行人控股股东出资存在重大瑕疵，将直接影响控股股东资产的合法性、完整性，甚至会影响控股股东发起人资格的合法性。从本案例出资补正的具体程序来看，发行人控股股东的出资瑕疵是既定事实，因此通过后续货币补正出资方式解决历史遗留问题不失为便捷有效的解决办法。

（四）浙江仙通（603239）：股东实物出资未经评估的合规性

发行人前身仙通工程设立时，股东的实物出资未经过评估。证监会要求说明实物出资未经评估，价值是否公允。发行人及中介机构的回复如下。

1994 年 1 月 17 日，仙居县体制改革办公室作出仙体改（1994）2 号《关于同意建立浙江省仙居通用工程塑料有限公司的批复》文件，同意建立由王真理、李起富、朱爱菊、应松平、应宋凤、方均南等六人出资创办仙通工程，企业性质为股份制经济。发行人前身仙通工程成立于《公司法》实施前，系依据《股份制企业试点办法》（体改生〔1992〕30 号）、《有限责任公司规范意见》（体改生〔1992〕31 号）等相关规定，由自然人股东出资设立的股份制企业，组织形式为有限责任公司。

1994 年 1 月 17 日仙居县审计师事务所出具了编号为 "仙审事验〔1994〕0001381 号" 的《注册资金验证证明书》："经验证，仙通工程流动资金 55 万元，固定资产 15 万元（主要组成：挤出机、植绒机、压机、注塑机、冲床、其他成型设备等），可申请注册资金总额 70 万元"。仙通工程设立时，股东的实物出资未经过评估。根据《有限责任公司规范意见》（体改生〔1992〕31 号）第十二条规定 "股东出资的实物，应当为公司生产经营所需的建筑物、设备或其他物资，并应当委托具有资格的资产评估机构进行资产评估，数额不大的，可由股东各方按照国家有关规定确定实物的作价"；《有限责任公司规范意见》（体改生〔1992〕31 号）第十三条规定 "股东办理公司登记应当将现金出资一次足额存入公司临时帐户，并办理实物出资的移转手续。现金以外其他形式的出资，由有关验资机构验证。如有估价不当的，政府授权部门可以责令验资机构重新验证"。仙通工程设立时实物出资数额较小，因此未经过资产评估，由股东各方确定实物作价，并由验资机构进行了验证，符合当时的法律法规和规范性文件的规定。

结论：公司设立时股东的实物出资虽未履行评估程序，但由股东各方确定实物作价，并经验资机构验证，符合当时的法律法规和规范性文件的规定，实物出资价值公允。

【案例点评】

本案例中涉及的实物出资金额为 15 万元，约占仙通工程设立时注册资本的 21%，中介机构从实质性角度出发认定此类实物出资属于《有限责任公司规范意见》（体改生〔1992〕31 号）中所述的数额不大情形，具有一定的合理性。

（五）全信股份（300447）：股东以债转股出资未经评估的合规性

2007 年 4 月，发行人注册资本由 1000 万元拟增资至 4000 万元，增资部分由发行人控股股东陈祥楼及新投资者杨玉梅、陈玉梅、戴辉林、杜红杰、赵彬、周仕刚共同出资认缴，增资价格以发行人 2006 年 12 月 31 日的净资产为依据，作价 1.5 元 / 股。其中，陈玉梅、戴辉林、杜红杰、周仕刚四人均以货币出资，陈祥楼、杨玉梅、赵彬三人以其对有限公司的债权及部分货币出资，出资的债权来源于三人将其持有的南京博恩锐传输技术有限公司、南京全信科技有限公司（以下简称"全信有限"）和上海通鸿传输科技有限公司的股权转让给发行人形成的应收款。

发行人前述增资过程中，股东陈祥楼、杨玉梅、赵彬分别以其对全信有限的债权 2680.40 万元、1091.20 万元、30 万元出资未经过资产评估作价。《公司法》第二十七条第二款规定：对作为出资的非货币财产应当评估作价，核实财产，不得高估或者低估作价。

证监会反馈问题：（1）发行人增资中相关债权未经评估增资的合法合规性，是否存在损害发行人及其股东利益的情况。（2）陈祥楼、杨玉梅向全信有限提供借款的依据和资金来源。

发行人及中介机构的回复如下。

问题一：虽然全信有限本次增资中部分股东的债权出资未经资产评估，不符合当时有效的法律规定，但本所律师依据前述事实作出判断，全信有限该次增资时债权出资作价未高估，出资是真实有效的，不存在损害发行人及其股东利益的情况，且该次增资已经验资并经工商部门核准登记，因此，该债权出资未经资产评估的情况对发行人本次发行上市不构成实质性障碍。

问题二：关于陈祥楼、杨玉梅向全信有限提供借款的依据和资金来源。

（1）根据江苏天衡会计师事务所有限公司于 2007 年 4 月 8 日出具的"天衡审字（2007）779 号"《南京全信传输科技有限公司 2006 年度财务报表审计报告》，截至 2006 年 12 月 31 日，全信有限对股东陈祥楼其他应付款余额为 490 万元，该余额为全信有限为补充流动资金历史上向股东借款累计形成；

（2）2007 年 1 月 12 日，陈祥楼向全信有限提供借款 183 万元，有银行入账单为依据，资金来源为个人经营企业历年积累所得。

（3）2007 年 1 月 17 日，陈祥楼向全信有限提供借款 400 万元，有银行入账单为依据，资金来源为个人经营企业历年积累所得。

（4）2007 年 1 月 17 日，杨玉梅向全信有限提供借款 800 万元，有银行入账单为依据，资金来源为个人经营企业历年积累所得。

陈祥楼、杨玉梅向全信有限提供借款的行为合法、真实、有效，提供借款的资金均来源于陈祥楼、杨玉梅的自有资金，资金来源合法。

【案例点评】

股东以债权出资，即通常讲的"债转股"，是指投资方将其对被投资企业的债权或对第三人享有的债权作为出资投入被投资企业。因该用于出资的债权的真实性、合法性及出资程序的正当性直接决定发行人的股本历史演变是否存在法律瑕疵、股权是否清晰，所以如发行人历史沿革中存在债转股情形，一般都会被监管机构要求详细披露相关出资细节并由中介机构说明核查过程、出具明确意见。本案例中，全信股份及中介机构认为，发行人增资中部分股东的债权出资未经资产评估，不符合出资行为发生时适用的法律法规及规范性文件，但发行人该次增资时债权出资作价未高估，出资真实有效，不存在损害发行人及其股东利益的情况，且该次增资已经验资并经工商部门核准登记，因此该债权出资未经评估的情况对发行人本次发行上市不构成实质性障碍。

第7章 股份有限公司成立及规范运作

一、创立大会

（一）设立股份有限公司的条件

根据《公司法》，设立股份有限公司，应当具备下列条件。

（1）发起人符合法定人数；应当有二人以上二百人以下为发起人，其中须有半数以上的发起人在中国境内有住所。

（2）有符合公司章程规定的全体发起人认购的股本总额或者募集的实收股本总额；法律、行政法规以及国务院决定对股份有限公司注册资本实缴、注册资本最低限额另有规定的，从其规定。

（3）股份发行、筹办事项符合法律规定；股份有限公司发起人承担公司筹办事务。发起人应当签订发起人协议，明确各自在公司设立过程中的权利和义务。

（4）发起人制定公司章程，采用募集方式设立的经创立大会通过。

（5）有公司名称，建立符合股份有限公司要求的组织机构。

（6）有公司住所。

（二）设立股份有限公司的程序

（1）主要发起人拟定设立股份有限公司方案，确定设立方式、发起人数量、注册资本和股本规模、业务范围、邀请发起人等。

（2）对拟出资资产进行审计和资产评估。

（3）签订发起人协议书，明确各自在公司设立过程中的权利和义务。

（4）发起人制定公司章程。

（5）由全体发起人指定的代表或共同委托的代理人向公司登记机关申请名称预先核准。

（6）法律、行政法规或者国务院决定规定设立公司必须经过批准，或者公司经营范围中属于法律、行政法规或者国务院决定规定在登记前须批准的项目的，以公司登记机关核准的公司名称报送批准，履行有关报批手续。

（7）发起人按公司章程规定缴纳出资，并依法办理以非货币性财产出资的财产权转移手续。

（8）聘请具有证券从业资格的会计师事务所验资并取得验资报告。

（9）选举董事会和监事会，由董事会向公司登记机关报送公司章程以及法律、行政法规的其他文件，申请设立登记。

（10）发行股份的股款缴足后，发行人应当自股款缴足之日起三十日内主持召开公司创立大会，审议发起人关于公司筹办情况的报告，通过公司章程，选举董事会成员，选举监事会成员，对公司的设立费用进行审核，对发起人用于抵作股款的财产的作价进行审核，发生不可抗力或者经营条件发生重大变化直接影响公司设立的，可以作出不设立公司的决议。

（11）董事会应于创立大会结束后三十日内，向公司登记机关报送公司登记申请书，创立大会的会议记录，公司章程，验资证明，法定代表人、董事、监事的任职文件及其身份证明，发起人的法人资格证明或者自然人的身份证明，公司住所证明，国务院证券监督管理机构的核准文件等，申请设立登记。

（三）筹备创立大会

1. 进行审计和评估

公司与中介机构协商确定改制基准日，由具有证券从业资格的会计师对公司进行审计，并由具有证券从业资格的评估师对公司进行评估。

2. 有限责任公司整体变更

公司以经审计的净资产进行折股改制，由公司原股东共同签署发起人协议书，由具有证券从业资格的会计师事务所验资，并出具验资报告。

3. 制作创立大会通知及议案

创立大会由发起人组成，公司董事会应当在创立大会召开十五日前将会议日期及各项议案通知各发起人。

议案的文本由律师事务所为公司起草，包括但不限于：《关于股份公司筹办情况的报告》《关于股份公司章程（草案）的议案》《关于股份公司股东大会议事规则（草案）的议案》《关于股份公司董事会议事规则（草案）的议案》《关于股份公司监事会议事规则（草案）的议案》《关于选举股份公司第一届董事会董事的议案》《关于选举股份公司第一届监事会股东代表监事的议案》《关于整体变更设立股份公司及发起人出资的议案》《关于股份公司设立费用的报告》《关于授权董事会办理设立工商登记的议案》。

此外，召开创立大会所需的各项程序性文件也均由律师事务所指导公司董事会规范起草，包括但不限于会议通知、会议签到手册、授权委托书、会议表决票等文件。

（四）召开创立大会及第一届董事会、监事会

创立大会审议的事项：（1）审议发起人关于公司筹办情况的报告；（2）通过公司章程；（3）选举董事会成员；（4）选举监事会成员；（5）对公司的设立费用进行审核；（6）对发起人用于抵作股款的财产作价进行审核；（7）聘请审计机构及法律顾问；（8）通过相关公司治理制度。

创立大会对前款所列事项作出决议，必须经出席会议的股东所持表决权的半数以上通过。

经创立大会选举产生董事会成员、监事会成员后，即可召开第一届董事会会议选举董事长和总经理、董事会秘书、财务总监等高级管理人员，召开第一届监事会会议选举监事会主席。相关会议文件均由律师事务所指导公司董事会秘书规范起草。创立大会的召开及第一届董事会和监事会的召开，使公司的内部控制制度得以完善，同时也为公司上市拉开了序幕。

二、公司治理

（一）公司法人治理结构规范性的基本要求

拟上市公司改制设立股份有限公司，应当建立股东大会、董事会、监事会（以下简称"三会"），董事会下设战略委员会、审计委员会、薪酬与考核委员会及提名委员会，董事会成员中应当至少有 1/3 的独立董事。拟上市公司应当落实"三会"的职能，每年根据公司章程的规定召开年度股东大会、董事会和监事会，有重大事项需要决策需召开临时会议，以真正

发挥"三会"的决策作用。独立董事应当独立发表意见，不受其他股东的影响，真正发挥对董事会的监督作用。三会的决议、会议记录、会议通知、会议签到等文件都应规范、完整。

拟上市公司改制设立股份有限公司，还应当制定《股东大会议事规则》《董事会议事规则》《监事会议事规则》《独立董事工作制度》《总经理工作细则》《董事会秘书工作细则》《关联交易管理制度》《对外担保管理制度》《信息披露管理制度》《内部审计制度》《子公司管理制度》《对外担保制度》等内部管理制度。

（二）股份有限公司股东大会职责

（1）决定公司的经营方针和投资计划。

（2）选举和更换非由职工代表担任的董事、监事，决定有关董事、监事的报酬事项。

（3）审议批准董事会的报告。

（4）审议批准监事会或者监事的报告。

（5）审议批准公司的年度财务预算方案、决算方案。

（6）审议批准公司的利润分配方案和弥补亏损方案。

（7）对公司增加或者减少注册资本作出决议。

（8）对发行公司债券作出决议。

（9）对公司合并、分立、解散、清算或者变更公司形式作出决议。

（10）修改公司章程。

（11）对公司聘用、解聘会计师事务所作出决议。

（12）审议批准以下对外担保事项。

①公司及其控股子公司的对外担保总额，超过最近一期经审计净资产50%以后提供的任何担保。

②为资产负债率超过70%的担保对象提供的担保。

③单笔担保额超过最近一期经审计净资产10%的担保。

④对股东、实际控制人及其关联方提供的担保。

（13）审议公司在一年内购买、出售资产超过公司最近一期经审计总资产30%以上的事项。

（14）审议批准变更募集资金用途事项。

（15）审议股权激励计划。

（16）审议其他法律法规、公司章程规定应当由股东大会决议的事项。

（三）股份有限公司董事会职责

董事会对股东大会负责，行使下列职权。

（1）召集股东大会会议，并向股东大会报告工作。

（2）执行股东大会的决议。

（3）决定公司的经营计划和投资方案。

（4）拟订公司的年度财务预算方案、决算方案。

（5）拟订公司的利润分配方案和弥补亏损方案。

（6）拟订公司增加或者减少注册资本以及发行公司债券的方案。

（7）拟订公司合并、分立、解散或者变更公司形式的方案。

（8）决定公司内部管理机构的设置。

（9）决定聘任或者解聘公司经理及其报酬事项，并根据经理的提名决定聘任或者解聘公司副经理、财务负责人及其报酬事项。

（10）制定公司的基本管理制度。

（11）公司章程规定的其他职权。

（四）股份有限公司董事的产生

股份有限公司设董事会，其成员为五人至十九人。董事会成员中可以有公司职工代表。董事会中的职工代表由公司职工通过职工代表大会、职工大会或者其他形式民主选举产生。

董事任期由公司章程规定，但每届任期不得超过三年。董事任期届满，连选可以连任。董事任期届满未及时改选，或者董事在任期内辞职导致董事会成员低于法定人数的，在改选出的董事就任前，原董事仍应当依照法律、行政法规和公司章程的规定，履行董事职务。

董事会设董事长一人，可以设副董事长。董事长和副董事长由董事会以全体董事的过半数选举产生。

董事长召集和主持董事会会议，检查董事会决议的实施情况。副董事长协助董事长工作，董事长不能履行职务或者不履行职务的，由副董事长履行职务；副董事长不能履行职务或者不履行职务的，由半数以上董事共同推举一名董事履行职务。

（五）股份有限公司董事会的运作

董事会每年度至少召开两次会议，每次会议应当于会议召开十日前通知全体董事和监事。

代表十分之一以上表决权的股东、三分之一以上董事或者监事会，可以提议召开董事会临时会议。董事长应当自接到提议后十日内，召集和主持董事会会议。

董事会召开临时会议，可以另定召集董事会的通知方式和通知时限。

董事会会议应有过半数的董事出席方可举行。董事会作出决议，必须经全体董事的过半数通过。董事会决议的表决，实行一人一票。

董事会会议，应由董事本人出席；董事因故不能出席，可以书面委托其他董事代为出席，委托书中应载明授权范围。

董事会应当对会议所议事项的决定作成会议记录，出席会议的董事应当在会议记录上签名。

董事应当对董事会的决议承担责任。董事会的决议违反法律、行政法规或者公司章程、股东大会决议，致使公司遭受严重损失的，参与决议的董事对公司负赔偿责任。但经证明在表决时曾表明异议并记载于会议记录的，该董事可以免除责任。

上市公司董事与董事会会议决议事项所涉及的企业有关联关系的，不得对该项决议行使表决权，也不得代理其他董事行使表决权。该董事会会议由过半数的无关联关系董事出席即可举行，董事会会议所作决议须经无关联关系董事过半数通过。出席董事会的无关联关系董事人数不足三人的，应将该事项提交上市公司股东大会审议。

（六）独立董事的职责和权利

为了充分发挥独立董事的作用，独立董事除应当具有《公司法》和其他相关法律、法规赋予董事的职权外，还应具有以下特别职权。

（1）重大关联交易（指上市公司拟与关联人达成的总额高于300万元或高于上市公司最近经审计净资产值的5%的关联交易）应由独立董事认可后，提交董事会讨论；独立董事作出判断前，可以聘请中介机构出具独立财务顾问报告，作为其判断的依据。

（2）向董事会提议聘用或解聘会计师事务所。

（3）向董事会提请召开临时股东大会。

（4）提议召开董事会。

（5）独立聘请外部审计机构和咨询机构。

（6）可以在股东大会召开前公开向股东征集投票权。

独立董事行使上述职权应当取得全体独立董事的二分之一以上同意。如上述提议未被采纳或上述职权不能正常行使，上市公司应将有关情况予以披露。如果上市公司董事会下设薪酬、审计、提名等委员会，独立董事应当在委员会成员中占有二分之一以上的比例。

独立董事除履行上述职责外，还应当对以下事项向董事会或股东大会发表独立意见。

（1）提名、任免董事。

（2）聘任或解聘高级管理人员。

（3）公司董事、高级管理人员的薪酬。

（4）上市公司的股东、实际控制人及其关联企业对上市公司现有或新发生的总额高于 300 万元或高于上市公司最近经审计净资产值的 5% 的借款或其他资金往来，以及公司是否采取有效措施回收欠款。

（5）独立董事认为可能损害中小股东权益的事项。

（6）公司章程规定的其他事项。

（七）董事会秘书的职责

在企业改制上市过程中，董事会秘书主要负责企业与中介机构、政府部门和监管部门之间的沟通协调，是企业改制上市过程中的关键角色。董事会秘书既可以在企业内部培养，也可以外聘，两种方式各有利弊。内部培养的董事会秘书，熟悉企业的情况，内部沟通协调能力强，但缺乏改制上市经验。从外部聘请的董事会秘书经验丰富，能在短期内将企业改制上市工作带上正轨，但需要较长时间熟悉企业情况。从薪酬来看，从外部聘请的董事会秘书不仅要求较高的年薪，可能还会要求一定的股份。企业应结合自身人力资源情况、改制上市工作要求等综合考虑选择董事会秘书。

股份有限公司成立后，董事会秘书由董事长提名，董事会聘任。公司董事或其他高级管理人员可以兼任公司董事会秘书。董事会秘书对公司和董事会负责，履行以下职责。

（1）负责公司信息披露事务，协调公司信息披露工作，组织制定公司信息披露事务管理制度，督促公司及相关信息披露义务人遵守信息披露相关规定。

（2）负责公司投资者关系管理和股东资料管理工作，协调公司与证券监管机构、股东及实际控制人、保荐人、证券服务机构、媒体等之间的信息沟通。

（3）组织筹备董事会会议和股东大会，参加股东大会、董事会会议、监事会会议及高级管理人员相关会议，负责董事会会议记录工作并签字。

（4）负责公司信息披露的保密工作，在未公开重大信息泄露时，及时向交易所报告并公告。

（5）关注媒体报道并主动求证真实情况，督促董事会及时回复交易所所有问询。

（6）组织董事、监事和高级管理人员进行证券法律法规及相关规定的培训，协助前述人员了解各自在信息披露中的权利和义务。

（7）督促董事、监事和高级管理人员遵守法律、法规、规章、规范性文件及公司章程，使其切实履行其所作出的承诺；在知悉公司作出或者可能作出违反有关规定的决议时，应当予以提醒并立即如实地向交易所报告。

（八）股份有限公司监事会的运作

股份有限公司设监事会，其成员不得少于三人。监事会应当包括股东代表和适当比例的公司职工代表，其中职工代表的比例不得低于三分之一，具体比例由公司章程规定。监事会中的职工代表由公司职工通过职工代表大会、职工大会或者其他形式民主选举产生。

监事会设主席一人，可以设副主席。监事会主席和副主席由全体监事过半数选举产生。监事会主席召集和主持监事会会议；监事会主席不能履行职务或者不履行职务的，由监事会副主席召集和主持监事会会议；监事会副主席不能履行职务或者不履行职务的，由半数以上监事共同推举一名监事召集和主持监事会会议。董事、高级管理人员不得兼任监事。

监事会每六个月至少召开一次会议。监事可以提议召开临时监事会会议。监事会的议事方式和表决程序，除《公司法》有规定的外，由公司章程规定。监事会决议应当经半数以上监事通过。监事会应当对所议事项的决定作成会议记录，出席会议的监事应当在会议记录上签名。

监事会行使下列职权。

（1）检查公司财务。

（2）对董事、高级管理人员执行公司职务的行为进行监督，对违反法律、行政法规、公司章程或者股东会决议的董事、高级管理人员提出罢免的建议。

（3）当董事、高级管理人员的行为损害公司的利益时，要求董事、高级管理人员予以纠正。

（4）提议召开临时股东大会会议，在董事会不履行《公司法》规定的召集和主持股东大会会议职责时召集和主持股东大会会议。

（5）向股东大会会议提出提案。

（6）依照《公司法》第一百五十一条的规定，对董事、高级管理人员提起诉讼。

（7）公司章程规定的其他职权。

三、规范运作

企业改制设立股份有限公司标志着公司迈出了通往资本市场的第一步。从这时起，公司务必树立规范运作理念，除了要解决曾经存在的不规范问题外，在日常运作中，还应切实贯彻落实现代企业管理制度：三会运作严格履行各自职能，相互监督；董事长、总经理、财务总监、董事会秘书各司其职、相互配合，严格执行监管机构及公司各项管理制度，避免出现"新瓶装旧酒"的情况。

（一）拟上市公司规范运作的基本要求

（1）完善股东大会、董事会、监事会、独立董事和董事会秘书制度，形成权力机构、决策机构、监督机构与经理层之间权责分明、各司其职、有效制衡、科学决策的法人治理结构。

（2）股东大会认真行使法定职权，严格遵守表决事项和表决程序的有关规定，科学民主决策，维护企业和股东的合法权益。

（3）董事会对全体股东负责，严格按照法律和公司章程的规定履行职责，把好决策关，加强对公司经理层的激励、监督和约束。设立以独立董事为主的审计委员会、薪酬与考核委员会并充分发挥其作用。公司全体董事必须勤勉尽责，依法行使职权。

（4）监事会认真发挥对董事会和经理层的监督作用。

（5）经理层严格执行股东大会和董事会的决定，不断提高公司管理水平和经营业绩。

（二）控股股东需要规范的行为

（1）控股股东、实际控制人对公司及其他股东负有诚信义务，应当善意使用其控制权，不得利用其控制权从事有损于公司和中小股东合法权益的行为。

（2）控股股东、实际控制人应严格依法行使出资人的权利，控股股东、实际控制人不得利用关联交易、利润分配、资产重组、对外投资、资金占用、借款担保等方式直接或者间接侵占公司资金、资产，损害公司和其他股东的合法权益。

（3）当控股股东、实际控制人的利益与中小股东利益产生冲突时，控股股东、实际控制人和公司应充分维护中小股东的合法权益，对公司违法行为负有责任的控股股东、实际控制人应当主动、依法将其持有的公司股权及其他资产用于赔偿中小投资者，否则其他股东有权按照法律、行政法规的规定，通过民事诉讼或其他法律手段保护其合法权利。

（4）控股股东、实际控制人的存续企业或机构为公司主业提供服务应遵循"公平、公开、公允"和"有偿服务"的原则与公司签订有关协议合同，不得通过任何方式影响公司的独立决策，不得通过欺诈、虚假陈述或者其他不正当行为等方式损害公司和中小股东的合法权益。

（5）控股股东、实际控制人不得利用关联交易转移公司的利润和优质资产；不得通过关联交易向公司转移劣质资产或以畸高的价格向公司转移资产。

（6）控股股东、实际控制人应支持公司深化劳动、人事、分配制度改革，转换经营管理机制，建立管理人员竞聘上岗、能上能下、职工择优录用、能进能出，收入分配能增能减、有效激励的各项制度。

（7）控股股东、实际控制人及其下属的其他单位不应从事与公司相同或相近的业务，并应采取有效措施避免同业竞争。

（8）控股股东、实际控制人不得利用其对上市公司的控制地位，牟取属于公司的商业机会。

（9）控股股东、实际控制人应当严格执行《关于规范上市公司与关联方资金往来及上市公司对外担保若干问题的通知》以及《关于规范上市公司对外担保行为的通知》的有关规定，不得强令公司为自己或他人提供担保。

（三）企业应按规定为员工缴纳社会保险费和住房公积金

对于拟上市公司而言，社会保险费及住房公积金的规范缴纳几乎是每个拟上市公司面临的问题。监管机构在审核过程中通常会要求拟上市公司详细披露报告期内社会保险费及住房公积金的缴纳人数、未缴纳人数及原因、缴纳基数及比例是否合规以及补缴对拟上市公司业绩的影响等。我国建立完善的社会保险制度是一个逐步完善的过程。证监会要求，上市公司的社会保险费的缴纳必须规范。对于未缴纳原因是农村户口已缴纳新农合（医疗保险）、新农保（养老保险）的，则一般认为无须重复缴纳医疗保险和养老保险。缴纳住房公积金的要求则相对宽松一点，对于农民工，并不严格要求为其缴纳，但拟上市公司应当为其提供必要的住宿条件或住房补贴。

拟上市公司存在社会保险费和住房公积金缴纳不规范的情形，如改制后拟上市公司社会保险费和住房公积金的缴纳比例未达到应缴尽缴，此问题的解决思路如下。

（1）如实披露发行人社会保险费、住房公积金缴纳情况，包括最近三年及一期（即指报告期内）每期末的缴纳比例、未缴纳人员的数量及其原因。

（2）对发行人未进行缴纳所涉及的金额进行测算，并与当期业绩进行比较，论证上述未缴金额在足额缴纳的情况下对发行人的经营并不会产生重大影响。

（3）披露发行人对此采取的规范措施，如改制后缴纳比例逐年提高等。

（4）取得社会保险费和住房公积金主管部门出具的合规证明，证明发行人不存在因此而受到行政处罚的情形。

（5）取得实际控制人兜底承诺，如因此被相关主管部门追缴或导致发行人受到损失的，由实际控制人全额承担，确保不会因此损害发行人的利益。

（四）最近 3 年内企业存在行政处罚的问题

（1）重大违法行为是指发行人及其控股股东、实际控制人违反国家法律、行政法规，受到刑事处罚或情节严重行政处罚的行为。常见的重大违法行为如下。

①存在贪污、贿赂、侵占财产、挪用财产或者破坏社会主义市场经济秩序等刑事犯罪，原则上应认定为重大违法行为。

②被处以罚款以上行政处罚的违法行为，如有以下情形之一且中介机构出具明确核查结论的，可以不认定为重大违法行为：a. 违法行为显著轻微、罚款数额较小；b. 相关处罚依据未认定该行为属于情节严重；c. 有权机关证明该行为不属于重大违法。但违法行为导致严重环境污染、重大人员伤亡、社会影响恶劣等并被处以罚款以上行政处罚的，不适用上述情形。

（2）发行人合并报表范围内的各级子公司，若对发行人主营业务收入或净利润不具有重要影响（占比不超过 5%），可不视为发行人本身存在相关情形，但其违法行为导致严重环境污染、重大人员伤亡或社会影响恶劣的除外。

（3）如被处罚主体为发行人收购而来的，且相关处罚于发行人收购完成之前执行完毕，原则上不视为发行人存在相关情形。但发行人主营业务收入和净利润主要来源于被处罚主体或违法行为导致社会影响恶劣的除外。

（4）最近 3 年重大违法行为的起算时点，从刑罚执行完毕或行政处罚执行完毕之日起计算。

（5）保荐机构和发行人律师应对发行人及其控股股东、实际控制人是否存在上述事项进行核查，并对是否构成重大违法行为及发行上市的法律障碍发表明确意见。

四、典型案例

（一）永和智控（002795）：报告期五险一金缴纳比例较低的问题

发行人报告期社会保险费、住房公积金缴纳人数情况如表 2–7–1 所示。

表 2-7-1　报告期社会保险费、住房公积金缴纳人数情况

项目	2015 年末	2014 年末	2013 年末
在册员工人数（人）	901	895	862
基本养老保险缴费人数（人）	311	313	312
基本医疗保险缴费人数（人）	305	306	305
工伤保险缴费人数（人）	901	895	862
失业保险缴费人数（人）	311	313	311
生育保险缴费人数（人）	305	306	305
住房公积金缴费人数（人）	42	36	19

证监会反馈问题如下。

请发行人补充说明为员工实际缴纳社保及住房公积金的基数、缴纳总额，并说明如依法足额缴纳，发行人应当为全体员工缴纳的社保及住房公积金数额。请保荐代表人及律师说明对发行人缴纳社保及住房公积金情况的核查过程以及结论。

发行人及中介机构回复如下。

1. 关于缴纳社会保险的情况

经核查，受限于农村户籍员工较多的现实情况，发行人社会保险由城镇社会保险与"新农合""新农保"共同组成，对于不愿意参加城镇社会保险的农村户籍员工由其在户籍所在地缴纳"新农合""新农保"，对于愿意参加城镇社会保险的员工则由发行人为其开户缴纳。在参加城镇社会保险时，发行人按照玉环当地适用的缴纳基数进行计缴。

对于发行人缴纳社会保险的情况，发行人所在地的社会保险监管机构玉环县人力资源和社会保障局于 2015 年 6 月 29 日作出说明："为积极稳妥地建立和扩大本地社会保险体系，结合目前社会经济发展水平和员工的缴纳意愿及企业承受能力，本地本着"保基本、广覆盖、可持续"的原则推进社保工作，目前主要注重提高参保人员的数量和覆盖面。永和流体智控股份有限公司及其子公司浙江安弘水暖器材有限公司作为本地企业，自 2012 年至今一直向本机构申报并缴纳各项社会保险，缴纳基数符合本地要求。该企业已按照本地普遍性要求足额缴纳社会保险，本机构不会对该企

业的社保缴纳情况进行追缴或处罚。"

2. 关于缴纳住房公积金的情况

经核查，发行人的住房公积金目前系按照玉环当地适用的缴纳基数为参加缴纳的员工进行计缴。

对于发行人现阶段的缴纳情况，住房公积金管理机构台州市住房公积金管理中心玉环分中心于2015年6月29日作出说明："为循序渐进地推进住房公积金政策，本着先易后难的原则，本地目前主要注重提高城镇员工缴纳住房公积金的人员数量和覆盖面，尚未强制要求进城务工人员缴纳住房公积金。永和流体智控股份有限公司及其子公司浙江安弘水暖器材有限公司作为本地企业，自2012年至今一直向本机构申报并为其员工缴纳住房公积金，缴纳人数不断提高，缴纳基数符合本地要求，本机构不会因住房公积金事项对该企业进行追缴或处罚"。

报告期内，发行人为员工缴纳的社会保险及公积金金额分别为140.65万元、216.8万元、261.38万元。

假定发行人需为全部在册员工缴纳社会保险费和住房公积金，根据公司报告期内各年需补缴纳人数、缴费比例和玉环当地的缴费基数测算，则补缴对发行人经营业绩的影响如下：

单位：万元

项目	2015 年	2014 年	2013 年
各年需补缴金额	386.60	355.20	301.72
当年利润总额	7,863.07	7,867.40	6,311.22
占比	4.92%	4.51%	4.78%

由上表可知，公司2013—2015年各年需为员工补缴的社会保险费及住房公积金合计金额及占比均较低。且即使补缴，实际控制人也已经出具承诺对需补缴金额进行兜底补偿，因此对发行人经营业绩不构成重大影响。

3. 实际控制人及控股股东关于社会保险及住房公积金的承诺

针对发行人报告期内未能全额缴纳社会保险费和住房公积金的情况，发行人实际控制人应雪青、陈先云夫妇，控股股东永健控股均已出具如下承诺："若经有关主管部门认定公司需为员工补缴历史上未缴纳的社会保

险费、住房公积金，或因未缴纳上述费用而导致发行人受到处罚或被任何
利益相关方以任何方式提出权利要求且司法机关认定合理时，本人／本公司
将无条件全额承担公司应补缴的全部社会保险、住房公积金款项及处罚款
项，并全额承担利益相关方提出的赔偿、补偿款项，以及由上述事项产生
的应由公司负担的其他所有相关费用。"

根据发行人实际控制人及控股股东的承诺，即使公司被认定需为员工
补缴社会保险费和住房公积金，或因未缴纳上述费用而导致发行人受到处
罚，则将由发行人实际控制人或控股股东无条件全额承担，不会导致发行
人经营业绩造成不利影响。

综上，保荐机构和发行人律师认为，发行人上述社会保险费及住房公
积金未全额缴纳事项不属重大违法行为，对发行人本次发行上市不构成法
律障碍；该事项不会导致发行人承担任何损失，不会对发行人经营业绩造
成不利影响。

【案例点评】

五险一金制度是我国社会保障制度的简称，五险一金包括基本养老保
险、基本医疗保险、失业保险、工伤保险和生育保险及住房公积金。根据
《中华人民共和国社会保险法》，职工应当参加基本养老保险、基本医疗保
险、工伤保险、失业保险、生育保险，用人单位应当按照国家规定的本单位
职工工资总额的比例进行缴纳。《住房公积金管理条例》规定，单位录用
职工的，应当自录用之日起 30 日内到住房公积金管理中心办理缴存登记。

针对农村户籍人员，国家实施了农村合作医疗、新型农村社会养老保
险制度，该制度在一定程度上与五险一金制度重合。实践中，农村户籍人
员可能因缴纳了"新农合""新农保"，加之无购房计划等，故有较多农
村户籍人员不愿意购买"五险一金"。

（二）友发集团（601686）案例：报告期内存在行政处罚

1. 安全生产相关的处罚情况

（1）一分公司

① 2016 年 9 月 22 日，一分公司发生一起工亡事故，造成一名员工死亡

2018 年 8 月 30 日，天津市静海区安全生产监督管理局作出（津静）安监罚〔2018〕019 号《行政处罚决定书》（单位）、（津静）安监罚〔2018〕019 号《行政处罚决定书》（个人），认定上述行为中一分公司未认真落实安全生产主体责任，安全管理不到位，主要负责人张德刚未依法履行安全生产职责，对此次事故负有责任。上述行为违反了《安全生产法》相关规定，依据《生产安全事故罚款处罚规定（试行）》第 14 条规定对一分公司罚款 20 万元，对张德刚罚款 5.16 万元。公司及相关责任人已按时缴纳了罚款。

2018 年 9 月 30 日，静海区安全生产监督管理局出具《证明》，证明一分公司的上述事故属一般生产安全事故，整改措施、整改结果符合安全生产相关法律法规要求，得到该局认可，一分公司的上述行为不构成重大违法违规行为。

② 2018 年 11 月 25 日，一分公司发生一起工亡事故，造成一名员工死亡

2019 年 1 月 18 日，天津静海区应急管理局作出（津静）安监罚〔2019〕003 号《行政处罚决定书》，认定一分公司未认真落实安全生产主体责任，对员工安全教育培训不到位，对此事故发生负有责任，对一分公司罚款 25 万元，对负责人张德刚罚款 21,240 元。公司及相关责任人已按时缴纳了罚款。

2019 年 4 月 22 日，天津市静海区应急管理局出具《证明》，一分公司的上述事故属一般生产安全事故，整改措施、整改结果符合安全生产相关法律法规要求，得到该局认可，一分公司的上述行为不构成重大违法违规行为。

（2）世友钢管

2017 年 3 月 11 日，世友钢管发生一起工亡事故，造成一名员工死亡。

2017 年 9 月 8 日，天津静海区市场和质量监督管理局出具津市场监管静特质罚〔2017〕18 号《行政处罚决定书》，世友钢管对其 2017 年"3·11"起重机械一般事故发生和瞒报负有责任，违反了《特种设备安全》相关规定，拟给予以下行政处罚：对瞒报事故的行为罚款 12.5 万元，对事故发生负有责任的行政处罚罚款 15 万元，以上共计 27.5 万元。同日，对世友钢管负有领导责任的生产经理朱如德作出津市场监管静特质罚〔2017〕

20 号《行政处罚决定书》，对其罚款 26,297.52 元。对法定代表人张德刚作出津市场监管静特质罚〔2017〕19 号《行政处罚决定书》，对其罚款 3 万元。公司及相关责任人已按时缴纳了罚款。

2018 年 3 月 21 日，天津市静海区市场和质量监督管理局出具《证明》，经调查认定，事故属于一般安全生产责任事故，世友钢管的上述行为不构成重大违法违规行为，世友钢管收到处罚决定书后，及时缴纳罚款并积极完成了整改工作。

世友钢管已于 2018 年 10 月完成注销。

（3）唐山友发

① 2015 年 9 月 28 日，唐山友发发生一起工亡事故，造成一名员工死亡

2018 年 10 月 22 日，唐山市丰南区安全生产监督管理局作出（冀唐丰南）安监罚〔2018〕二队 011-2 号《行政处罚决定书》（单位），认定唐山友发对 2015 年"9·28"物体打击事故发生负有责任，违反了《安全生产法》，依据《河北省安全生产行政处罚自由裁量标准》相关规定，对其处罚 40 万元。2018 年 10 月 22 日，唐山市丰南区安全生产监督管理局作出（冀唐丰南）安监罚〔2018〕二队 011-1 号《行政处罚决定书》（个人），对唐山友发时任总经理韩德恒罚款 8.7210 万元。公司及相关责任人已按时缴纳了罚款。

② 2016 年 4 月 12 日，唐山友发发生一起工亡事故，造成一名员工死亡

2018 年 10 月 22 日，唐山市丰南区安全生产监督管理局作出（冀唐丰南）安监罚〔2018〕二队 011-2 号《行政处罚决定书》（单位），认定唐山友发对 2016 年"4·12"机械伤害事故发生负有责任，违反了《安全生产法》，依据《河北省安全生产行政处罚自由裁量标准》相关规定，对其处罚 40 万元。2018 年 10 月 22 日，唐山市丰南区安全生产监督管理局作出（冀唐丰南）安监罚〔2018〕二队 011-1 号《行政处罚决定书》（个人），对韩德恒罚款 9.9090 万元。公司及相关责任人已按时缴纳了罚款。

③ 2017 年 4 月 27 日，唐山友发发生一起工亡事故，造成一名员工死亡

2018 年 10 月 22 日，唐山市丰南区安全生产监督管理局作出（冀唐丰南）安监罚〔2018〕二队 011-2 号《行政处罚决定书》（单位），认定唐山友发对 2017 年"4·27"高空坠落事故发生负有责任，违反了《安全生

产法》，依据《河北省安全生产行政处罚自由裁量标准》相关规定，对其处罚 40 万元。2018 年 10 月 22 日，唐山市丰南区安全生产监督管理局作出（冀唐丰南）安监罚〔2018〕二队 011-1 号《行政处罚决定书》（个人），对韩德恒罚款 11.61 万元。公司及相关责任人已按时缴纳了罚款。

2018 年 10 月 31 日，唐山市丰南区安全生产监督管理局出具《证明》：唐山友发于 2015 年、2016 年、2017 年各发生了一起生产安全事故，分别致一人死亡，我局依法对该公司实施了行政处罚，经认定，上述三起事故均为一般安全生产事故，该公司善后处理得当，未发生纠纷，未造成严重后果，不构成重大违法违规行为。

（4）邯郸友发

① 2018 年 7 月 11 日，邯郸友发发生一起工亡事故，造成一名员工死亡

2018 年 10 月 29 日，成安县安全生产监督管理局作出（冀邯成）安监罚〔2018〕事 -01 号《行政处罚决定书》，认定邯郸友发在"7·11"灼烫事故（1 人死亡）中，未全面履行安全生产主体责任，对事故发生负有责任，对其作出罚款 29 万元。2018 年 10 月 29 日，成安县安全生产监督管理局作出（冀邯成）安监罚〔2018〕事 -02 号《行政处罚决定书》，认定董希标在"7·11"灼烫事故（1 人死亡）中，未全面履行安全生产工作职责，对事故发生负有重要责任，事故发生后未按规定上报，对事故迟报负有责任，对其作出罚款 6.3 万元。公司及相关责任人已按时缴纳了罚款。

2018 年 10 月 30 日，成安县安全生产监督管理局出具《证明》，"处罚决定后，该公司按照我局要求，及时缴纳罚款，并积极进行了整改，兹证明，邯郸友发的上述事故属一般安全生产事故，整改措施和整改结果符合安全生产相关法律法规，得到我局认可，邯郸友发上述行为不构成重大违法违规行为"。

② 2020 年 6 月 1 日，邯郸友发发生一起工亡事故，造成一名员工死亡

2020 年 6 月 11 日，成安县应急管理局作出（冀邯成）应急罚〔2020〕事 -01 号《行政处罚决定书》，认定邯郸友发在"6·1"高处坠落事故（1 人死亡）中，未全面履行安全生产主体责任，对事故发生负有责任，对其作出罚款 22 万元。2020 年 6 月 11 日，成安县应急管理局作出（冀邯成）应急罚〔2020〕事 -02 号《行政处罚决定书》，认定董希标在"6·1"高处坠落

事故（1人死亡）中，未全面履行安全生产工作责任，对事故发生负有重要责任，对其作出罚款 2.4 万元。公司及相关责任人已按时缴纳了罚款。

2020 年 6 月 11 日，成安县应急管理局出具《证明》，"处罚决定后，该公司按照我局要求，及时缴纳罚款，并积极进行了整改，兹证明，邯郸友发的上述事故属一般安全生产事故，整改措施、整改结果符合安全生产相关法律法规，得到我局认可，邯郸友发上述行为不构成重大违法违规行为"。

（5）唐山正元

①2018 年 9 月 4 日，唐山正元发生一起工亡事故，造成一名员工死亡

2018 年 11 月 5 日，唐山市丰南区安全生产监督管理局作出（冀唐丰南）安监罚〔2018〕二队 012-1 号《行政处罚决定书》（单位），认定唐山正元"安全生产主体责任落实不到位、隐患排查不到位、安全教育培训不到位、安全检查不到位，对 9·4 物体打击事故的发生负有责任"，依据《安全生产法》、《河北省安全生产行政处罚自由裁量标准（试行）》相关规定，对唐山正元罚款 40 万元。2018 年 11 月 5 日，唐山市丰南区安全生产监督管理局作出（冀唐丰南）安监罚〔2018〕二队 012-1 号《行政处罚决定书》（个人），认定总经理李茂华"安全生产管理职责履行不到位，对 9·4 物体打击事故负有重要责任"，依据《安全生产法》《河北省安全生产行政处罚自由裁量标准（试行）》相关规定，对李茂华罚款 7.4088 万元。公司及相关责任人已按时缴纳了罚款。

2018 年 11 月 5 日，唐山市丰南区安全生产监督管理局出具《证明》，经认定，上述事故为一般安全生产事故，该公司善后处理得当，未发生纠纷，未造成严重后果，不构成重大违法违规行为。

②2019 年 11 月 1 日，唐山正元因钢塑车间设备检修现场有 1 处无安全警示标志被行政处罚

2019 年 11 月 1 日，唐山丰南区应急管理局出具《行政处罚决定书（单位）》（冀唐丰南）安监罚〔2019〕三队 022 号，因唐山正元钢塑车间设备检修现场有 1 处无安全警示标志，违反了《中华人民共和国安全生产法》第三十二条的规定，依据《中华人民共和国安全生产法》第九十六条第（一）项，参照《河北省安全生产行政处罚自由裁量标准（试行）》，

决定给予罚款 1.6 万元的行政处罚。唐山正元已进行整改并按时缴纳了罚款。

2020 年 3 月 11 日，唐山市丰南区安全生产监督管理局出具《证明》，证明上述行为不属于安全生产重大违法行为。

综上，发行人报告期内存在因工亡事故受到行政处罚的情形，根据《生产安全事故报告和调查处理条例》第三条规定，造成 3 人以下死亡，或者 10 人以下重伤，或者 1,000 万元以下直接经济损失的事故为一般事故。发行人上述事故均属于一般生产安全事故，发行人在上述事故中不存在重大违法行为；发行人已妥善处理事故的善后事宜，对安全生产管理工作进行了整改；相关安全生产监督管理局、市场和质量监督管理局均已出具专项证明确认，对发行人的行政处罚不属于生产安全责任事故重大行政处罚，因此，发行人上述事故不构成生产安全责任事故重大违法行为，不会对本次发行上市构成实质性法律障碍。

（6）生产安全责任事故发生后的整改情况

报告期内，发行人发生 6 起安全事故，相关事故的原因及整改措施如下：

序号	事故	事故原因	整改措施
1	2018 年 11 月，一分公司 1 人工亡	产品打包过程中被自动打包机电磁吸盘压伤亡	增加岗位人员培训时间及场次；在现场增加安全警示标识；制定设备故障、停、检修挂牌上锁制度；对自动打包机操作电磁吸盘进行改造，在电磁吸盘作业危险区增加周边防护栏；增加红外线光幕自动联锁防护设备等
2	2017 年 3 月，世友钢管 1 人工亡	吊装过程中被掉落的天车勾砸伤致工亡	对涉事起重机械进行了维修并经质检部门检验合格，并加强起重机械的日常检查及维护保养工作，同时加强了对员工的安全教育培训
3	2017 年 4 月，唐山友发 1 人工亡	走下天车时，掉落受伤致工亡	加强员工高空作业安全培训；增加对设备及防护措施的巡查检修和维护保养；严格制定机电修人员作业管理制度等

序号	事故	事故原因	整改措施
4	2018 年 7 月，邯郸友发 1 人工亡	违规操作致气体爆燃烧伤致工亡	加强安全生产知识专业培训，进一步完善安全管理制度和操作规程，加强现场隐患排查和安全检查等
5	2018 年 9 月，唐山正元 1 人工亡	料盘倾倒砸伤致工亡	聘请安全生产专家进行培训并组织考核；梳理更新公司安全管理制度和操作规程；加强隐患排查和安全检查频率，并邀请丰南区安监局及专家组现场检查指导，排查隐患并完成整改
6	2020 年 6 月，邯郸友发 1 人工亡	安全带卡扣卡错位置，天车移动时掉落致工亡	加强安全生产知识专业培训，进一步完善安全管理制度和操作规程，加强现场隐患排查和安全检查等

报告期内，公司安全事故主要由于员工安全意识弱化以及辅助安全设施不够完善等原因造成。上述安全责任事故发生后，公司认真分析安全事故原因，聘请安全评价机构对公司安全生产情况进行评估，针对相关问题积极整改，避免同类安全责任事故再次发生。

2. 报告期内的环保行政处罚

①一分公司使用劣质煤被处罚 1 万元

2015 年 11 月 16 日，天津市环境保护局对一分公司现场检查发现运行中的 1 号锅炉传送带上正在使用的炉前煤全硫量为 0.61%，超过 DB12/106-2015《工业和民用煤质量》规定的标准。上述行为违反了《天津市大气污染防治条例》第 38 条规定。

2016 年 1 月 4 日，天津市静海区环境保护局对其作出《责令改正违法行为决定书》（津静环改字〔2016〕002 号），责令立即停止使用劣质煤，并于 2016 年 1 月 11 日前改用低硫优质煤。

2016 年 1 月 13 日，天津市静海区环境保护局作出《行政处罚决定书》（津静环罚字〔2016〕002 号），依据《天津市大气污染防治条例》第 38 条第三项的规定，对其罚款 1 万元。

2016 年 1 月 15 日，一分公司缴纳了 1 万元的罚款。根据一分公司提供的说明，上述处罚作出后，一分公司及时缴纳罚款，采取采购低硫煤、加强抽检等措施施予以整改，并将整改情况报告静海区环保局。

2018年3月23日，天津市静海区环境保护局出具《证明》，处罚作出后，一分公司及时缴纳罚款，积极完成整改，一分公司上述行为未造成环境事故，亦未造成严重后果，并且整改措施、整改结果已符合环境保护相关法律法规，得到该局认可，上述行为不构成重大违法违规行为。

2019年4月17日，天津市静海区生态环境局出具证明，除上述处罚外，自2016年1月1日至今，一分公司无其他违反国家和地方关于环境保护的法律、法规及其他规范性文件的行为，亦未出现其他因违反环境保护法律、法规或其他规范性文件而遭受处罚的情形。

②邯郸友发二期项目未办理环评手续被处罚6万元

2015年12月19日，成安县环保局对邯郸友发进行现场检查时，发现邯郸友发二期项目未向环保部门报批环评手续并投产，违反了《建设项目环境保护管理条例》第16条规定。

2016年1月3日，成安县环保局作出成环罚字〔2015〕06-05号《行政处罚决定书》，对邯郸友发处罚款6万元，责令该公司限期改正违法行为。

根据《河北省非税收入一般缴款书》，邯郸友发已于2016年1月4日缴纳上述罚款。上述处罚作出后，邯郸友发成立专项小组，着手办理环评手续，并取得了环评批复及验收。

2018年10月8日，成安县环境保护局出具《证明》，邯郸友发上述行为未造成环保事故，亦未造成严重后果，并且整改措施及结果符合环保相关法律法规，得到该局认可，上述行为不构成重大违法违规行为。

2019年4月3日，邯郸市生态环境局成安县分局出具《证明》，自2016年1月1日至今，邯郸友发无其他违反国家和地方关于环境保护的法律、法规及其他规范性文件的行为，无环保相关违法违规行为，不存在其他因违反环境保护法律、法规或其他规范性文件而遭受处罚的情形。

③唐山新利达因未采取遮盖措施被处罚4万元

2017年3月12日，唐山市环境保护局路南区分局现场检查时发现唐山新利达厂区西侧空地堆存氧化铁未采取遮盖措施，造成粉尘污染，违反了《大气污染防治法》有关规定。唐山市环境保护局路南区分局于2017年4

月 5 日作出唐环南罚字〔2017〕004 号《行政处罚决定书》，责令其纠正违法行为并对其罚款 4 万元。

根据唐山新利达提供的《整改报告》，上述处罚作出后，唐山新利达组织力量加强现场巡检，对厂区内裸露的氧化铁等进行覆盖。

2019 年 5 月 21 日，唐山市环境保护局路南区分局出具《证明》，认为处罚作出后，唐山新利达已按照该局要求，及时缴纳罚款，并积极完成整改，唐山新利达的上述行为未造成环境事故，亦未造成严重后果，并且整改措施、整改结果符合环境保护相关法律法规，得到该局认可，唐山新利达的上述行为不构成重大违法违规行为。

2019 年 5 月 21 日，唐山市环境保护局路南区分局出具《证明》，证明唐山新利达自 2016 年 1 月 1 日以来，除上述处罚以外，该公司没有发生过其他环境污染事故，不存在其他因范围环境保护相关法律、法规及规范性文件而被处罚的情形。

综上，报告期内发行人子公司存在被环保部门进行处罚的情况。上述处罚发生后，其已根据环保部门要求按时缴纳了罚款、积极进行了整改，消除了不良影响。上述处罚已经主管机关出具文件确认，不属于重大违法违规。因此，上述发行人子公司的环保处罚事项不会对发行人本次发行上市造成实质性不利影响。

【案例点评】

本案例中，发行人在安全生产和环保方面存在行政处罚，发行人做了整改，并取得相关处罚机关出具的不属于重大违法行为的证明，中介机构发表结论性意见——发行人的行政处罚事项不构成上市的实质性障碍。

第三部分

上市第二步：辅导、尽职调查与申报

保荐机构在推荐发行人上市前，应当对发行人进行辅导。辅导的目的是促进发行人具备良好的公司治理结构、规范的会计行为、有效的内部控制制度；督促发行人的董事、监事和高级管理人员、持有 5% 以上（含 5%）股份的股东和实际控制人（或其法定代表人）全面掌握发行上市、规范运作等有关法律法规和规则，知悉信息披露和履行承诺等方面的责任和义务，树立进入证券市场的诚信意识、自律意识和法制意识。

第 1 章　辅导

一、辅导对象

辅导对象包括发行人的董事、监事和高级管理人员、持有 5% 以上股份的股东和实际控制人（或其法定代表人）。

二、辅导方式

辅导机构可以通过现场查看、个别谈话、集中培训、提出建议、督促落实等方式开展辅导工作。有些证监局要求集中授课时间不少于 20 小时，集中授课次数不少于 6 次。

三、辅导期限

辅导期自辅导机构向当地证监局报送辅导备案日开始，至当地证监局出具辅导监管报告日结束。为保证辅导工作质量，辅导期原则上不得少于 3 个月（此处以浙江证监局为例）。

四、辅导流程

（1）辅导备案：辅导机构与发行人签订辅导协议后，应在 5 个工作日内向当地证监局提交辅导备案登记材料进行辅导备案登记。

（2）成立辅导小组：辅导机构应当针对发行人的具体情况，制定切实可行的辅导计划和实施方案，成立专门的辅导小组，并配备至少 3 名具备证券从业资格的辅导人员。辅导小组应当由负责保荐该发行人的保荐代表人担任组长，组长全程协调、组织辅导工作。

（3）辅导进展报告：辅导机构应根据辅导计划分阶段向证监局提交辅导工作中期进展材料。辅导期间，辅导机构提交的辅导工作中期进展材料原则上不得少于2期，至少每3个月报送1期（各地证监局存在差异）。证监局将在外网公示辅导中期进展材料。

（4）辅导验收：辅导计划实施完毕，达到辅导目的，辅导机构可以向证监局提交辅导工作总结材料。辅导验收采取现场检查和非现场检查相结合的方式，包括但不限于查看底稿、约见谈话、电话问询、实地检查等方式。收到辅导工作总结材料后，证监局于10个工作日内对相关材料进行审阅，并约见相关人员谈话，了解辅导工作开展情况及相关各方对辅导工作的评价。参加谈话的人员包括辅导小组组长及项目负责人、有关中介机构项目负责人、发行人董事长、财务负责人、董事会秘书。约见谈话后，证监局在外网公示辅导工作总结材料。

（5）辅导考试：发行人除独立董事外的全体董事、监事和高级管理人员、持有5%以上股份股东和实际控制人（或其法定代表人）应当参加证监局组织的书面考试。

五、辅导内容

（1）组织由企业的董事、监事、高级管理人员（包括经理、副经理、董事会秘书、财务负责人、其他高级管理人员）、持有5%以上（含5%）股份的股东和实际控制人（或其法定代表人）参加的、有关发行上市法律法规、上市公司规范运作和其他证券基础知识的学习、培训和考试，督促其增强法制观念和诚信意识。

（2）督促企业按照有关规定初步建立符合现代企业制度要求的公司治理结构，包括制定符合上市要求的公司章程，规范公司组织结构，完善内部决策和控制制度以及激励约束机制，健全公司财务会计制度等。

（3）核查企业在股份有限公司设立、改制重组、股权设置和转让、增资扩股、资产评估、资本验证等方面是否合法，产权关系是否明晰，是否妥善处置了商标、专利、土地、房屋等资产的法律权属问题。

（4）督促企业实现独立运作，做到业务、资产、人员、财务、机构独立完整，主营业务突出，形成核心竞争力。

（5）督促企业规范与控股股东及其他关联方的关系，妥善处理同业竞争和关联交易问题，建立规范的关联交易决策制度。

（6）督促企业形成明确的业务发展目标和未来发展计划，制定可行的募股资金投向及其他投资项目的规划。

（7）对企业是否达到发行上市条件进行综合评估，诊断并解决问题。

（8）协助企业开展首次公开发行股票的准备工作。辅导机构和企业可以协商确定不同阶段的辅导重点和实施手段。辅导前期的重点在于摸底调查，形成全面、具体的辅导方案；辅导中期的重点在于集中学习和培训，诊断问题并加以解决；辅导后期的重点在于完成辅导计划，进行考核评估，做好首次公开发行股票申请文件的准备工作。

六、辅导备案登记材料

辅导备案登记材料应包括但不限于以下项目。

（1）辅导备案申请（原件）。

①发行人基本情况介绍。

②发行人历史沿革情况。

③发行人最近三年的财务数据。

④发行人行业概况及行业地位，同行业公司、主要客户供应商情况等。

（2）发行人目前存在的主要问题、解决措施及时间安排等。

（3）发行人情况介绍，应包括但不限于以下项目。

①发行人名称、住所、注册资本、法定代表人。

②发行人经营范围、目前从事的主营业务情况。

③发行人实际控制人（或其法定代表人）及持股股数前五名股东、持股 5% 以上股东的情况。

（4）辅导机构工作计划及实施方案，应包括但不限于以下项目。

①辅导时间。

②辅导机构及辅导工作小组的组成情况。

③接受辅导的人员。

④辅导内容。

⑤辅导方式。

⑥分阶段的辅导计划和实施方案。

（5）发行人接受上市辅导的公告（原件）。

（6）辅导协议（原件）。

（7）辅导机构开展辅导业务的相关工作制度、参与辅导工作的中介机构（辅导机构、律师事务所、会计师事务所）的营业执照和执业资质证明。参与辅导工作的人员名单、简历、联系电话、通信地址、同期担任辅导工作的公司家数说明及执业资质证明。

若在当年度内曾向浙江证监局提交上述营业执照或执业资质证明，则在同一年度无须重复提交。

（8）发行人董事、监事、财务负责人、董事会秘书及其他高级管理人员名单、职务、简历、联系电话、通信地址。

（9）发行最近一期经审计的财务报告。

（10）证监局认为需要报备的其他材料。

注：上述（3）、（4）、（5）项须在浙江证监局网站进行公示。

七、辅导工作中期进展材料

辅导工作中期进展材料应包括但不限于以下项目。

（1）发行人的主要经营及财务状况。

①发行人业务开展情况、主要客户供应商变化情况等。

②发行人资产状况、收入及利润状况、现金流状况、缴税情况、长期借款和短期借款还本付息情况等（注明数据时限，说明与辅导备案、上次中期进展材料数据的衔接）。

（2）发行人目前存在的主要问题及解决措施。

①上一阶段问题的解决情况。

②目前存在的主要问题。

③主要问题的解决措施及时间安排。

（3）本阶段辅导工作进展情况，内容至少包括以下几项。

①辅导时间。

②辅导工作小组的组成及变动情况。

③接受辅导的人员。

④辅导计划的执行情况。

（4）下一阶段的辅导工作重点。

（5）发行人对辅导机构辅导工作的评价意见。

（6）辅导机构对发行人配合辅导工作开展的评价意见。

（7）会计师事务所、律师事务所、资产评估机构等其他中介机构对辅导工作的评价意见。

（8）其他需要说明的事项。

注：上述（3）、（4）、（5）、（6）、（7）、（8）项须在浙江证监局网站进行公示。

八、辅导工作总结材料

辅导工作总结材料应包括但不限于以下项目。

（1）辅导验收申请报告（原件）。

（2）辅导机构、会计师事务所、律师事务所等中介机构内核通过的相关证明。

（3）招股说明书、审计报告、律师工作报告、辅导机构内核意见及反馈等材料。

（4）发行人主要问题的核查及解决情况、发行人尚存在的问题及是否符合发行上市的评价意见。

（5）辅导工作总结报告包括以下几项。

①辅导时间。

②辅导机构及辅导工作小组的组成情况。

③接受辅导的人员。

④辅导内容。

⑤辅导方式。

⑥辅导计划及实施方案的执行情况。

⑦辅导机构对辅导人员勤勉尽责及辅导效果的自我评估。

（6）发行人对辅导机构辅导工作的评价意见。

（7）辅导机构对发行人配合辅导工作开展的评价意见。

（8）会计师事务所、律师事务所、资产评估机构等其他中介机构对辅导工作的评价意见。

（9）发行人、辅导机构相关承诺。

①发行人及其控股股东、实际控制人（或其法定代表人）、董事、监事、高级管理人员等相关责任主体出具公开承诺。

发行人明确其作为信息披露第一责任人，应当及时向中介机构提供真实、完整、准确的财务会计资料和其他资料，全面配合中介机构开展辅导工作。

发行人及其控股股东、实际控制人（或其法定代表人）、董事、监事、高级管理人员等相关责任主体应明确其权利和义务，明确其违背义务须承担的法律责任。

②辅导机构出具公开承诺：其在辅导工作中，已严格履行法定职责，对发行人的相关业务资料进行核查验证，确保所出具的相关专业文件真实、准确、完整、及时。

注：上述（5）、（6）、（7）、（8）、（9）项须在浙江证监局网站进行公示。

2021 年 4 月 30 日，为落实《国务院关于进一步提高上市公司质量的意见》（国发〔2020〕14 号）要求，进一步规范辅导相关工作，充分发挥派出机构一线监管职能，压实中介机构责任，从源头提高上市公司质量，积极为稳步推进全市场注册制改革创造条件，依据《公司法》《证券法》《证券发行上市保荐业务管理办法》《中国证监会派出机构监管职责规定》等有关规定，证监会起草了《首次公开发行股票并上市辅导监管规定》，目前正在向社会公开征求意见。

第 2 章　尽职调查

一、概述

尽职调查是指中介机构对发行人进行全面调查，以充分了解发行人的经营情况和面临的风险及问题，并有充分理由确信发行人符合《公司法》《中华人民共和国证券法》（以下简称《证券法》）等法律法规和证监会规定的发行条件，确信发行人申请文件和公开发行募集文件真实、准确、完整。IPO 尽职调查工作贯穿上市工作的始终，尽职调查的主体是各中介机构，包括保荐机构、律师事务所、会计师事务所、评估机构等。各中介机构应根据其相关行业的规定和主管机关的要求独立进行尽职调查。

会计师需要根据《中国注册会计师审计准则》《企业会计准则》《公开发行证券的公司信息披露编报规则第 15 号——财务报告的一般规定》对发行人的财务情况进行尽职调查。律师需要根据《律师事务所从事证券法律业务管理办法》《公开发行证券公司信息披露的编报规则第 12 号——公开发行证券的法律意见书和律师工作报告》等进行尽职调查，在律师工作报告中详尽、完整地阐述所履行的尽职调查情况，在法律意见书中所发表意见或结论的依据、进行有关核查验证的过程、所涉及的必要资料或文件。保荐机构需要按照《保荐人尽职调查工作准则》等要求进行尽职调查，在此基础上形成发行保荐书和保荐工作报告，同时建立尽职调查工作底稿。工作底稿应真实、准确、完整地反映尽职调查工作。

保荐机构及保荐代表人承担保荐责任，为证券发行上市制作并出具有关文件的律师事务所、会计师事务所、资产评估机构等证券服务机构及其签字人员，应配合保荐机构及其保荐代表人履行保荐职责。在各中介机构中，保荐机构的尽职调查内容最详尽和全面，保荐机构不仅要独立进行尽职调查，还需要复核其他中介机构专业意见的内容。《保荐人尽职调查工作准则》规定，对发行人公开发行募集文件中无中介机构及签名人员专业意见支持的内容，保荐人应当在获得充分的尽职调查证据并对各种证据进行综合分析的基础上进行独立判断。对发行人公开发行募集文件中有中介机构及签名人员出具专业意见的内容，保荐人应当结合尽职调查过程中获得的信息对专业意见的内容进行审慎核查。

二、尽职调查内容

尽职调查的内容包括所有涉及发行条件或对投资者作出投资决策有重大影响的信息，主要包括以下信息。

1. 发行人基本情况调查

发行人基本情况调查包括：改制与设立情况；历史沿革情况；发起人、股东的出资情况；重大股权变动情况；重大重组情况；主要股东情况；员工情况；独立情况；内部职工股等情况；商业信用情况。

2. 业务与技术调查

业务与技术调查包括：行业情况及竞争状况；采购情况；生产情况；销售情况；核心技术人员、技术与研发情况。

3. 同业竞争与关联交易调查

同业竞争与关联交易调查包括：同业竞争情况；关联方及关联交易情况。

4. 高级管理人员调查

高级管理人员（简称为高管）调查包括：高级管理人员任职及任职资格；高级管理人员的简历及操守；高级管理人员胜任能力和勤勉尽责；高级管理人员薪酬及兼职情况；高级管理人员在报告期内变动情况；高级管理人员是否具备上市公司高级管理人员的资格；高级管理人员持股及其他对外投资等情况。

5. 组织结构与内部控制调查

组织结构与内部控制调查包括：公司章程及其规范运行情况；组织结构和"三会"运作情况；独立董事制度及其执行情况；内部控制环境；业

务控制；信息系统控制；会计管理控制；内部控制的监督。

6. 财务与会计调查

财务与会计调查包括：财务报告及相关财务资料；会计政策和会计估计；评估报告；内部控制鉴证报告；财务比率分析；销售收入；销售成本与销售毛利；期间费用；非经常性损益；货币资金；应收款项；存货；对外投资；固定资产、无形资产；投资性房地产；主要债务；现金流量；或有负债；合并报表的范围；纳税情况；盈利预测。

7. 业务发展目标调查

业务发展目标调查包括：发展战略；经营理念和经营模式；历年发展计划的执行和实现情况；业务发展目标；募集资金投向与未来发展目标的关系。

8. 募集资金运用调查

募集资金运用调查包括：历次募集资金使用情况；本次募集资金使用情况；募集资金投向产生的关联交易。

9. 风险因素及其他重要事项调查

风险因素及其他重要事项调查包括：风险因素；重大合同；诉讼和担保情况；信息披露制度的建设和执行情况；中介机构执业情况。

三、尽职调查工作底稿

下述内容是保荐机构根据相关规定在发行人处搜集的尽职调查工作底稿的相关资料，一般会根据企业实际情况有所调整。

1. 发行人基本情况调查

需要搜集的发行人的基本情况如表 3-2-1 所示。

表 3-2-1　应搜集的发行人基本情况

序号	应从发行人处搜集的资料
1-1	改制与设立情况
1-1-1	改制前原企业的相关财务资料及审计报告
1-1-2	发行人的改制重组方案，包括业务、资产、债务、人员等的重组安排

续表

序号	应从发行人处搜集的资料
1-1-3	改制时所做的专项审计报告、评估报告、验资报告等
1-1-4	发行人设立时的营业执照、工商登记文件
1-1-5	发起人协议、创立大会文件
1-1-6	发行人设立时的公司章程
1-1-7	改制前原企业资产和业务构成情况的说明
1-1-8	发行人成立时拥有的主要资产和业务情况的说明
1-1-9	发行人成立后主要发起人拥有的主要资产和实际从事业务情况的说明
1-1-10	改制前原企业业务流程、改制后发行人业务流程，以及原企业和发行人业务流程间联系的说明
1-2	历史沿革情况
1-2-1	发行人历次变更的营业执照、历次备案的公司章程以及相关的工商登记文件
1-2-2	发行人成立以来在生产经营方面与主要发起人的关联关系及演变情况的说明
1-3	发起人、股东的出资情况
1-3-1	发行人设立时各发起人的营业执照（或身份证明文件）、财务报告
1-3-2	发行人设立及历次股本变动时的验资报告及验资资料
1-3-3	发行人设立后与股东之间的非交易性资金往来凭证
1-3-4	发行人与股东之间资金占用情况的说明及相关凭证
1-3-5	发起人、股东以实物资产出资时涉及的资产评估报告、审计报告及国有资产评估结果核准或备案文件
1-3-6	发起人、股东以实物资产出资时，涉及的资产产权变更登记资料文件
1-3-7	自然人发起人直接持股和间接持股的有关情况，及其在发行人的任职情况
1-4	重大股权变动情况
1-4-1	重大股权变动涉及股东的内部决策文件（股东大会、董事会、监事会决议等）
1-4-2	发行人审议重大股权变动的股东大会、董事会、监事会决议等
1-4-3	重大股权变动涉及的政府批准文件
1-4-4	重大股权变动涉及的审计报告、评估报告、验资报告、国有资产评估核准或备案文件、国有股权管理文件

序号	应从发行人处搜集的资料
1-4-5	重大股权变动涉及的股权转让协议或增减资协议、债权人同意文件、工商变更登记文件、股权转让价款支付情况说明或支付凭证等
1-4-6	重大股权变动时，其他股东放弃优先购买权的承诺函
1-5	重大重组情况
1-5-1	重大重组涉及的股东大会、董事会、监事会决议，以及独立董事意见
1-5-2	重组协议
1-5-3	政府批准文件
1-5-4	重大重组涉及的审计报告、评估报告、中介机构专业意见、国有资产评估核准或备案文件
1-5-5	重大重组涉及国有资产转让的、国有资产进场交易的文件
1-5-6	债权人同意债务转移的相关文件、重组相关的对价支付凭证和资产过户文件
1-5-7	重大重组对发行人业务、经营业绩、财务状况和管理层影响情况的说明
1-6	控股股东及实际控制人、发起人及主要股东情况
1-6-1	控股股东及实际控制人、发起人及主要股东（拥有 5% 以上股权）为自然人的，提供关于国籍、永久境外居留权、身份证号码以及住所的说明
1-6-2	发行人的组织结构（参、控股子公司，职能部门设置）
1-6-3	主要股东（拥有 5% 以上股权）的营业执照、公司章程、最近一年及一期的财务报告及审计报告
1-6-4	控股股东及实际控制人控制的其他企业的营业执照、公司章程、最近一年及一期的财务报告及审计报告
1-6-5	控股股东及实际控制人、发起人及主要股东持有发行人股份是否存在质押或权属争议情况的说明及相关文件
1-6-6	控股股东及实际控制人、发起人及主要股东及作为股东的董事、监事、高级管理人员作出的重要承诺及其履行情况的说明
1-6-7	发行人关于全部股东名称、持股数量及比例、股份性质的说明
1-6-8	股东中战略投资者持股的情况及相关资料
1-7	发行人控股子公司、参股子公司的情况

续表

序号	应从发行人处搜集的资料
1-7-1	发行人控股子公司、参股子公司的营业执照、公司章程、最近一年及一期的财务报告及审计报告
1-7-2	发行人重要控股子公司、参股子公司的主要其他合作方情况和相关资料
1-8	员工及其独立性情况
1-8-1	关于员工人数及其变化、专业结构、受教育程度、年龄分布的说明
1-8-2	执行社会保障制度、住房制度改革、医疗制度改革情况的说明
1-8-3	劳动合同样本
1-8-4	发行人董事会成员、高级管理人员兼职情况的说明
1-8-5	社会保险证明和相关费用缴纳凭证
1-9	资产权属及其独立性情况
1-9-1	房屋所有权证
1-9-2	土地使用权证
1-9-3	商标、专利、非专利技术、版权、特许经营权等无形资产的权属证明
1-9-3-1	商标
1-9-3-2	专利、知识产权
1-9-3-3	专有技术
1-9-3-4	资质和荣誉证书
1-9-4	资产是否存在被控股股东控制或占用情况的说明
1-10	业务、财务、机构的独立性情况
1-10-1	控股股东、实际控制人及其控制的企业与发行人从事的主要业务与拥有的资产情况
1-10-2	如存在业务交叉，相互占用资产、资源的情况，要特别说明解决措施和效果
1-10-3	控股股东、实际控制人及其控制的企业与发行人的财务部门的设置以及独立运作情况
1-10-4	控股股东、实际控制人及其控制的企业与发行人的采购销售部门的设置及各自运作情况
1-10-5	控股股东、实际控制人及其控制的企业与发行人的基本银行账户开设情况、税务登记证、重要税种的完税凭证

序号	应从发行人处搜集的资料
1-10-6	发行人关于机构独立情况的说明
1-10-7	发行人内部各机构的规章制度
1-11	商业信用情况
1-11-1	重大商务合同及其履行情况
1-11-2	工商、税务、海关、环保、银行等的调查反馈情况
1-11-3	行业监管机构的监管记录和处罚文件（如有）
1-11-4	主要银行给予发行人的授信额度、主要银行信用评级情况以及发行人获得的主要荣誉和奖励
1-12	内部职工股（如适用）
1-12-1	审批文件、募股文件、缴款证明及验资报告
1-12-2	历次转让文件、历年托管证明文件
1-12-3	内部职工股发行中的违法违规情况，包括超范围、超比例、变相增加内部职工股数量、违规转让和交易、法人股个人化等
1-12-4	内部职工股潜在问题和风险隐患
1-12-5	股份形成及演变的法律文件，包括相关的工商登记资料、三会文件
1-12-6	内部职工股清理的决策文件、相关协议、价款支付凭证
1-12-7	省级人民政府对发行人内部职工股托管情况及真实性的确认文件

2. 业务与技术调查

需要搜集的发行人业务与技术资料如表 3-2-2 所示。

表 3-2-2　应搜集的发行人业务与技术资料

序号	应从发行人处搜集的资料
2-1	行业情况及竞争状况
2-1-1	行业主管部门制定的发展规划、行业管理方面的法律法规及规范性文件
2-1-2	行业研究资料、行业杂志、行业分析报告
2-1-3	行业专家意见、行业协会意见、主要竞争对手意见
2-1-4	国家有关产业政策及发展纲要
2-1-5	通过公开渠道获得的主要竞争对手资料

序号	应从发行人处搜集的资料
2-2	采购情况
2-2-1	行业和发行人采购模式的说明文件
2-2-2	与原材料、辅助材料以及能源动力供求相关的研究报告和统计资料
2-2-3	发行人过往三年的采购情况以及成本变动分析
2-2-4	主要供应商（至少前 10 名）的各自采购额占年度采购总额的比例说明
2-2-5	与主要供应商（至少前 10 名）的长期供货合同
2-2-6	发行人关于采购来源以及价格稳定性的说明
2-2-7	与采购相关的管理制度、存货管理制度及其实施情况
2-2-8	发行人关于关联采购情况的说明
2-2-9	董事、监事、高级管理人员和核心技术人员、主要关联方或持有发行人 5% 以上股份的股东在主要供应商中所占权益的说明
2-3	生产情况
2-3-1	行业和发行人生产模式的说明文件
2-3-2	主要产品或服务的用途
2-3-3	主要产品的工艺流程图或服务的流程图
2-3-4	发行人关于生产工艺、技术在行业中领先程度的说明
2-3-5	主要产品的设计生产能力和历年产量有关资料
2-3-6	房产、主要设备等资产的占有与使用情况
2-3-7	房屋、土地、设备租赁合同
2-3-8	如发行人存在设备、房产、土地抵押贷款的情形，则应说明借款合同及还款情况
2-3-9	关键设备、厂房等重要资产的保险合同或其他保障协定
2-3-10	无形资产的相关许可文件
2-3-11	发行人许可或被许可使用资产的合同文件
2-3-12	发行人拥有的特许经营权的法律文件
2-3-13	境外拥有资产的情况说明及重要境外资产的权属证明
2-3-14	质量控制制度文件
2-3-15	质量技术监督部门出具的证明文件

续表

序号	应从发行人处搜集的资料
2-3-16	安全生产及以往安全事故处理等方面的资料
2-3-17	生产工艺是否符合环境保护相关法规的说明
2-3-18	历年来在环境保护方面的投入及未来可能的投入情况的说明
2-4	销售情况
2-4-1	行业和发行人销售模式的说明文件
2-4-2	销售合同（包括关联销售合同）、销售部门对销售退回的处理意见等资料
2-4-3	权威市场调研机构关于销售情况的报告
2-4-4	主要产品市场的地域分布和市场占有率的资料
2-4-5	报告期按区域分布的销售记录
2-4-6	报告期中主要客户（至少前 10 名）的销售额占年度销售总额的比例及回款情况
2-4-7	与主要客户（至少前 10 名）的销售合同
2-4-8	会计期末销售收入异常增长情况的收入确认凭证
2-4-9	报告期产品返修率、客户诉讼和产品质量纠纷等方面的资料
2-4-10	重大关联销售情况的说明
2-4-11	董事、监事、高级管理人员和核心技术人员、主要关联方或持有发行人 5% 以上股份的股东在主要客户中所占权益的说明
2-5	核心技术人员、技术与研发情况
2-5-1	研发体制、研发机构设置、激励制度、研发人员资历等资料
2-5-2	技术许可协议、技术合作协议
2-5-3	核心技术的取得及使用是否存在纠纷或潜在纠纷及侵犯他人知识产权的情形的说明
2-5-4	与非专利技术相关的保密制度及其与核心技术人员签订的保密协议
2-5-5	主要研发成果、在研项目、研发目标及研发费用投入情况的说明

3. 同业竞争与关联交易调查

需要搜集的发行人的同业竞争与关联交易资料如表 3-2-3 所示。

表 3-2-3 应搜集的发行人同业竞争与关联交易资料

序号	应从发行人处搜集的资料
3-1	同业竞争情况
3-1-1	发行人改制重组方案
3-1-2	发行人、控股股东或实际控制人及其控制的企业的营业执照以及主营业务情况的说明
3-1-3	控股股东、实际控制人及其控制的企业关于避免同业竞争的承诺函
3-2	关联方及关联交易情况
3-2-1	主要关联方的工商登记资料
3-2-2	关联交易管理制度
3-2-3	与关联交易相关的会议资料
3-2-4	关联交易协议
3-2-5	发行人高级管理人员及核心技术人员是否在关联单位任职，以及领取薪酬的情况说明
3-2-6	与关联交易相关的独立董事意见
3-2-7	关联交易在销售或采购中占比及其对发行人经营独立性的影响
3-2-8	关联交易相应的应收、应付款项占发行人应收、应付款项的比例
3-2-9	关联交易必要性、持续性、真实性的说明
3-2-10	经常性和偶发性关联交易及其对发行人长期持续运营的影响
3-2-11	与关联交易相关的同类交易的市场价格数据
3-2-12	发行人关于减少关联交易的措施说明

4. 董事、监事、高级管理人员及核心技术人员调查

需要搜集的发行人中的相关人员的资料如表 3-2-4 所示。

表 3-2-4 应搜集的相关人员的资料

序号	应从发行人处搜集的资料
4-1	任职及任职资格
4-1-1	与任职情况及资格有关的三会文件
4-1-2	董事、监事、高级管理人员及核心技术人员相互之间是否存在亲属关系的说明

序号	应从发行人处搜集的资料
4-1-3	监管部门对上述人员任职资格的批准或备案文件
4-2	简历及操守
4-2-1	董事、监事、高级管理人员及核心技术人员的简历
4-2-2	发行人关于董事、监事、高级管理人员及核心技术人员是否存在违规行为的说明
4-2-3	发行人与高级管理人员所签订的协议或承诺以及履行情况
4-3	胜任能力和勤勉尽责
4-3-1	董事、监事、高级管理人员及核心技术人员曾担任高级管理人员的其他公司的规范运作情况以及该公司经营情况
4-3-2	董事、监事、高级管理人员及核心技术人员在发行人投入的时间的说明以及相关的三会及总经理办公会纪要或记录
4-4	薪酬及兼职
4-4-1	与薪酬情况相关的三会文件
4-4-2	关于是否存在兼职情况的说明
4-4-3	从关联方领取报酬以及享受其他待遇情况的说明
4-5	报告期内变动情况
4-5-1	报告期内与董事、监事、高级管理人员及核心技术人员变动相关的三会文件
4-6	持股及其他对外投资等情况
4-6-1	董事、监事、高级管理人员及核心技术人员就持股及其他对外投资情况发出的声明文件
4-6-2	董事、监事、高级管理人员及核心技术人员及其直系亲属是否存在自营或为他人经营与发行人同类业务的情况及声明文件
4-6-3	董事、监事、高级管理人员及核心技术人员及其直系亲属是否存在与发行人利益发生冲突的对外投资，是否存在重大债务负担及声明文件
4-6-4	董事、监事、高级管理人员及核心技术人员是否涉及诉讼、是否有到期未偿还债务等情况的声明及相关资料

5. 组织机构与内部控制调查

需要搜集的发行人的组织机构与内部控制资料如表 3-2-5 所示。

表 3-2-5　应搜集的组织机构与内部控制资料

序号	应从发行人处搜集的资料
5-1	公司章程及其规范运行情况
5-1-1	与公司章程历次修改相关的三会文件、公司章程进行工商变更登记的资料
5-1-2	发行人就其三年内没有存在违法违规行为发出的明确的书面声明
5-2	组织结构和三会运作情况
5-2-1	组织结构及关于部门职能描述的文件
5-2-2	公司治理制度，包括三会议事规则、董事会专门委员会议事规则、董事会秘书制度、总经理工作制度、内部审计制度等文件资料
5-2-3	历次三会的会议文件，包括书面通知副本、会议记录、会议决议等
5-2-3-1	股东大会资料
5-2-3-2	董事会资料
5-2-3-3	监事会资料
5-3	独立董事制度及其执行情况
5-3-1	独立董事简历及任职资格说明
5-3-2	独立董事制度
5-3-3	独立董事发表的意见
5-4	内部控制环境
5-4-1	有助于分析发行人内部控制环境的董事会、总经理办公会等会议记录
5-4-2	各项业务及管理规章制度
5-5	业务控制
5-5-1	发行人关于各类业务的控制标准、控制措施的相关制度规定
5-5-2	发行人存在因违反工商、税务、审计、环保、海关、劳动保护等部门的相关规定而受到处罚的情况说明（如有）
5-6	信息系统控制
5-6-1	信息系统控制相关的业务规章制度

续表

序号	应从发行人处搜集的资料
5-7	会计管理控制
5-7-1	会计管理的相关资料（包括但不限于会计制度、会计人员培训制度等）
5-8	内部控制的监督
5-8-1	内部审计报告、监事会报告
5-8-2	发行人管理层对内部控制完整性、合理性及有效性的自我评价书面意见
5-8-3	发行人内部审计稽核部门设置情况及相关内部审计制度
5-9	股东资金占用情况
5-9-1	发行人关于最近三年是否存在资金被控股股东、实际控制人及其控制的其他企业占用情况的说明及相关资料
5-9-2	发行人关于是否为控股股东、实际控制人及其控制的其他企业担保的说明及相关资料

6. 财务与会计调查

需搜集的发行人的财务与会计资料如表 3-2-6 所示。

表 3-2-6　应搜集的财务与会计资料

序号	应从发行人处搜集的资料
6-1	最近三年的财务资料
6-1-1	最近三年及一期经审计的财务报告及原始财务报表
6-1-2	下属子公司最近三年及一期的财务报告或原始财务报表
6-1-3	披露的参股子公司最近一年及一期的财务报表及审计报告
6-1-4	如发行人最近一年及一期内收购兼并其他企业资产（或股权），且被收购企业资产总额或营业收入或净利润超过收购前发行人相应项目 20%（含 20%），需要被收购企业收购前一年的利润表并核查其财务状况
6-1-5	如接受过国家审计，需要该等审计报告
6-1-6	对财务资料中重点事项进行调查，复核或进行专项核查的相关资料
6-1-6-1	对发行人及子公司收入真实性的核查
6-1-6-2	对发行人及子公司采购真实性的核查

续表

序号	应从发行人处搜集的资料
6-1-7	报告期内发行人对子公司的合并日（收购日）的确定（如适用）
6-1-8	报告期内发行人子公司的合并日（收购日）及上一会计期末基本财务信息（如适用）
6-1-9	报告期内注销子公司基本财务信息（如适用）
6-2	评估报告
6-2-1	公司设立（含有限责任公司改制期间）及报告期内历次资产评估报告
6-2-2	公司设立（含有限责任公司改制期间）及报告期内历次土地评估报告
6-2-3	其他评估报告（矿产、房地产开发存货等）
6-3	内部控制制度
6-3-1	公司管理层对内部控制完整性、合理性及有效性的自我评估
6-3-2	注册会计师对内部控制的鉴证意见
6-3-3	注册会计师关于内部控制的整改建议及发行人的整改措施
6-4	销售收入
6-4-1	发行人收入的产品构成、地域构成明细表
6-4-1-1	报告期内公司营业收入构成及其变化情况
6-4-1-2	对销售收入和销售回款情况的核查
6-4-1-3	对销售金额、销售量真实性情况的核查
6-4-1-4	分类别简要介绍各项收入的业务模式和对应的财务核算方法
6-4-2	发行人主要产品报告期价格变动的资料
6-4-3	报告期主要产品的销量变化资料
6-4-4	报告期主要产品的成本明细表
6-4-5	补贴收入的批复或相关证明文件
6-4-6	报告期营业外收入明细表
6-4-7	对主要客户的函证文件（结合应收账款一同函证）
6-4-8	金额较大的营业外支出
6-4-9	资产减值损失
6-4-10	所得税费用

序号	应从发行人处搜集的资料
6-4-11	利润敏感性分析
6-5	期间费用
6-5-1	报告期销售费用明细表
6-5-2	报告期管理费用明细表
6-5-3	报告期财务费用明细表
6-5-4	经注册会计师验证的发行人报告期加权平均净资产收益率和非经常性损益明细表
6-6	发行人银行账户资料
6-6-1	财务人员调查问卷
6-6-2	基本户银行开户许可证
6-6-3	银行账户开立清单
6-6-4	企业信用报告（详细版）
6-6-5	报告期各银行对账单原件
6-6-6	银行函证原件（保荐机构需对各账户期末余额进行单独发函）
6-7	应收款项
6-7-1	报告期应收款项明细表和账龄分析表（包含应收账款及其他应收款）
6-7-2	主要债务人及主要逾期债务人名单
6-7-3	与应收款项相关的销售合同（最近三年及一期）
6-7-4	应收持发行人 5% 及以上表决权股份的股东账款情况
6-7-5	应收账款函证原件
6-8	存货明细表及构成分析
6-8-1	报告期发行人及子公司期末存货明细表
6-8-2	报告期发行人及子公司各期末存货盘点资料
6-8-3	分类别简要介绍各项存货成本核算流程
6-9	重要的对外投资
6-9-1	被投资公司的营业执照
6-9-2	被投资公司报告期的财务报告
6-9-3	投资协议
6-9-4	被投资公司的审计报告

序号	应从发行人处搜集的资料
6-9-5	报告期发行人购买或出售被投资公司股权时的财务报告、审计报告及评估报告
6-9-6	重大委托理财的相关合同
6-9-7	重大项目的投资报告
6-9-8	发行人内部关于投资的批准文件
6-10	固定资产的折旧明细表和减值准备明细表，报告期内其他流动资产、长期待摊费用明细表
6-11	主要债务
6-11-1	银行借款合同
6-11-2	委托贷款合同
6-11-3	应付持发行人 5% 及以上表决权股份的股东账款情况
6-11-4	报告期应付账款明细表、账龄分析表
6-11-5	报告期应付票据明细表
6-11-6	报告期预收账款明细表、账龄分析表
6-11-7	报告期其他应付款明细表、账龄分析表
6-12	纳税情况
6-12-1	报告期的纳税申报表
6-12-2	发行人历史上所有关于税务争议、滞纳金缴纳、重大关税纠纷的详细情况、有关文件及信函
6-12-3	发行人及各控股子公司的所有纳税凭证
6-12-4	发行人享有税收优惠的有关政府部门的批复
6-12-5	报告期内增值税即征即退申请文件
6-12-6	当地税务部门出具的关于发行人报告期内纳税情况的证明文件
6-12-7	报告期应交税费明细表
6-13	无形资产摊销和减值情况
6-14	报告期内发行人主要财务指标情况表
6-15	报告期内重大会计差错更正情况
6-16	报告期内重大会计政策、估计变更情况
6-17	报告期内发行人管理层关于商誉减值测试情况说明

序号	应从发行人处搜集的资料
6-18	盈利预测报告
6-19	境内外报表差异调节表（如适用）
6-20	历次验资报告

7. 业务发展目标调查

需搜集的发行人业务发展目标资料如表 3-2-7 所示。

表 3-2-7　应搜集的业务发展目标资料

序号	应从发行人处搜集的资料
7-1	发展战略
7-1-1	中长期发展战略规划资料
7-1-2	战略委员会会议纪要
7-1-3	独立董事意见
7-2	发行人历年发展计划及年度报告
7-3	业务发展目标
7-3-1	未来二至三年的发展计划
7-3-2	业务发展目标相关文件
7-3-3	制定业务发展目标的依据性文件
7-3-4	业务发展目标与现有业务的关系
7-3-5	募集资金投向与业务发展目标的关系

8. 募集资金运用调查

需要搜集的发行人的募集资金运用资料如表 3-2-8 所示。

表 3-2-8　应搜集的募集资金运用资料

序号	应从发行人处搜集的资料
8-1	本次募集资金运用的相关资料
8-1-1	可行性研究报告
8-1-2	本次募集资金运用的股东大会、董事会的议案、决议和会议纪要
8-1-3	涉及本次募集资金项目有关主管部门的批复或相关核准及备案文件

续表

序号	应从发行人处搜集的资料
8-1-4	本次募集资金投向涉及安全、环保等需相关政府部门出具的批复
8-1-5	如收购资产的，应获得拟收购资产的财务报告、审计报告、资产评估报告及收购协议
8-1-6	如收购的资产为在建工程，则需要相关工程资料及收购协议
8-1-7	拟增资或收购的企业最近一年及一期经具有证券从业资格的会计师事务所审计的资产负债表和利润表
8-2	历次募集资金验资、使用情况的相关资料（如适用）
8-2-1	发行人关于历次募集资金运用情况的说明
8-2-2	会计师出具的专项报告以及募集资金运用项目的核算资料
8-2-3	历次募集资金投向变更的相关决策文件
8-2-4	变更后项目的核准或备案文件
8-2-5	历次募集资金的验资报告
8-3	发行人关于募集资金运用对财务状况及经营成果影响的详细分析
8-4	关于建立募集资金专项存储、使用的文件
8-4-1	关于募集资金专项管理的相关制度文件
8-4-2	募集资金专项账户的开户证明、使用情况的说明
8-5	募集资金投向产生的关联交易
8-5-1	关联方资料
8-5-2	评估报告和审计报告
8-5-3	项目合作协议及合资公司设立文件

9. 风险因素及其他重要事项调查

需要搜集的发行人的风险因素及其他重要事项资料如表3-2-9所示。

表 3-2-9　应搜集的风险因素及其他重要事项资料

序号	应从发行人处搜集的资料
9-1	既往经营业绩发生重大变动或历次重大事件的相关资料
9-2	重大合同（包括已履行完毕但属于报告期内且对发行人有重要影响的合同）
9-3	诉讼和担保情况

序号	应从发行人处搜集的资料
9-3-1	与重大诉讼或仲裁事项相关的合同、协议，法院或仲裁机构受理的相关文件
9-3-2	所有对外担保（包括抵押、质押、保证等）合同

10. 股利分配情况调查

需要搜集的发行人的股利分配也是重要的一步，资料如表 3-2-10 所示。

表 3-2-10　应搜集的股利分配资料

序号	应从发行人处搜集的资料
10-1	最近三年的股利分配政策
10-2	发行人关于实际股利分配情况的说明
10-3	发行人关于发行后股利分配政策的说明
10-4	相关三会文件

四、尽职调查核查方式

保荐机构应按照《关于进一步加强保荐机构内部控制有关问题的通知》《关于保荐项目重要事项尽职调查情况问核表》要求，就其中的重点事项进行核查。具体如表 3-2-11 所示。

表 3-2-11　尽职调查核查事项和核查方式

序号	核查事项	核查方式
1	发行人行业排名和行业数据	查阅行业研究资料、行业杂志、行业分析报告；查阅同行业竞争对手的公开资料
2	发行人主要供应商、经销商情况	对发行人主要客户、经销商和供应商函证或实地走访，并对其业务负责人进行访谈，取得主要客户和供应商的工商登记档案资料并通过互联网查阅相关资料；对发行人的主要股东、董事、监事、高级管理人员等进行访谈

序号	核查事项	核查方式
3	发行人环保情况	实地走访发行人主要经营所在地，核查业务过程中的污染情况，了解发行人环保支出及环保设施的运转情况；查阅发行人项目建设及运营的环保文件及政府批复；走访发行人主要经营所在地环保部门；取得募投项目环保批文
4	发行人拥有或使用专利情况	在国家知识产权局网站查询，实地走访并取得国家知识产权局出具的专利确认证明
5	发行人拥有或使用商标情况	取得发行人拥有或使用的商标证书，通过网站查询的方式进行核查
6	发行人拥有或使用计算机软件著作权情况	取得发行人拥有或使用的计算机软件著作权证书，通过中国版权保护中心等网站查询的方式进行核查
7	发行人拥有或使用集成电路布图设计专有权情况	访谈发行人管理人员，通过网站查询的方式进行核查
8	发行人拥有采矿权和探矿权情况	访谈发行人管理人员，通过网站查询的方式进行核查
9	发行人拥有特许经营权情况	访谈发行人管理人员，通过网站查询的方式进行核查
10	发行人拥有与生产经营相关资质情况（如生产许可证、安全生产许可证、卫生许可证等）	取得发行人拥有或使用的资质证书，通过国家部委网站查询的方式进行核查
11	发行人违法违规情况	取得发行人及子公司所在地相关政府部门无违法违规证明，包括发行人及子公司经营所在地的工商、税务、质监、劳动、社保、消防、住房公积金、住建、测绘、国土、安监、银监、外管等政府部门；走访发行人及子公司所在地主要政府主管部门
12	发行人关联方披露情况	取得关联方工商登记资料；对发行人的主要股东、董事、监事、高级管理人员等进行关联关系访谈，核查相关当事人调查表；实地走访工商部门及主要关联企业

续表

序号	核查事项	核查方式
13	发行人与本次发行有关的中介机构及其负责人、高级管理人员、经办人员存在股权或权益关系情况	对发行人、发行人主要股东的负责人、高级管理人员、经办人员进行访谈；取得由发行人及与本次公开发行相关的中介机构出具的承诺函
14	发行人控股股东、实际控制人直接或间接持有发行人股权质押或争议情况	取得发行人控股股东、实际控制人持有发行人股份不存在质押或权属争议情况的调查表及访谈记录；走访工商行政管理局并对相关人员进行访谈
15	发行人重要合同情况	走访主要供应商、客户，取得关于交易主要细节的访谈提纲；向主要供应商、客户进行函证，确认交易情况的真实性
16	发行人对外担保情况	走访及函证银行；取得并核对发行人基本信用信息报告；核查发行人的重要合同
17	发行人曾发行内部职工股情况	通过与相关当事人当面访谈的方式进行核查，并取得由发行人出具的承诺
18	发行人曾存在工会、信托、委托持股情况	通过与相关当事人当面访谈的方式进行核查，并取得由发行人出具的承诺
19	发行人涉及诉讼、仲裁情况	在中国裁判文书网进行查询，取得相关部门出具的合规证明，并实地走访相关法院及仲裁机构
20	发行人实际控制人、主要董事、监事、高级管理人员、核心技术人员涉及诉讼、仲裁情况	在中国执行信息公开网进行查询；取得相关当事人的调查表，并实地走访相关法院及仲裁机构，核查实际控制人、主要董事、监事、高级管理人员、核心技术人员涉及诉讼或仲裁情况
21	发行人董事、监事、高级管理人员遭受行政处罚、交易所公开谴责、被立案侦查或调查情况	取得相关当事人的调查表，并通过与相关当事人访谈、登陆有关主管部门网站或互联网搜索方式进行核查
22	发行人律师、会计师出具的专业意见	获取律师、会计师出具的相关文件，与招股说明书等文件进行核对，核查是否存在实质性差异；对重要事项，核查律师、会计师的工作底稿，获取相关复印件

序号	核查事项	核查方式
23	发行人会计政策和会计估计	查阅发行人历年经审计财务报告及会计政策等资料，对发行人财务负责人、签字会计师进行访谈，并取得发行人的说明
24	发行人销售收入情况	走访重要客户、主要新增客户、销售金额变化较大客户等；对主要客户进行函证，通过上述方法核查发行人的客户项目金额、业务量的真实性；抽查项目合同、交接单据、验收单据、款项收回情况及相应账务处理记录
25	发行人销售成本情况	走访重要供应商、新增供应商和采购金额变化较大供应商等；取得主要供应商的工商登记资料；对主要供应商发询证函；核查发行人当期采购金额和采购量的完整性和真实性；翻阅原始订单、凭证，对重要项目服务采购价格与市场价格进行对比分析；抽查大额采购决策文件、采购合同、质控记录、验收单据、结算单、商业票据、款项支付、审批程序及相应账务处理记录；重点核查报告期内新增供应商，核查其服务合同或委托书，并将其服务采购价格与市场价格进行比对
26	发行人期间费用情况	审阅发行人期间费用明细表，并核查期间费用的完整性、合理性，以及存在异常的费用项目；对期间费用变动合理性进行分析
27	发行人货币资金情况	查询发行人及其子公司的银行账户资料、取得发行人基本信用信息报告；走访主要银行，并进行询证；获取并核查主要账户的银行对账单及银行日记账，抽查货币资金明细账、翻阅原始凭证；对比大额资金往来与采购付款、销售收款记录的一致性
28	发行人应收账款情况	查阅主要债务人名单及应收账款余额情况，通过对客户进行实地走访及函证予以确认；翻阅原始凭证及核对银行对账单，抽查应收账款收回情况
29	发行人存货情况	对存货与员工薪酬、采购金额、应付账款、预付账款、预收账款的匹配关系进行分析，并在实地走访过程中确认项目信息及采购金额；取得发行人存货明细表，实地抽盘大额存货

续表

序号	核查事项	核查方式
30	发行人固定资产情况	获取发行人报告期各期固定资产明细账；观察主要固定资产的运行状况；检查固定资产的真实性
31	发行人银行借款情况	走访并函证发行人及其子公司主要借款银行，核查借款情况；取得并核对发行人及其子公司基本信用信息报告；了解发行人及其子公司信用状况
32	发行人应付票据情况	核查主要供应商合同、付款凭证及合同执行情况
33	发行人税收缴纳情况	走访税务部门，核对税务部门出具的无违法违规证明；取得发行人及其子公司报告期内所得税纳税申报表，与审计报告等数据进行核对；取得相关所得税纳税凭证
34	关联交易定价公允性情况	走访主要关联方；取得并核对其工商资料和财务资料；对主要关联方负责人进行访谈；取得并核对关联交易合同；取得并核对关联方定价依据；翻阅和关联交易有关的原始凭证
35	发行人从事境外经营或拥有境外资产情况	取得发行人实际控制人的调查表；取得并核对发行人工商资料及财务资料；取得发行人境外参股股权的登记材料、境外律师出具的法律意见书
36	发行人控股股东、实际控制人为境外企业或居民	取得发行人实际控制人的调查表及护照；取得并核对发行人工商资料
37	发行人是否存在关联交易非关联化的情况	走访主要关联方；取得并核对其工商资料和财务资料；对主要关联方负责人进行访谈；取得并核对关联交易合同；取得并核对关联方定价依据；翻阅和关联交易有关的原始凭证

序号	核查事项	核查方式
38	发行人收入构成及变化情况是否符合行业和市场同期的变化情况；发行人产品或服务价格、销量及变动趋势与市场上相同或相近产品或服务的信息及其走势相比是否存在显著异常	（1）取得发行人报告期内收入构成及变动情况，针对异常情况进行分析性复核 （2）了解行业和市场同期的基本情况，对比发行人情形是否符合行业情况 （3）了解业务取得的行业规定及法律（50万元以上项目通常要履行招投标程序），逐笔核查报告期内50万元以上项目的取得程序，对于未履行招投标程序的项目进一步分析合理性，通过走访或发函进行确认 （4）抽查项目的合同/委托、销售发票等资料，并对重要客户进行走访，了解交易背景，以核查收入的真实性 （5）通过对报告期内资产负债表日前后确认的销售收入进行收入截止性测试，核查发行人有无跨期确认收入或虚计收入的情况
39	不同销售模式对发行人收入核算的影响；发行人收入确认标准是否符合企业会计准则的规定，是否与行业惯例存在显著差异及原因；发行人合同收入确认时点的恰当性，是否存在提前或延迟确认收入的情况	（1）通过查阅同行业可比公司的公开转让说明书、招股说明书、年报等资料，了解行业特征、主要销售模式、行业收入确认的一般原则，取得发行人的收入确认政策、定价政策、信用政策的相关文件，结合发行人确认收入的具体标准，判断发行人收入确认具体标准是否符合企业会计准则的要求 （2）抽查项目合同/委托，核查主要条款及附加条款、定价政策以及结算方式，结合企业会计准则中收入确认的条件，判断发行人的收入确认时点与其销售模式是否相匹配、是否符合企业会计准则要求 （3）查阅相关收入确认凭证，判断是否属于虚开发票、虚增收入的情形。访谈了解客户所购服务的合理用途，核查客户的付款能力和货款回收的及时性，以及供应商的真实性和供货来源 （4）取得资产负债表日后银行存款明细账和往来款明细账，对期后收款情况进行核查 （5）核对不同模式下营业收入的披露情况与实际情况的一致性

序号	核查事项	核查方式
40	发行人主要客户及变化情况，与新增和异常客户交易的合理性及持续性，会计期末是否存在突击确认销售以及期后是否存在大量销售退回的情况；发行人主要合同的签订及履行情况，发行人各期主要客户的销售金额与销售合同金额是否匹配；报告期发行人应收账款主要客户与发行人主要客户是否匹配，新增客户的应收账款金额与其营业收入是否匹配；大额应收款项是否能够按期收回以及期末收到的销售款项是否存在期后不正常流出的情况	（1）取得并审阅发行人主要客户清单，了解客户变动情况及变动原因 （2）核查发行人与客户之间是否存在关联方关系，通过查阅书面资料、实地走访、函证、核对工商部门提供的资料等方式核查客户的业务能力与自身规模是否相符，核查发行人和客户的实际控制人及关键经办人员的情况，并与已经取得的申报期内发行人实际控制人、董事、监事、高级管理人员关系密切的家庭成员名单相互核对和印证 （3）对新增客户和收入存在明显增长的客户，抽查项目合同/委托、销售发票等资料，并对其中的重要客户进行走访，了解交易背景，以核查收入的真实性 （4）核查销售额增长显著的主要客户的收入确认、约定的支付方式 （5）通过查阅发行人资产负债表日前后的项目收入成本明细表、银行明细账，核查年末是否存在大额销售收入确认，年初是否存在项目成本、大额款项不正常流出的情况 （6）通过对报告期内资产负债表日前后确认的销售收入进行收入截止性测试，核查发行人有无跨期确认收入或虚计收入的情况 （7）核查发行人与主要客户签订的项目合同/委托，核查服务内容、价格、数量、质量要求、付款方式等 （8）取得发行人报告期应收账款明细账，将应收账款对应的主要客户与发行人主要客户进行比对，将新增客户的应收账款金额与其营业收入进行比对，核查是否匹配 （9）取得发行人报告期大额应收款项明细表，了解各期末收回情况

续表

序号	核查事项	核查方式
41	发行人是否利用与关联方或其他利益相关方的交易实现报告期收入的增长；报告期关联销售金额及占比大幅下降的原因及合理性，是否存在隐匿关联交易或关联交易非关联化的情形	（1）核查发行人报告期是否存在关联销售金额及占比大幅下降的情形 （2）核查发行人、股东、董事、监事、高级管理人员的关联方，取得关联方的工商资料或调查表 （3）访谈发行人的部分关联方，了解其与发行人客户的关联关系 （4）核查主要客户的工商登记资料，走访主要客户了解其与发行人及其关联方的关联关系
42	发行人主要原材料和能源的价格及其变动趋势与市场上相同或相近原材料和能源的价格及其变动趋势相比是否存在显著异常；报告期各期发行人主要原材料及单位能源耗用与产能、产量、销量之间是否匹配；报告期发行人料、工、费的波动情况及其合理性	取得发行人报告期内主营业务收入成本明细表，了解各类业务成本的构成及变动情况，并与当期收入数据进行比对，核查有无异常波动情形
43	发行人成本核算方法是否符合实际经营情况和企业会计准则的要求；报告期成本核算的方法是否保持一贯性	（1）了解报告期内发行人生产经营各环节成本核算方法和步骤 （2）取得发行人报告期各类业务的成本明细表，了解各类业务成本及构成情况，核查相关明细账和凭证 （3）访谈发行人财务负责人以及审计机构签字注册会计师

续表

序号	核查事项	核查方式
44	发行人主要供应商变动的原因及合理性，是否存在与原有主要供应商交易额大幅减少或合作关系取消的情况；发行人主要采购合同的签订及实际履行情况	（1）取得并审阅发行人供应商名录 （2）了解发行人采购模式，取得主要采购合同／委托，抽查合同／委托的内容、价格、数量、质量要求、付款方式、实际支付情况等 （3）对比分析供应商变动情况，核查有无原有主要供应商交易额大幅减少或合作关系取消的情况 （4）通过实地走访、函证、查阅书面资料、核对工商部门提供的资料，核查供应商的业务能力与自身规模是否相符，核查主要供应商与发行人交易的真实性，了解其供应金额变动的原因，核查发行人和供应商的实际控制人及关键经办人员的情况，并与已经取得的申报期内发行人实际控制人、董事、监事、高级管理人员关系密切的家庭成员名单相互核对和印证，核查发行人与其供应商之间是否存在关联方关系 （5）对发行人财务总监进行访谈，了解其供应商及其供应金额变动的原因
45	发行人存货的真实性，是否存在将本应计入当期成本费用的支出计入存货项目，以达到少计当期成本费用的情况；发行人存货盘点制度的建立和报告期实际执行情况，异地存放、盘点过程存在特殊困难或由第三方保管或控制的存货的盘存方法以及履行的替代盘点程序	（1）了解发行人业务成本、期间费用的归集和分配方法 （2）结合发行人采购、生产、销售情况，抽查项目人工投入、服务采购情况，分析、复核存货计量方法，测算存货结存金额与人工投入、服务采购金额的匹配关系 （3）结合发行人通常与客户、供应商的结算方式，核查发行人存货规模的比例与在手同金额、预收款、预付款的匹配关系，并与同行业进行对比分析 （4）核查发行人存货管理内部控制制度

序号	核查事项	核查方式
46	发行人销售费用、管理费用和财务费用构成项目是否存在异常或变动幅度较大的情况及其合理性	（1）取得报告期内发行人销售费用的明细表，对异常变动或变动幅度较大项目进行分析性复核 （2）取得报告期内发行人管理费用的明细表，对异常变动或变动幅度较大项目进行分析性复核 （3）取得报告期内发行人财务费用的明细表，对异常变动或变动幅度较大项目进行分析性复核 （4）通过获取台账、支付凭证、抽查订单等方式核查发行人研发费用、员工工资等主要项目
47	发行人销售费用率与同行业公司销售费用率相比，是否合理；发行人销售费用变动趋势与营业收入变动趋势的一致性，销售费用的项目和金额与当期发行人与销售相关的行为是否匹配，是否存在相关支出由其他利益相关方支付的情况	（1）将发行人销售费用率与同行业公司销售费用率进行比对分析 （2）将发行人销售费用的变动与营业收入的变动进行比对分析 （3）取得报告期内发行人销售费用的明细表，对报告期内各年销售费用主要项目和金额进行分析性复核，并与当期发行人销售收入进行匹配 （4）核查关联方清单，对关联方进行访谈
48	发行人报告期管理人员薪酬是否合理；研发费用的规模与列支与发行人当期的研发行为及工艺进展是否匹配	（1）取得发行人报告期内管理人员的薪酬明细表，对异常变动进行分析性复核 （2）取得同行业、同地区工资数据，发行人人均工资数据，并进行对比分析 （3）访谈研发部门人员，了解发行人报告期内研发实施情况 （4）取得报告期内研发投入明细表，对异常变动项目进行分析性复核 （5）访谈发行人财务负责人、会计师事务所有关人员，了解研发费用的列支情况

序号	核查事项	核查方式
49	发行人报告期是否足额计提各项贷款利息支出，是否根据贷款实际使用情况恰当进行利息资本化；发行人占用相关方资金或资金被相关方占用是否支付或收取资金占用费，费用是否合理	（1）查阅和复制发行人报告期内签署的银行贷款合同，了解贷款用途、期限、利率等情况 （2）分月核查银行贷款及财务费用发生情况，检查借款利息情况 （3）核查发行人相关方资金或资金被相关方占用的情况，对相关方进行访谈
50	报告期各期发行人员工工资总额、平均工资及变动趋势与发行人所在地区平均水平或同行业上市公司平均水平相比，是否存在显著差异及差异的合理性	（1）取得报告期内各期末发行人员工名单及工资总额，核查发行人报告期员工总数，人员结构，工资总额，人均工资，工资占成本、费用的比例等的波动是否合理 （2）取得当地行业指导工资标准资料，并将发行人不同岗位（高层、中层、一线工人等）与同地区平均水平对比分析 （3）核查发行人应付职工薪酬的期后付款情况 （4）针对薪酬事宜，随机抽取一定数量员工进行访谈，询问对薪酬水平的看法，以核查是否存在被压低薪酬的情形；发行人存在该情形的，了解员工对被压低薪酬的看法，并了解发行人或者控股股东是否承诺在日后补足现在少发的差额
51	发行人政府补助项目的会计处理合规性。其中按应收金额确认的政府补助，是否满足确认标准，以及确认标准的一致性；与资产相关和与收益相关政府补助的划分标准是否恰当，政府补助相关递延收益分配期限确定方式是否合理等	（1）查阅和复制与政府补助相关的政府文件、原始单据和记账凭证 （2）了解发行人报告期内政府补助情况、核查政府补助项目实施的会计政策和具体会计处理方式

续表

序号	核查事项	核查方式
52	发行人是否符合所享受的税收优惠条件，以及相关会计处理的合规性；如果存在补缴或退回的可能，是否已充分提示相关风险	（1）取得当地税务部门出具的合规证明文件 （2）走访税务部门，了解发行人规范纳税情况 （3）核查发行人所享受的税收优惠、获取税收优惠审批文件、核查发行人是否符合所享受的税收优惠的条件 （4）对税收优惠相关会计处理进行核查

（1）保荐机构应当根据《保荐人尽职调查工作准则》的有关规定对核查事项进行独立核查。保荐机构可以采取走访、访谈、查阅有关资料等方式进行核查。如果独立走访存在困难，保荐机构可以在发行人或其他中介机构的配合下进行核查，但保荐机构应当独立出具核查意见，并将核查过程资料存入尽职调查工作底稿。

（2）走访是保荐机构尽职调查的一种方式，保荐机构可以在进行走访核查的同时，采取要求当事人承诺或声明、由有权机关出具确认或证明文件、在互联网搜索、查阅发行人贷款卡等有关资料、咨询专家意见、通过中国人民银行企业征信系统查询等有效、合理和谨慎的核查方式。

（3）表3-2-11中核查事项对发行人不适用的，可以在备注中说明。

（4）履行核查程序后，保荐代表人承诺：我已根据《中华人民共和国证券法》《证券发行上市保荐业务管理办法》《保荐人尽职调查工作准则》等规定认真、忠实地履行尽职调查义务，勤勉尽责地对发行人有关事项进行了核查验证，认真做好了招股说明书的验证工作，确保上述问核事项和招股说明书中披露的信息真实、准确、完整，不存在虚假记载、误导性陈述和重大遗漏，并将对发行人进行持续跟踪和尽职调查，及时、主动地修改和更新申请文件并报告修改更新情况。我及近亲属、特定关系人与发行人之间不存在直接或间接的股权关系或者通过从事保荐业务谋取任何不正当利益。如违反上述承诺，我自愿接受证监会根据有关规定采取的监管措施或行政处罚。两名保荐代表人应分别誊写上述承诺内容并签名。

第 3 章　申报材料

本章以首次公开发行并在创业板上市为例，讲述发行人及保荐机构向监管部门申报材料的主要内容。

申请在中华人民共和国境内首次公开发行股票并在创业板上市的公司（以下简称"发行人"）应按相关要求制作和报送申请文件，并通过深圳证券交易所发行上市审核业务系统报送电子文件。

报送的电子文件应和预留原件一致。发行人律师应对报送的电子文件与预留原件的一致性出具鉴证意见。报送的电子文件和预留原件具有同等的法律效力。首次公开发行股票并在创业板上市申请文件目录如下所示。

首次公开发行股票并在创业板上市申请文件目录

一、招股文件

1-1 招股说明书（申报稿）

二、发行人关于本次发行上市的申请与授权文件

2-1 关于本次公开发行股票并在创业板上市的申请报告

2-2 董事会有关本次发行并上市的决议

2-3 股东大会有关本次发行并上市的决议

2-4 关于符合创业板定位要求的专项说明

三、保荐人和证券服务机构关于本次发行上市文件

3-1 保荐人关于本次发行上市的文件

3-1-1 关于发行人符合创业板定位要求的专项意见

3-1-2 发行保荐书

3-1-3 上市保荐书

3-1-4 保荐工作报告

3-1-5 关于发行人预计市值的分析报告（如适用）

3-1-6 保荐机构相关子公司参与配售的相关文件（如有）

3-2 会计师关于本次发行上市的文件

3-2-1 财务报表及审计报告

3-2-2 发行人审计报告基准日至招股说明书签署日之间的相关财务报表及审阅报告（如有）

3-2-3 盈利预测报告及审核报告（如有）

3-2-4 内部控制鉴证报告

3-2-5 经注册会计师鉴证的非经常性损益明细表

3-3 发行人律师关于本次发行上市的文件

3-3-1 法律意见书

3-3-2 律师工作报告

3-3-3 关于发行人董事、监事、高级管理人员、发行人控股股东和实际控制人在相关文件上签名盖章的真实性的鉴证意见

3-3-4 关于申请电子文件与预留原件一致的鉴证意见

四、发行人的设立文件

4-1 发行人的企业法人营业执照

4-2 发行人公司章程（草案）

4-3 发行人关于公司设立以来股本演变情况的说明及其董事、监事、高级管理人员的确认意见

4-4 商务主管部门出具的外资确认文件（如有）

五、与财务会计资料相关的其他文件

5-1 发行人关于最近三年及一期的纳税情况及政府补助情况

5-1-1 发行人最近三年及一期所得税纳税申报表

5-1-2 有关发行人税收优惠、政府补助的证明文件

5-1-3 主要税种纳税情况的说明

5-1-4 注册会计师对主要税种纳税情况说明出具的意见

5-1-5 发行人及其重要子公司或主要经营机构最近三年及一期发行人纳税情况的证明

5-2 发行人需报送的其他财务资料

5-2-1 最近三年及一期原始财务报表

5-2-2 原始财务报表与申报财务报表的差异比较表

5-2-3 注册会计师对差异情况出具的意见

5-3 发行人设立时和最近三年及一期的资产评估报告（如有）

5-4 发行人的历次验资报告或出资证明

5-5 发行人大股东或控股股东最近一年的原始财务报表及审计报告（如有）

六、关于本次发行上市募集资金运用的文件

6-1 发行人关于募集资金运用方向的总体安排及其合理性、必要性的说明

6-2 募集资金投资项目的审批、核准或备案文件（如有）

6-3 发行人拟收购资产（或股权）的财务报表、资产评估报告及审计报告、盈利预测报告（如有）

6-4 发行人拟收购资产（或股权）的合同或合同草案（如有）

七、其他文件

7-1 产权和特许经营权证书

7-1-1 发行人拥有或使用的对其生产经营有重大影响的商标、专利、计算机软件著作权等知识产权以及土地使用权、房屋所有权等产权证书清单（需列明证书所有者或使用者名称、证书号码、权利期限、取得方式、是否及存在何种他项权利等内容）

7-1-2 发行人律师就 7-1-1 清单所列产权证书出具的鉴证意见

7-1-3 特许经营权证书（如有）

7-2 重要合同

7-2-1 对发行人有重大影响的商标、专利、专有技术等知识产权许可使用协议（如有）

7-2-2 重大关联交易协议（如有）

7-2-3 重组协议（如有）

7-2-4 特别表决权股份等差异化表决安排涉及的协议（如有）

7-2-5 高级管理人员、员工配售协议（如有）

7-2-6 其他重要商务合同（如有）

7-3 特定行业（或企业）的管理部门出具的相关意见（如有）

7-4 承诺事项

7-4-1 发行人及其实际控制人、控股股东、持股 5% 以上股东以及发行人董事、监事、高级管理人员等责任主体的重要承诺以及未履行承诺的约束措施

7-4-2 有关消除或避免相关同业竞争的协议以及发行人的控股股东和实际控制人出具的相关承诺

7-4-3 发行人全体董事、监事、高级管理人员对发行申请文件真实性、准确性、完整性的承诺

7-4-4 发行人控股股东、实际控制人对招股说明书的确认意见

7-4-5 发行人监事对招股说明书的确认意见

7-4-6 发行人关于申请电子文件与预留原件一致的承诺函

7-4-7 保荐人关于申请电子文件与预留原件一致的承诺函

7-4-8 发行人保证不影响和干扰审核的承诺函

7-5 说明事项

7-5-1 发行人关于申请文件不适用情况的说明

7-5-2 发行人关于招股说明书不适用情况的说明

7-5-3 信息披露豁免申请（如有）

7-6 保荐协议

7-7 其他文件

第四部分

上市重难点：IPO 审核重点案例

本部分是笔者精心选取的 IPO 审核过程中遇到的常见问题案例。为做到覆盖面广，针对每一类问题仅选择一个典型案例，案例分析中引用了招股书原文并做了案例点评。拟上市企业若遇到类似问题，可通过学习案例做到心中有数。拟上市企业的问题可能与案例中的企业不同，但解决方案和解决思路是相通的，希望这些案例能让读者有所收获。

第1章 常见法律问题

一、股权代持：金富科技（003018）

（一）相关事实

发行人实际控制人陈金培与陈锦莲系兄妹，二人之间有很深厚的信任基础，经陈金培与其胞妹陈锦莲协商，决定由陈锦莲代陈金培持有金富科技股份有限公司（以下简称"金富有限"）10% 股权。

（二）反馈问题

关于股权代持。根据申报材料，陈金培和陈锦莲未签署任何股权代持以及代持解除等书面协议，均已解除。请发行人说明陈金培与陈锦莲股份代持及解除代持的真实性，陈金培与陈锦莲在初次代持解除后第二次又进行小金额代持的原因及合理性，实际控制人及其一致行动人所持发行人股份权属是否清晰、是否存在纠纷或潜在纠纷，是否构成本次发行上市的障碍。请保荐机构、发行人律师说明核查依据、过程，并发表明确核查意见。

（三）发行人及中介机构回复

1. 陈金培与陈锦莲股份代持及解除代持情况

根据发行人的工商档案、《股权转让合同》，并经发行人律师访谈陈金培、陈锦莲并取得陈金培与陈锦莲及其配偶出具的《声明与确认》、陈金培与陈锦莲出具的《解除代持确认书》，陈金培与陈锦莲股份代持及解除代持情况如下：

股权代持的形成背景为 2000 年陈金培筹划设立金富有限时，由于当时的法律规定有限责任公司的股东应 2 名以上，一人无法注册有限公司。陈金培与陈锦莲系兄妹关系，二人相互之间有很强的信任基础，经陈金培与其胞妹陈锦莲协商，决定由陈锦莲代陈金培认缴金富有限 10 万元出资额，代为持有金富有限 10% 股权，陈锦莲用于出资的 10 万元由陈金培提供。

2001 年 1 月，金富有限成立时的股东、出资额及出资比例如下：

序号	显名股东姓名	隐名股东姓名	出资额（万元）	出资比例（%）
1	陈金培	–	90.00	90.00
2	陈锦莲	陈金培	10.00	10.00
合计			100.00	100.00

2011 年 12 月 22 日，陈锦莲与陈金培签订了《股权转让合同》，约定陈锦莲同意将持有的金富有限 9% 股权，以 9 万元价格转让予陈金培，并于 2011 年 12 月 27 日完成工商变更登记。本次股权转让系经双方协商，陈锦莲将其代持的大部分股权还原予陈金培。经过近十年的发展，金富有限已拥有较大的资产规模和良好的发展势头，为逐步规范金富有限的股权结构，同时避免一人有限责任公司每年须审计的不便利，本次转让未全部还原股权。

本次股权转让完成后，金富有限的股东、出资额及出资比例如下表：

序号	显名股东姓名	隐名股东姓名	出资额(万元)	出资比例（%）
1	陈金培	–	99.00	99.00
2	陈锦莲	陈金培	1.00	1.00
合计			100.00	100.00

因金富有限当时经营发展的需要，2013 年 9 月 24 日，金富有限的注册资本增加至 1,000 万元，此次增资时未考虑调整陈金培与陈锦莲的持股比例，为保持代持的股权比例不变，由陈金培、陈锦莲同比例增资。陈金培以货币出资 891 万元，陈锦莲以货币出资 9 万元。陈锦莲本次增资的出资资金来源于陈金培。本次增资完成后，金富有限的股东、出资额及出资比例如下：

序号	显名股东姓名	隐名股东姓名	出资额（万元）	出资比例（%）
1	陈金培	–	990.00	99.00
2	陈锦莲	陈金培	10.00	1.00
合计			1,000.00	100.00

随着公司进入平稳发展期，陈金培和陈锦莲经协商，决定彻底解除上述股权代持关系，以明晰股权权属关系，进一步规范金富有限的股权结构。2014 年 5 月 5 日，陈锦莲与陈金培签订《股权转让合同》，约定陈锦莲将其持有金富有限的 1% 股权以 10 万元的价格转让予陈金培。本次股权转让于 2014 年 5 月 20 日完成工商变更登记，至此，陈金培和陈锦莲关于金富有限的股权代持关系解除。

本次股权转让完成后，金富有限的股东、出资额及出资比例如下表：

序号	股东姓名	出资额（万元）	出资比例（%）
1	陈金培	1,000.00	100.00
合计		1,000.00	100.00

就上述曾存在的股权代持关系，根据陈金培、陈锦莲的访谈记录、陈金培与陈锦莲及其配偶出具的《声明与确认》并经中介机构核查，陈金培、陈锦莲二人对前述股权代持关系的形成以及解除不存在纠纷，双方不存在其他股权代持、一致行动关系或其他利益安排；双方对发行人的股权权属不存在争议、纠纷或潜在纠纷。陈锦莲的配偶表示知悉二人的股权代持及解除事项并对此无异议。

综上，发行人中介机构认为，对于陈金培、陈锦莲曾存在的股权代持关系，因陈金培和陈锦莲二人乃兄妹关系，相互之间有很强的信任基础，股权代持的初衷是为了使金富有限的股东人数符合当时的法律要求，其股权代持及股权解除情况真实。

2. 陈金培与陈锦莲在初次代持解除后第二次又进行小金额代持的原因及合理性

根据中介机构对陈金培访谈确认，2013 年 9 月，金富有限因投标资格需要，需将注册资本增加至 1,000 万元，当时为了尽快办理工商变更登记，便听从中介代办机构建议，采取由股东陈金培、陈金莲同比例增资的方式进行增资，此次增资时未考虑调整陈金培与陈锦莲的持股比例，因此由陈锦莲继续代陈金培持有金富有限 1% 股权。

3. 实际控制人及其一致行动人所持发行人股份权属是否清晰、是否存在纠纷或潜在纠纷，是否构成本次发行上市的障碍

根据中介机构对实际控制人进行访谈并取得实际控制人出具的承诺函，实际控制人及其一致行动人所持发行人股份权属清晰、不存在纠纷或潜在纠纷，不构成本次发行上市的障碍。

（四）案例点评

发行人在历史沿革中存在股权代持情形，该情形在拟上市企业中并不少见。股权代持的原因一般有：（1）某些人当时不适合做股东，通过代持间接向企业投资；（2）实际投资者人数太多，将团体的股份放在个人身上，既保证了工商程序的简便也便于员工管理；（3）为了银行融资相互担保，通过股权代持的方式设立多家非关联企业；（4）为了规避法律的某些强制性规定，采取股权代持形式完成投资或交易。

《首次公开发行股票并上市管理办法》规定：发行人的股权清晰，控股股东和受控股股东、实际控制人支配的股东持有的发行人股份不存在重大权属纠纷。监管机构在审核股权代持关系时，原则上应尊重客观证据，将代持股权还原为实际情况。如果不涉及实际控制人认定的，在代持和被代持双方均书面确认的情况下，代持的解释能够被接受。

实际控制人认定中涉及股权代持情况的，发行人、相关股东应说明存在代持的原因，并提供支持性证据。对于存在代持关系但不影响发行条件的，发行人应在招股说明书中如实披露，保荐机构、发行人律师应出具明确的核查意见。如经查实，股东之间知晓代持关系的存在，且对代持关系没有异议、代持的股东之间没有纠纷和争议，则应将代持股权还原至实际持有人。发行人及中介机构通常不应以股东间存在代持关系、表决权让与协议、一致行动协议等为由，认定发行人控制权未发生变动。

二、对赌协议：同兴环保（003027）

（一）相关事实

同兴环保、朱庆亚与高新金通、安年投资于 2015 年 8 月 28 日签署了《附属协议》，对同兴环保上市计划、业绩目标及补偿等对赌条款进行约定；朱庆亚与庐熙投资于 2016 年 6 月 2 日签署了《附属协议》，约定了同兴环保上市计划、业绩目标等对赌条款；朱庆亚与高新金通二期于 2016 年 12 月 29 日签署了《附属协议》，约定了同兴环保上市计划、业绩目标等对赌条款；朱庆亚、朱宁、解道东、郎义广与晨晖投资、晏小平、翔海投资于 2016 年 12 月 29 日签署了《附属协议》，约定了同兴环保上市计划、业绩目标等对赌条款。

（二）反馈问题

对赌协议的解除是否符合规定，是否存在纠纷或潜在纠纷，现有股东是否与相关方存在未披露的对赌协议或特殊安排。

（三）发行人及中介机构回复

2018 年 5 月 2 日，上述《附属协议》的协议相关方签订了《关于解除〈附属协议〉的协议》，约定发行人向中国证监会提交首次公开发行股票并上市的申报文件，获得中国证监会首发上市行政许可申请受理函之日起，上述《附属协议》自动解除。

发行人已于 2019 年 4 月 29 日向中国证监会递交首次公开发行股票并上市的申请文件，并于 2019 年 5 月 8 日取得《中国证监会行政许可申请受理单》（受理序号：190998），根据上述《关于解除〈附属协议〉的协议》的约定，《附属协议》已自动解除。同时，《关于解除〈附属协议〉的协议》签署各方已于该协议确认，除《附属协议》外，不存在任何其他可能会对公司实际控制人产生影响的协议、附属协议或单方法律行为的约定，也不存在任何可能对公司经营状况、资金使用、公司控制权及股权结构、公司治理、公司未来的持续经营及公司的其他权益产生影响的协议、附属协议或单方法律行为的约定。

除上述《关于解除〈附属协议〉的协议》签署各方外的其他股东均已出具《承诺函》，确认其与公司及其实际控制人或其他股东均不存在尚未披露的对赌协议或其他特殊安排的情形。

中介机构认为，发行人对赌协议的解除符合规定，不存在纠纷或潜在纠纷，现有股东不存在与相关方存在未披露的对赌协议或特殊安排。

（四）案例点评

拟上市企业存在对赌协议也是常见现象，针对存在对赌协议的情况，新的监管意见如下。投资机构在投资发行人时约定对赌协议等类似安排的，原则上要求发行人在申报前清理，但同时满足以下要求的可以不清理：一是发行人不作为对赌协议当事人；二是对赌协议不存在可能导致发行人控制权变化的约定；三是对赌协议不与市值挂钩；四是对赌协议不存在严重影响发行人持续经营能力或者其他严重影响投资者权益的情形。保荐机构及发行人律师应当就对赌协议是否符合上述要求发表明确核查意见。发行人应当在招股说明书中披露对赌协议的具体内容、对发行人可能存在的影响等，并进行风险提示。

三、实际控制人认定：翔丰华（300890）

（一）相关事实

发行人的控股股东、实际控制人为周鹏伟、钟英浩。周鹏伟持有 20.8278% 的股权、钟英浩持有 8.5862% 的股权，两者合计持有发行人 29.414% 的股权。发行人有较多财务投资者，如北京启迪持股 10.944%、常州武岳峰持股 10.6499%、点石创投持股 8.5579%、前海基金持股 6.667%，且北京启迪及其关联方江苏启迪、银杏自清、启明智博、华创策联合计持有发行人 17.7715% 股份，常州武岳峰及其关联方嘉兴武岳峰、鼎峰高佑、永安鼎峰合计持有发行人 16.5166% 股份，嘉兴武岳峰及其关联方前海基金、万林国际合计持有发行人 12.5334% 股份。此外，部分财务投资者如点石创投、北京启迪、常州武岳峰及嘉兴武岳峰等及其委派的董事对发行人股东（大）会、董事会部分重要事项享有否决权。历史上发行人及其实际控制人与股东之间也有过"一票否决权"等特殊权利的约定。

（二）反馈问题

关于发行人的实际控制人。请发行人按照《证券期货法律适用意见第

1 号》的规定，说明发行人实际控制人的认定是否准确，最近两年实际控制人是否发生变化。

（三）发行人及中介机构回复

发行人的共同控制人为周鹏伟、钟英浩。经中介机构逐条逐项核对《证券期货法律适用意见第 1 号》，认定周鹏伟、钟英浩为发行人的共同实际控制人的理由具体如下：

（1）周鹏伟和钟英浩合计持有发行人股份表决权比例一直保持最高，在发行人股东（大）会、董事会处于控制地位，符合《证券期货法律适用意见第 1 号》第二条及第三条第（一）款的规定

周鹏伟、钟英浩为发行人的创始人股东。报告期内，周鹏伟、钟英浩合计持有发行人股份表决权比例一直保持最高，未发生过变化。截至本补充法律意见书出具之日，周鹏伟持有发行人 1,562.0814 万股，占发行人股份总数的 20.8278%，钟英浩持有发行人 643.9669 万股，占发行人股份总数的 8.5862%，两者合计持有发行人 29.414% 股份。

2017 年 3 月之前，周鹏伟、钟英浩合计持股比例始终保持在 30% 以上。直至 2017 年 3 月，因为增资，周鹏伟、钟英浩合计持股比例才降至 29.414%。而发行人其他持股 5% 以上的股东及其持股比例分别为北京启迪持股 10.9440%、常州武岳峰持股 10.6499%、点石创投持股 8.5579%、前海基金持股 6.6667%，持股较为分散。

虽发行人股东北京启迪、江苏启迪、银杏自清、启明智博及华创策联之间具有关联关系，合计持有发行人 17.7715% 的股份；发行人股东常州武岳峰、嘉兴武岳峰、鼎峰高佑及永安鼎峰之间具有关联关系，合计持有公司 16.5166% 的股份；发行人股东嘉兴武岳峰、前海基金、万林国际之间具有关联关系，合计持有发行人 12.5334% 的股份；福建冠城、福建新兴之间由于具有关联关系，合计持有发行人 3.3333% 的股份。但根据前述股东出具的《不谋求实际控制人地位的声明与承诺函》及 / 或股东调查问卷，前述股东均明确声明与发行人的其他股东之间均不存在一致行动协议或其他安排，且前述 4 组有关联关系的股东每组相互之间不存在关联关系。即使前述 4 组有关联关系的股东被认定为一致行动人，每组有关联关系的股东在发行人的持股比例分别合并计算，亦不会对周鹏伟、钟英浩拥有的控制权

产生实质影响。

另周鹏伟自 2010 年 10 月至今历任发行人总经理、董事、董事长，现任发行人董事长。钟英浩自 2010 年 10 月至今历任发行人执行董事、董事长、董事，现任发行人董事。发行人的现任外部董事虽由各发行人主要股东推荐但均征求了周鹏伟、钟英浩意见后向董事会提名，亦体现发行人主要股东对周鹏伟、钟英浩的信任及尊重。

根据发行人股东点石创投、北京启迪、常州武岳峰及嘉兴武岳峰出具的书面确认，点石创投、北京启迪、常州武岳峰和嘉兴武岳峰均系财务投资者，点石创投、北京启迪、常州武岳峰及嘉兴武岳峰及其委派的董事对发行人股东（大）会、董事会部分重要事项享有否决权的目的仅在于防止发行人及实际控制人从事违背投资协议的事宜，以及保护自身作为财务投资者的少数股东权益，其并没有对发行人实施控制的意图，亦无法单独决定该等事项的通过。因此，尽管此前发行人及其实际控制人与股东之间有"一票否决权"等特殊权利事项约定，但点石创投、北京启迪、常州武岳峰及嘉兴武岳峰并无意图对发行人股东（大）会、董事会进行控制，亦无法单独实现对发行人股东（大）会、董事会的控制。实际前述股东历史上亦未行使过该等一票否决权。根据 2018 年 12 月 11 日签署的《深圳市翔丰华科技股份有限公司增资协议之补充协议（二）》，发行人目前全体股东约定：上述特殊股东权利事项在中国证监会受理发行人上市申请时终止执行。

（2）周鹏伟、钟英浩对发行人的生产经营管理拥有实质性影响力，符合《证券期货法律适用意见第 1 号》第二条的规定

自 2010 年 10 月，周鹏伟、钟英浩联合收购翔丰华有限从事锂电池负极材料业务以来，周鹏伟作为公司实际经营管理决策者，钟英浩作为重要财务投资人，两人一直密切合作，在公司所有重大决策上均在事前充分沟通的基础上达成一致意见，对公司发展战略、重大经营决策、日常经营活动共同实施重大影响。而除众诚致远外，其他股东均为财务投资者不参与公司经营管理。

同时，发行人的总经理及其他高级管理人员均系由周鹏伟、钟英浩推荐并由董事会聘任，周鹏伟和钟英浩对高级管理人员的提名及任免起到了关键作用。

（3）发行人治理结构健全、运行良好，不存在影响发行人规范运作的情形，符合《证券期货法律适用意见第 1 号》第三条第（二）款的规定

在公司前身整体变更为股份有限公司后，发行人制定了《股东大会议事规则》《董事会议事规则》《监事会议事规则》《关联交易管理制度》《对外担保管理制度》等制度，逐步完善了内部控制制度，建立健全了公司法人治理结构，发行人股东大会、董事会及各专门委员会、监事会、独立董事、董事会秘书等治理结构正常运行并发挥应有作用。发行人公司治理结构健全、运行良好，周鹏伟和钟英浩共同拥有控制权的情况不影响发行人的规范运作。

（4）周鹏伟、钟英浩保持一致行动、共同拥有公司控制权通过《一致行动协议》及《公司章程》予以明确，有关章程、协议及安排合法有效、权利义务清晰、责任明确，符合《证券期货法律适用意见第 1 号》第三条第（三）款的规定

2016 年 6 月 25 日，周鹏伟和钟英浩签署《一致行动协议》，将双方的一致行动人关系以书面的形式明确化并约定：双方将在公司的董事会、股东大会召开前就会议所要表决事项进行充分协商沟通，形成一致意见后，在公司的董事会、股东大会进行一致意见的投票。如果双方对有关公司经营发展的重大事项行使何种表决权无法达成一致意见的，则应当以周鹏伟的意见为准进行表决。双方承诺及同意，任何一方均不得与签署本协议之外的其他方签订与本协议内容相同、近似的协议或合同或者作出类似安排，也不会作出影响公司控制权稳定性的其他行为，在本协议有效期内不得对外转让自身所持公司股份或委托他人代为行使股东权利。协议有效期自公司完成首次公开发行股票并上市后满 36 个月之日终止。有效期届满，双方如无异议，自动延期三年。

2017 年 9 月 5 日，发行人 2017 年第四次临时股东大会审议通过《关于修订〈深圳市翔丰华科技股份有限公司章程〉的议案》，在发行人《公司章程》中亦明确载明周鹏伟、钟英浩为发行人的共同控制人。

经核查，发行人《公司章程》及《一致行动协议》，该等章程、协议及安排合法有效、权利义务清晰、责任明确。

根据发行人提供的历次增资当时全体股东签署的增资协议及其补充协

议，周鹏伟和钟英浩为发行人的共同控制人及其一致行动人关系是公开的，并为其他股东所确认和证实。经核查发行人提供的历次股东（大）会、董事会的会议资料，周鹏伟、钟英浩在发行人历次股东（大）会、董事会上对公司的重大事件的表决意见均保持一致。

（5）发行人已采取进一步保持控制权稳定的措施，周鹏伟和钟英浩共同拥有发行人控制权的情况在报告期内及本次发行后的可预期期限内是稳定、有效存在的，符合《证券期货法律适用意见第 1 号》第三条第（三）款的规定

为进一步保持发行人控制权的稳定，周鹏伟、钟英浩出具《承诺函》，自愿承诺自发行人股票上市之日起 36 个月内不转让或者委托他人管理其在发行人首次公开发行股票前直接或间接所持有发行人的股份，也不由发行人回购该部分股份。

同时，发行人主要股东北京启迪、江苏启迪、银杏自清、启明智博、华创策联、常州武岳峰、嘉兴武岳峰、鼎峰高佑、点石创投、前海基金、万林国际、永安鼎峰出具《不谋求实际控制人地位的声明与承诺函》，作出如下声明与承诺："1、本企业为独立运作及决策的私募投资基金或主体，与发行人的其他股东不存在一致行动协议或其他安排，与发行人的其他股东不存在一致行动关系；2、自本承诺函出具之日起，本企业不会单独或与发行人的其他股东及其关联方、一致行动人之间签署一致行动协议、委托表决协议或达成类似安排，以谋求或协助他人通过任何方式谋求发行人的实际控制人地位。3、在发行人首次公开发行股票并在上市后，本企业持有的发行人股份锁定期满后，如拟将所持有的发行人股份通过深圳证券交易所大宗交易系统（以下简称"大宗交易系统"）进行转让，本企业将事先将股份受让方及拟转让的股份数量等情况及时通知发行人，并咨询发行人其他股东通过大宗交易系统进行股份转让的情况。在发行人的其他股东通过大宗交易系统转让股份的情形下，本企业承诺不将所持有的发行人股份通过大宗交易系统转让予其他股东进行股份转让的受让方及 / 或与该受让方有控制关系的单位 / 个人（发行人的实际控制人除外）。"

因此，中介机构认为，认定周鹏伟和钟英浩为发行人的共同控制人是准确的，符合《证券期货法律使用意见第 1 号》的规定。

（四）案例点评

实际控制人的认定历来是证券监管部门审核的重点，实际控制人的认定和变化会影响发行人经营决策的稳定性和连续性，亦会给投资者的投资决策带来影响。《公司法》《首次公开发行股票并上市管理办法》《创业板首次公开发行股票注册管理办法（试行）》《科创板首次公开发行股票注册管理办法（试行）》《证券期货法律适用意见第 1 号》《首发业务若干问题解答》等法律法规对上市公司控制权、实际控制人的认定标准做了规定。

实际控制人是拥有发行人控制权的主体。在确定发行人控制权归属时，应当本着实事求是的原则，尊重发行人的实际情况，以发行人自身的认定为主，由发行人股东予以确认。保荐机构、发行人律师应通过对公司章程、协议或其他安排以及发行人股东（大）会（股东出席会议情况、表决过程、审议结果、董事提名和任命等）、董事会（重大决策的提议和表决过程等）、监事会及发行人经营管理的实际运作情况的核查对实际控制人认定发表明确意见。

本案例中，发行人及中介机构比对《证券期货法律适用意见第 1 号》的下述规定进行了表述，值得借鉴。

公司控制权是能够对股东大会的决议产生重大影响或者能够实际支配公司行为的权力，其渊源是对公司的直接或者间接的股权投资关系。因此，认定公司控制权的归属，既需要审查相应的股权投资关系，也需要根据个案的实际情况，综合对发行人股东大会、董事会决议的实质影响、对董事和高级管理人员的提名及任免所起的作用等因素进行分析判断。

发行人及其保荐人和律师主张多人共同拥有公司控制权的应当符合以下条件：

（1）每人都必须直接持有公司股份和 / 或者间接支配公司股份的表决权；

（2）发行人公司治理结构健全、运行良好，多人共同拥有公司控制权的情况不影响发行人的规范运作；

（3）多人共同拥有公司控制权的情况，一般应当通过公司章程、协议或者其他安排予以明确，有关章程、协议及安排必须合法有效、权利义务清晰、责任明确，该情况在最近 3 年内且在首发后的可预期期限内是稳定、有效存在的，共同拥有公司控制权的多人没有出现重大变更。

四、股份支付：声迅股份（003004）

（一）相关事实

声迅股份 2008 年至 2017 年期间股权转让涉及的相关股权受让人存在为发行人职工、高级管理人员及其近亲属的情况。

（二）反馈问题

2008 年至 2017 年期间股权转让涉及的相关股权受让人是否存在为发行人职工、高管、客户、供应商的情形，是否构成股份支付；股份转让价格是否公允，将股份转让价格与经审计净资产对比论证价格的公允性是否充分，不经评估或参考同行业类似交易 PE 是否符合商业惯例；平价转让和实际转让价格是否被税务机关认可为纳税公允价格？

（三）发行人及中介机构回复

1.股份支付及对公允价值的定义

根据《首发业务若干问题解答（二）》的规定，发行人报告期内为获取职工和其他方提供服务而授予股份的交易，在编制申报会计报表时，应按照《企业会计准则第 11 号——股份支付》相关规定进行处理。对于报告期内发行人向职工（含持股平台）、客户、供应商等新增股份，以及主要股东及其关联方向职工（含持股平台）、客户、供应商等转让股份，均应考虑是否适用《企业会计准则第 11 号——股份支付》。对于报告期前的股份支付事项，如对期初未分配利润造成重大影响，也应考虑是否适用《企业会计准则第 11 号——股份支付》。

存在股份支付事项的，发行人及申报会计师应按照企业会计准则规定的原则确定权益工具的公允价值。在确定公允价值时，可合理考虑入股时间阶段、业绩基础与变动预期、市场环境变化、行业特点、同行业并购重组市盈率水平、股份支付实施或发生当年市盈率与市净率指标等因素的影响；也可优先参考熟悉情况并按公平原则自愿交易的各方最近达成的入股价格或相似股权价格确定公允价值，如近期合理的 PE 入股价；也可采用恰当的估值技术确定公允价值，但要避免采取有争议的、结果显失公平的估值技术或公允价值确定方法，如明显增长预期下按照成本法评估的每股净资产价值或账面净资产。

2. 发行人 2008 年至 2010 年 12 月改制前的股权转让

发行人 2008 年至 2010 年 12 月改制前的股权转让当中，不存在受让方为客户、供应商的情形，存在受让方为员工及其近亲属的情况，具体情况如下：

时间	转让方	受让方	转让价格元/出资额	定价依据	受让方为职工（含持股平台）及其近亲属、客户供应商情况	转让方是否为主要股东或其关联方	是否属于股份支付
2008.7 —2010.12	北科力	谭政	1.85	参考评估后每股净资产，经招拍挂程序确定	谭政时任董事长、总经理	否	否
	孙建中	李夏	1.00	注册资本	李夏为谭政的外甥女	否	否
	谭政	楚林	1.00	注册资本	楚林时任副总经理	是	否
		何丽江	1.00	注册资本	何丽江时为技术总监余和初的妻子	是	否
		金丽妹	1.00	注册资本	金丽妹时为总裁助理戴耀先的妻子	是	否
		贾丽妍	1.00	注册资本	贾丽妍时任项目经理	是	否

续表

时间	转让方	受让方	转让价格元/出资额	定价依据	受让方为职工（含持股平台）及其近亲属、客户供应商情况	转让方是否为主要股东或其关联方	是否属于股份支付
2008.7—2010.12	谭政	刘俊华	1.00	注册资本	梁义辉时为副总经理楚林的妻子	是	否
		梁义辉	1.00	注册资本	刘俊华时任总裁助理	是	否
		聂蓉	1.00	注册资本	聂蓉时任董事、副总经理	是	否
		谭天	1.00	注册资本	谭政、聂蓉的儿子	是	否

（1）受让方为发行人高管、职工及其近亲属的股权转让中，2008 年 7 月的股权转让为北科力退出，履行了评估等程序并通过北京产权交易所公开挂牌交易，不属于股份支付；2008 年 7 月孙建中转让给李夏的交易，转让方孙建中不属于主要股东或其关联方，不属于股份支付。

（2）2008 年 7 月，谭政转让股权给楚林、刘俊华、贾丽妍、何丽江、金丽妹、梁义辉，属于公司的职工、高管或其近亲属自发行人控股股东、实际控制人处受让股权。根据对谭政及相关股权受让方的访谈，上述股权转让为 1 元/注册资本，价格与 2008 年 3 月谭政和中金泰达增资价格一致。

2008 年 5 月 29 日，声迅有限股东会作出决议，同意公司注册资本由 2,600 万元增加至 4,650 万元，其中，声迅有限税后利润 388 万元转增股本，增加注册资本 388 万元；声迅有限资本公积 112 万元转增股本，增加注册资本 112 万元；新转增的 500 万元股本由注册资本为 1,000 万元时的股东（即 2008 年 3 月增资前的全体股东）共同享有，2008 年 3 月认缴 1,600 万元增资的股东不享受此权益。

　　根据 2007 年 12 月 15 日北京昊海东方会计师事务所出具的京昊海审字（2007）第（568）号《审计报告》，截至 2007 年 10 月 31 日，声迅有限经审计后资产账面值为 41,994,992.75 元，负债账面值为 26,713,287.38 元，净资产为 15,281,705.37 元。由上可知，2008 年 3 月谭政和中金泰达增资时，公司净资产对应的注册资本实为未分配利润及资本公积转增后的 1,500 万元。按 2007 年 10 月 31 日声迅有限经审计净资产 1,528.17 万元计算，单位出资额对应净资产为 1.02 元 / 出资额，与增资价格 1 元 / 出资额基本相同。

　　因此，2008 年 7 月的上述股权转让价格 1 元 / 注册资本与按 2017 年底的每注册资本净资产价值基本一致，与 2008 年 3 月谭政和中金泰达增资价格保持一致。此外，股权受让方未与谭政或发行人签署服务期等带有股份支付性质的协议。因此，2008 年 7 月，谭政转让股权给楚林、刘俊华、贾丽妍、何丽江、金丽妹、梁义辉不构成股份支付。上述股权转让发生在发行人股改前，即使按股份支付处理，也不会影响发行人股改后的净资产数额、注册资本以及报告期初的未分配利润，对本次上市不会造成实质性障碍。

3. 发行人 2010 年 12 月改制至 2017 年期间的股权转让

　　发行人 2010 年 12 月改制后至 2017 年期间的股权转让中，不存在受让方为客户、供应商的情形，涉及到受让方为职工（含持股平台）及其近亲属的如下：

　　（1）受让方为发行人高管、职工及其近亲属的股权转让中，除 2014 年 6 月谭政转让股权给天福投资以及 2016 年 11 月天福投资转让股权给刘俊华、余和初、楚林外，转让方均不属于主要股东或其关联方，不属于股份支付。

　　（2）2014 年 6 月谭政转让股权给天福投资为公司实际控制人将直接持有的发行人股权变为间接持有，不涉及股份支付。

　　（3）根据对谭政及相关受让方的访谈，2016 年 11 月天福投资转让股权给刘俊华、余和初、楚林，股权转让价格均参考每股净资产确定为 2 元 / 股，高于转让前最近一期（2015 年 12 月 31 日）发行人经审计的归属于发行人股东的每股净资产 1.56 元；根据发行人截至 2015 年末经审计的每股收益（扣除非经常性损益后归母净利润为 2,317.53 万元、总股本为 6,138 万股、每股收益为 0.38 元），测算出来的该次转让股份的价格对应的 PE 值为 5.30 倍，估值相对合理。且股权受让方未与谭政或发行人签署相关股份支付的协议。因此，该次股权转让不构成股份支付的情形。

4.股份转让价格公允，不经评估或参考同行业类似交易 PE 符合商业惯例

自 2008 年至 2017 年，不涉及引入 PE 机构的情形，没有近期合理的 PE 入股价作参考；除 2008 年 7 月北科力将其持有的股权转让给谭政、2014 年谭政将持有的股份对天福投资进行增资及 2015 年刘孟然以其持有的股份对天福投资进行增资需要进行评估外，该期间内发行人的历次股权转让不涉及需经评估的情形。

综上，历次股权转让均由转让双方协商按照注册资本或最近一期每股净资产定价，且定价由双方协商自愿确定，系其真实的意思表述，符合商业惯例，不存在纠纷或潜在纠纷。

5.平价转让和实际转让价格被税务机关认可为纳税公允价格

根据发行人代扣代缴个人所得税的税收缴款书及缴税付款凭证以及主管税务机关出具的合规证明，发行人在报告期内，未收到过行政处罚。

根据发行人及其实际控制人谭政、聂蓉出具的情况说明，主管税务机关未对发行人历次股权转让价格的公允性提出异议，如被税务机关要求补缴相关税费，由实际控制人谭政、聂蓉承担。

综上，中介机构认为：

1.2008 年至 2017 年期间股权转让涉及的相关股权受让人存在为发行人职工、高管及其近亲属的情况，不存在为客户、供应商的情形，不构成股份支付；

2.2008 年至 2017 年期间历次股份转让价格公允，将股份转让价格与经审计净资产对比论证价格的公允性充分，不经评估或参考同行业类似交易 PE 符合商业惯例，历次转让不存在纠纷或潜在纠纷；

3.根据税务机关出具的证明文件，发行人在报告期内，未收到过行政处罚。发行人实际控制人已经出具承诺，主管税务机关未对发行人历次股权转让价格的公允性提出异议，如被税务机关要求补缴相关税费，由实际控制人谭政、聂蓉承担。

（四）案例点评

基于企业发展考虑，部分首发企业上市前通过增资或转让股份等形式实现高级管理人员或核心技术人员、员工、主要业务伙伴持股。首发企业

股份支付成因复杂，公允价值难以计量，与上市企业实施股权激励相比存在较大不同。对此，首发企业及中介机构需重点关注哪些方面呢？《首发业务若干问题解答（2020 年 6 月修订）》具体解答如下。

（1）具体适用情形。

对于报告期内发行人向职工（含持股平台）、客户、供应商等新增股份，以及主要股东及其关联方向职工（含持股平台）、客户、供应商等转让股份，均应考虑是否适用《企业会计准则第 11 号——股份支付》。对于报告期前的股份支付事项，如对期初未分配利润造成重大影响，也应考虑是否适用《企业会计准则第 11 号——股份支付》。有充分证据支持属于同一次股权激励方案、决策程序、相关协议而实施的股份支付事项的，原则上一并考虑适用。

通常情况下，解决股份代持等规范措施导致股份变动，家族内部财产分割、继承、赠予等非交易行为导致股权变动，资产重组、业务并购、持股方式转换、向老股东同比例配售新股等导致股权变动等，在有充分证据支持相关股份获取与发行人获得其服务无关的情况下，一般无须作为股份支付处理。

对于为发行人提供服务的实际控制人／老股东以低于股份公允价值的价格增资入股事宜，如果根据增资协议，并非所有股东均有权按各自原持股比例获得新增股份，对于实际控制人／老股东超过其原持股比例而获得的新增股份，应属于股份支付；如果增资协议约定，所有股东均有权按各自原持股比例获得新增股份，但股东之间转让新增股份受让权且构成集团内股份支付，导致实际控制人／老股东超过其原持股比例获得的新增股份，也属于股份支付。对于实际控制人／老股东原持股比例，应按照相关股东直接持有与穿透控股平台后间接持有的股份比例合并计算。

（2）确定公允价值。

存在股份支付事项的，发行人及申报会计师应按照企业会计准则规定的原则确定权益工具的公允价值。在确定公允价值时，应综合考虑如下因素：①入股时间阶段、业绩基础与变动预期、市场环境变化；②行业特点、同行业并购重组市盈率水平；③股份支付实施或发生当年市盈率、市净率等指标因素的影响；④熟悉情况并按公平原则自愿交易的各方最近达成的入股价格或相似股权价格确定公允价值，如近期合理的 PE 入股价，但要避免采用难以证明公允性的外部投资者入股价；⑤采用恰当的估值技术确定公允价值，但要避免采取有争议的、结果显失公平的估值技术或公允价值确定方法，如明显增长预期下按照成本法评估的每股净资产价值或账面净资产。发行人及申报会计师应在综合分析上述因素的基础上，合理确定股份支付相关权益工具的公允价值，充分论证相关权益工具公允价值的合理性。

（3）计量方式。

确认股份支付费用时，对增资或受让的股份立即授予或转让完成且没有明确约定服务期等限制条件的，原则上应当一次性计入发生当期，并作为偶发事项计入非经常性损益。对设定服务期的股份支付，股份支付费用应采用恰当的方法在服务期内进行分摊，并计入经常性损益，发行人及中介机构应结合股权激励方案及相关决议、入股协议、服务合同等有关服务期的条款约定，充分论证服务期认定的依据及合理性。

（4）披露与核查。

发行人应在招股说明书及报表附注中披露股份支付的形成原因、具体对象、权益工具的数量及确定依据、权益工具的公允价值及确认方法。保荐机构及申报会计师应对首发企业报告期内发生的股份变动是否适用《企业会计准则第 11 号——股份支付》进行核查，并对以下问题发表明确意见：股份支付相关权益工具公允价值的计量方法及结果是否合理，与同期可比公司估值是否存在重大差异及原因；对于存在与股权所有权或收益权等相关的限制性条件的，相关条件是否真实、可行，服务期的判断是否准确，服务期各年 / 期确认的员工服务成本或费用是否准确；发行人报告期内股份支付相关会计处理是否符合《企业会计准则》相关规定。

五、劳务派遣和劳务外包：兆威机电（003021）

（一）相关事实

报告期内，2018 年 8 月前，发行人存在劳务派遣，存在劳务派遣用工数量超过当月用工总量 10% 的情况；2018 年 9 月起，发行人用劳务外包代替劳务派遣，劳务外包用工数量大，劳务外包用工数量占当月用工总量最高达49.31%。

（二）反馈问题

请发行人：（1）结合主要工作内容、用工管理机制、费用结算等，说明申请人劳务外包与劳务派遣的区别；（2）劳务承包方组织并管理劳务人员的管理模式，发行人间接的用工管理与承包方工作人员管理的具体安排和衔接；（3）说明在业务量大幅增加，劳务外包人员大幅增加的情况下，而在职职工却未相应大幅增加的原因及合理性；（4）是否存在通过劳务外包规避劳务派遣的情形，是否存在潜在的违法违规风险和潜在的纠纷。请保荐机构、发行人律师说明核查的依据、方法，并发表明确核查意见。

（三）发行人及中介机构回复

1.结合主要工作内容、用工管理机制、费用结算等，说明申请人劳务外包与劳务派遣的区别

自2018年以来，发行人的生产经营规模不断扩大，通过劳务派遣的方式，已经不能满足其用工需求，发行人于2018年下半年开始外购生产劳务外包。同时，为进一步规范发行人用工形式，自2018年9月份开始，发行人陆续与劳务派遣公司解除协议，至2018年10月，发行人已不存在劳务派遣用工情况。发行人劳务派遣与劳务外包存在明显的区别：

（1）主要工作内容

发行人产品从原材料到成品的基本工艺流程先后包括注塑、材料检验、组装、测试、激光刻印、外观检查、包装等主要工序。从生产角度来看，报告期内发行人采购的生产劳务外包服务属于非关键工序，工序操作流程标准化，生产人员只需简单培训便可以胜任。劳务外包环节主要工作内容为部分产品组装、产品外观检查等辅助性工序，主要工作内容由发行人与劳务外包承包方商定，并可以按照工作数量、工作质量等进行评价及结算。

发行人在符合辅助性、临时性、可替代性的岗位上使用劳务派遣员工。劳务派遣员工的工作内容根据发行人生产经营需要进行具体安排指定，工作内容并不限于相对标准化的工作模块、工作流程。

（2）用工管理机制

劳务外包合同中明确约定，双方合作系一种劳务承包、承揽关系，发行人对用工人员实行间接的用工管理。发行人对承包方为完成项目工作安排的员工人数、职责设置、考勤、奖惩、待遇、辞退等有建议权，而决定权和执行权均在承包方。发行人明确从事劳务外包的工作任务和工作要求，然后由承包方派出工作人员自行安排制定相关人员的工作任务、工作时间、工作进度。承包方负责教导其员工按照发行人的工作描述、生产操作规程等质量标准进行工作。

发行人与劳务派遣公司签订合同，由劳务派遣公司根据发行人的要求向发行人派遣人员，劳务派遣员工由发行人根据生产需要进行直接管理，劳务派遣员工须服从发行人的生产工作纪律。

（3）费用结算及用工报酬的发放

发行人将部分工作模块、工作流程外包给劳务外包承包方完成，劳务外包的内容为生产部产品组装和检查工作。发行人与劳务外包的承包方，按照工作量、工作质量进行外包费用结算，承包方向发行人开具劳务外包发票。外包合同中约定，按产品的种类、难易程度协商产品单价，劳务费=单价*数量，产品质量不合格不支付费用；劳务外包费用已经包含承包方员工的劳动报酬、承包方的管理费用等所有相关费用。

劳务外包用工人员与劳务外包承包方签署合同，用工人员的报酬均由承包方发放，承包方负责承担其员工的劳动报酬。发行人向承包方支付外包费用，不直接对用工人员发放报酬；由承包方自行向其人员支付报酬。

劳务派遣员工结算工资依据员工实际出勤记录核算。劳务派遣人员的工资主要由基本时薪和超产奖金组成，其中基本时薪一般在15.5元/小时/人–21元/小时/人之间，主要根据发行人对劳务派遣人员需求的急切程度、劳务市场人力是否紧缺等因素，由发行人与劳务派遣公司协商确定；劳务派遣员工的超产奖实行与发行人正式生产员工一样的奖励标准。

经核查发行人与劳务外包承包方签署的劳务外包合同、劳务外包方的协同管理组织架构、相关对账单及发票等资料，并访谈发行人相关高管、劳务外包承包方，中介机构认为，发行人劳务外包实际操作中明显区别于劳务派遣。

2. 劳务承包方组织并管理劳务人员的管理模式，发行人间接的用工管理与承包方工作人员管理的具体安排和衔接

《劳务外包合同》就劳务外包相关劳务人员的管理方式明确约定：明

185

确承包方从事生产外包的工作任务和工作要求，然后由承包方自行安排制定相关人员的工作任务、工作时间；发行人对于承包方为完成项目工作安排的员工人数、职责设置、考勤、奖惩、待遇、辞退等有建议权，而决定权和执行权均在承包方，承包方派遣若干名项目经理进行统一管理调配；承包方负责组织并管理人员、按发行人的质量标准要求按时按质按量完成工作任务，发行人负责提供劳动工具设备、工作场地、劳保用品、工作标准；承包方教导其劳务人员严格按照发行人的工作描述、生产操作规程等质量标准进行工作，承包方员工因意外伤害、工伤、疾病或其他因素导致的劳动争议、经济补偿等均由承包方承担责任。

在发行人的生产劳务外包中，劳务人员指挥管理权由劳务承包方行使，发行人不直接对劳务外包人员进行管理，发行人的各种规章制度也并不适用于从事外包劳务的劳动者；但发行人基于安全、消防、质量等因素，可对劳动者行使一定间接管理权，该种间接管理权也主要通过劳务承包方的现场管理人员实施。

实际操作中，劳务外包方派出若干项目管理人员并提供相关管理人员名单，对劳务人员进行直接管理。发行人生产管理人员将生产部产品组装和检查工作的工作流程、工作内容、质量要求、验收标准详细告知劳务外包方项目管理人员，由劳务外包方具体项目管理人员教导其劳务人员按照发行人的工作描述、生产操作规程等质量标准进行工作。

报告期内发行人采购的生产劳务外包服务属于非关键工序，工序操作流程标准化，生产人员只需简单培训便可以胜任。劳务承包方的具体工作成果，经发行人品质检测后入库或转入下一道工序，此后发行人与劳务承包方按照每月对账单的形式进行确认结算。

3. 说明在业务量大幅增加，劳务外包人员大幅增加的情况下，而在职职工却未相应大幅增加的原因及合理性

报告期内，发行人存在以劳务外包满足短期辅助性劳务需求的情形。发行人劳务需求具有如下特点：不涉及核心岗位与技术，具有随订单波动的特征；用工周期短，人员流动性大；从事劳务相关人员学历、技能与经验要求低，通过短期培训即可胜任；全部均为生产人员。

报告期内，自 2018 年 9 月起，发行人开始采用劳务外包的用工模式，截至 2019 年末，发行人劳务外包用工基本情况如下：

月份	月末在职员工人数（不含劳务外包）	月末劳务外包人数	月末劳务外包人数占月末在职员工人数（不含劳务外包）比例
2018 年 9 月	1,350	105	7.78%
2018 年 10 月	1,350	78	5.78%
2018 年 11 月	1,334	71	5.32%
2018 年 12 月	1,388	290	20.89%
2019 年 1 月	1,551	721	46.49%
2019 年 2 月	2,022	1,967	97.28%
2019 年 3 月	2,293	1,487	64.85%
2019 年 4 月	2,826	1,465	51.84%
2019 年 5 月	2,920	870	29.79%
2019 年 6 月	2,663	291	10.93%
2019 年 7 月	3,111	156	5.01%
2019 年 8 月	3,023	277	9.16%
2019 年 9 月	2,942	240	8.16%
2019 年 10 月	2,714	210	7.74%
2019 年 11 月	2,316	16	0.69%
2019 年 12 月	1,948	29	1.49%

由上表可知，2019 年 1—4 月，发行人月末劳务外包人数与月末在职员工人数都处于快速增长的趋势，但由于月末劳务外包人数的增长速度大于月末在职员工人数增长速度，使得月末劳务外包人数占月末在职员工人数的比例处于较高水平，特别是在 2019 年 2 月末达到最高水平。

主要原因为：（1）发行人用于智能手机摄像头升降模组的微型传动系统等产品需求量大增，且产品交货周期较短，发行人短期内对产品组装、产品外观检查等辅助性工序生产人员的需求大幅增长，发行人无法在短期内通过劳动用工市场招聘到足够的生产人员，因此通过劳务外包的方式来满足短期用工需求；（2）2019 年 2—3 月处于春节前后期间，招工难度较大，发行人短期内无法招聘到大量的辅助性工序生产人员。2019 年 5—9 月，随着发行人逐步增加生产人员招聘力度，发行人月末在职员工人数整体呈上升趋势，而月末劳务外包人数呈下降趋势。2019 年 10—12 月，随着发行人用于智能手机摄像头升降模组的微型传动系统等产品需求量下降，发行人月末劳务外包人数和月末在职员工人数随之呈下降趋势。综上所述，2019 年 1—4 月，劳务外包人员大幅增加而在职职工未相应大幅增加，具有真实合理原因。

4. 是否存在通过劳务外包规避劳务派遣的情形，是否存在潜在的违法违规风险和潜在的纠纷

（1）发行人不存在通过劳务外包形式规避劳务派遣的情形劳务外包，在法律适用、管理权限、劳动风险承担、用工风险的承担、财务会计处理上与劳务派遣具有明显区分：（a）法律适用不同：劳务派遣对应概念是直接用工，适用劳动合同法；劳务外包属于具体的业务经营模式，对应概念是直接经营，属民事关系，受合同法等民事法律调整；（b）管理权限不同：劳务派遣情况下，用工单位对劳动者的劳动过程享有完整的指挥管理权，用工单位的各种规章制度适用于被派遣劳动者；生产劳务外包中，指挥管理权由承包单位行使，发包人不直接对其进行管理，发包人的各种规章制度也并不适用于从事外包劳务的劳动者；但发包单位基于安全、消防、质量等因素，可对劳动者行使一定间接管理权；（c）劳动风险承担不同：劳务派遣单位对被派遣人员的工作结果不负责任，劳动结果风险由用工单位承担；生产劳务外包中发包人关注的是承包人交付的工作成果，承包人只有在工作成果符合约定时才能获得相应的外包费用，从事外包业务劳动者的劳动风险与发包人无关；（d）用工风险的承担不同：劳务派遣中，用工单位系劳务派遣三方法律关系中的一方主体，需承担一定的用工风险；生产劳务外包中，承包人招用劳动者的用工风险与发包人无关，发包人与承包人各自的用工风险完全隔离；（e）财务会计处理不同：劳务派遣人员工资总额纳入用工单位工资总额的统计范围；生产劳务外包中，由承包人向外包人员支付劳动报酬，外包费用不纳入发包人的工资总额。

如上所述，发行人劳务外包实际操作中明显区别于劳务派遣。根据发行人书面说明，劳务外包公司系发行人人力资源部门通过市场途径方式寻找并遴选；发行人对市场能够提供服务的劳务外包公司进行遴选择优，对能够提供稳定优质服务且具有内部管理能力的劳务外包公司予以持续合作。

经访谈两家劳务外包公司并经核查发行人所提供的劳务外包合同及发票，发行人两家劳务外包公司之前或现时均与其他公司进行过生产劳务外包，并非仅为发行人提供劳务外包服务；该两家劳务外包公司此前也并未对发行人提供过劳务派遣服务。

经访谈两家劳务外包公司，并经发行人实际控制人以及发行人的董事、监事、高管、人力资源部门负责人书面确认，发行人及其董事、监事、高级管理人员均与该等劳务外包公司不存在关联关系及其他利益安排。

经核查发行人与劳务外包承包方签署的劳务外包合同、劳务外包方的协同管理组织架构、相关劳务外包对账单及发票等资料，并访谈发行人相关高管、劳务外包承包方，中介机构认为，发行人劳务外包实际操作中均明显区分于劳务派遣，发行人不存在通过劳务外包规避劳务派遣的情形。

（2）劳务外包履行过程中不存在潜在违法违规风险和潜在纠纷

经访谈上述两家劳务外包公司，并经发行人实际控制人以及发行人的董事、监事、高管、人力资源部门负责人书面确认，发行人不存在涉及劳务外包承包方或劳务外包用工人员的重大违法违规行为、重大纠纷或诉讼仲裁。

根据发行人书面确认，报告期内，根据发行人生产经营扩张的需要，存在发行人将部分劳务派遣员工吸收为发行人正式员工的情形，但是不存在劳务外包用工人员与之前员工、劳务派遣人员重合的情况；发行人不存在通过劳务外包规避劳务派遣的情形。

根据深圳市人力资源和社会保障局出具的《关于深圳市兆威机电股份有限公司守法情况的复函》，报告期内，发行人不存在因违反劳动法律法规而受到行政处罚的情形。

综上，保荐机构及发行人律师认为，发行人不存在通过劳务外包形式规避劳务派遣的情形，劳务外包履行过程中不存在潜在违法违规风险和潜在纠纷。

（四）案例点评

传统生产制造型企业多为劳动密集型企业，对一线生产工人的需求量大，因此劳务派遣、劳务外包在传统生产制造型企业中比较普遍。劳务派遣、劳务外包对于提高人员使用效率、降低生产成本来说，都是必要的。目前，我国对于劳务派遣制度的规定并不完善，而且很多发行人并没有规范意识，在劳务派遣、劳务外包方面存在较多的违法违规行为。因此，监管部门在审核过程中主要关注劳务派遣是否会影响发行人的规范运行、是否会影响发行人的正常生产经营。发行人报告期内存在违法违规情况时，可以通过中介机构的辅导和规范在申报前解决。

本案例对劳务派遣用工岗位、劳务派遣用工比例、劳务派遣用工是否同工同酬、劳务派遣公司资质与社会保险费缴纳、劳务派遣与劳务外包的区别、主管部门的合法合规证明等方面进行核查分析，从而判断发行人的劳务外包、劳务派遣用工是否影响发行人规范运作和生产经营，值得借鉴。

另外，证监会就部分首发企业存在将较多的劳务活动交由专门劳务外包公司实施提出问题的，中介机构应当充分关注以下方面。

（1）该等劳务外包公司的经营合法合规性等情况。例如：是否为独立经营的实体，是否具备必要的专业资质，业务实施及人员管理是否符合相关法律法规规定，发行人与其发生业务交易的背景及是否存在重大风险。

（2）劳务外包公司是否专门或主要为发行人服务，如存在主要为发行人服务的情形，应关注其合理性及必要性、关联关系的认定及披露是否真实、准确、完整。对于该类情形，中介机构应当从实质重于形式角度按关联方的相关要求进行核查，并特别考虑其按规范运行的经营成果对发行人财务数据的影响，以及对发行人是否符合发行条件的影响。

（3）劳务外包公司的构成及变动情况，劳务外包合同的主要内容，劳务外包人员数量及费用变动是否与发行人经营业绩相匹配，劳务费用定价是否公允，是否存在跨期核算情形。

六、环保问题：海利尔（603639）

（一）相关事实

报告期内，发行人因存在异味污染、危险废物堆放等问题，共被有关主管部门要求停产整顿三次。

（二）反馈问题

（1）请发行人代表补充说明报告期停产的主要原因，发行人内控制度执行的主要缺陷及不足，发行人对内控制度采取的主要改进措施及相关投入情况，截止目前相关内控执行缺陷是否已经彻底消除，发行人是否有能力保证其环保水平持续符合国家标准。请保荐代表人发表核查意见。

（2）报告期内，发行人及子公司因环保等事项先后受到多起行政处罚或者被采取行政监管措施。请发行人代表补充说明发行人是否建立了健全的内部控制制度并予以有效执行。请保荐代表人发表核查意见。

（三）发行人及中介机构回复

根据发行人提供的山东海利尔停产治理的决定、复车意见、治理方案、新增环保设施的采购协议等文件，并经保荐机构及律师实地调查和对发行人环保负责人、潍坊市环境保护局滨海区分局的访谈，报告期内，山东海利尔共被有关主管部门要求停产整治 3 次，山东海利尔均依据主管部门要求，提出了相应的整改措施，并经主管部门验收合格后恢复生产，具体情况如下：

（1）第一次停产治理、整改方案及整改措施

2013 年 11 月 14 日，潍坊滨海经济技术开发区管理委员会出具《关于依法责令山东海利尔化工有限公司停产治理的决定》，认定山东海利尔厂界存在异味污染，决定"责令公司立即停产，提出整改方案，落实整改措施；经区环保分局、临港工业园管理办公室联合验收同意后方可投入生产"。

收到停产治理决定后，山东海利尔立即针对环保设施的运行重新制定处理方案，以对工艺尾气及各异味源进行有效处理，采取的主要措施包括：1）对环合尾气实行三级吸收二级喷淋整改，使固光气体中和于吸收罐内，解决吸收尾气不彻底的现象；2）针对吸收装置所产生的盐酸挥发产生气味问题，在其排放口加引风机，把盐酸气体引致尾气吸收处，并在盐酸运输车辆装车口增加引风机，用软管引至尾气吸收处；3）对二步裂解放渣工段增加引风喷淋吸收装置，将放渣产生的气体进行吸收；4）为杜绝二氯釜底残渣排放产生的气味，对每天产生的废液加盖后用引风引至喷淋处，并用水降温后运至危废库；制作专门的放渣储存室，并安装引风装置，待二氯精馏工段产生的废渣冷却后进行加盖密封转移至危废库中；5）针对吡虫啉生产过程中二氯乙烷脱气气味，将脱气设备由液环真空泵改为冷风式真空泵，将二氯乙烷彻底冷凝；6）针对啶虫脒生产过程中的一甲胺气味，对一甲胺尾气采用两级甲苯吸收，一级酸降膜吸收，使尾气中的一甲胺与酸进行中和；7）在生产过程中加强"6S"管理，杜绝生产过程中的跑冒滴漏现象。本次整改增加设备及工艺改进投入计 78.71 万元。

2013 年 11 月 19 日，滨海经济技术开发区管理部门和环保部门对山东海利尔整改内容进行验收，认为山东海利尔基本落实了异味治理措施，同意开车调试；并要求调试过程中如有异味立即停产整改。

2014 年 1 月 3 日，潍坊滨海经济技术开发区环境保护委员会出具《关于依法责令山东海利尔化工有限公司继续停产治理的决定》，认定山东海利尔在生产过程中未采取有效污染防治措施，散发异味，造成空气污染，决定"责令公司继续停产治理，排查问题，提出整改方案，落实整改措施；经区环保分局、临港工业园管理办公室联合验收同意后方可投入生产"。

收到继续停产治理决定后，山东海利尔邀请专家针对异味问题进行了讨论，结合专家诊断意见制定了异味治理方案，主要采取了以下整改措施：1）对二步裂解放渣及泵区进行了封闭，增加了 2 台引风机，集中引风后采用活性炭吸附；2）丙烯醛抽料和固光存放处和固光溶解处进行了全部封闭，增加 1 台引风机和尾气吸收装置；3）二氯车间和吡虫啉车间局部密封，并增加引风机，集中引风后采用活性炭吸附；4）对二氯精馏放渣工艺进行改造，加稀释降温放渣，并放置引风口，引风后适用碱性喷淋塔吸收；5）对污水处理站气浮机和各废水池进行密封，并将气味引至光解除臭装置；6）对啶虫脒车间胺化尾气、脱溶尾气增加一级冷凝，同时尾气改为二级溶剂吸收＋一级酸吸收＋一级水吸收。本次整改增加设备及工艺改进投入计 151.64 万元。

2014 年 2 月 8 日，潍坊滨海经济技术开发区环境保护委员会出具《关于同意山东海利尔化工有限公司复车的意见》，对上述整改措施进行验收，同意山东海利尔恢复生产。

（2）第二次停产治理、整改方案及整改措施

2014 年 3 月 22 日，潍坊滨海经济技术开发区环境保护委员会出具《关于依法责令山东海利尔化工有限公司吡虫啉烘干车间停产治理的决定》，

认定山东海利尔厂界存在异味污染，责令"吡虫啉烘干车间立即停产，提出整改方案，落实整改措施；经经区环保分局、临港工业园管理办公室联合验收同意后方可投入生产"。

针对上述污染问题，山东海利尔积极采取措施进行整改，聘请潍坊碧斯源环保有限公司针对异味问题进行重新设计、安装，确保处理后的尾气达标排放，主要措施包括：1）一是针对对吡虫啉车间异味问题，在原有尾气处理设施基础上，对喷淋吸收系统进行设计，改造新上两级尾气喷淋塔（一级碱液吸收、一级水吸收），提高吸收效果及吸收能力，并增加20,000m³/h引风机一台，减少吡虫啉烘干车间无组织废气的排放；2）二是针对污水站废水池散发气味问题，新上异味处理设施一套（两级碱液吸收、一级次氯酸钠吸收、一级活性炭吸附），提高吸收效果，并增加5,000m³/h引风机一台，减少污水暂存池无组织废气的排放。本次整改增加设备及工艺投入计48.50万元。

2014年5月12日，潍坊滨海经济技术开发区环境保护委员会出具《关于同意山东海利尔化工有限公司吡虫啉烘干车间复车的意见》，对上述整改措施进行验收，同意山东海利尔吡虫啉烘干车间恢复生产。

经过上述整改，山东海利尔彻底解决了生产过程中存在的异味问题。

（3）第三次停产治理

2015年4月30日，潍坊经济技术开发区环境保护委员会出具《关于依法责令山东海利尔化工有限公司2-氯-5-氯甲基吡啶项目停产治理的决定》，认定山东海利尔厂界露天堆放2-氯-5-氯甲基吡啶废料，未按危险废物暂存规定采取防雨措施，现场堆放不规范，责令"2-氯-5-氯甲基吡啶项目立即停产，露天堆放的废料转移至有资质的单位进行处置；治理完毕经园区、环保部门联合验收合格后方可复车"。

针对上述问题，山东海利尔根据环保部门的要求，采取了以下整改措施：1）制定了《危险废物管理制度》和《应急预案》，建立了管理计划、危废记录和台账、处置记录和台账、出入库记录等档案；2）与青岛新天地固体废物综合处置有限公司签订了《危险废物委托处置合同》，经环保局批准，已开始转移；3）按照危废暂存管理规定，将危废放入室内贮存，贮存仓库采取了防渗、防雨等措施，设置了危废标识、张贴了危废标签和危废管理制度；（4）与寿光市亚亨钢结构有限公司签订《建设工程施工合同》，在原废料存放场地建立一座危险废物贮存仓库，正进行土建施工。本次整改已与寿光市亚亨刚结构有限公司签订合同计 93 万元。

截止目前，山东海利尔按照与青岛新天地固体废物综合处置有限公司签订的《危险废物委托处置合同》陆续转移处置危险废物，严格按照环境保护部门要求对堆放不规范的现场进行了全面清理；并建设完毕危险废物贮存仓库，对危险废物的贮存按照规定进行专项管理。

除上述整改措施外，发行人对相关责任人进行了停职检查、罚款等严肃处理措施，以杜绝类似问题再次发生，经检查与问责，相关责任人主要存在如下问题：①环保意识不强，未按公司规定的环保要求与流程存放固废；②存在侥幸心理：认为当时天气良好，而在露天存放几天即处理、不会对环境造成影响，因此未存放于临时仓库或采取防雨措施。

2015 年 6 月 13 日，潍坊滨海经济技术开发区环境保护委员会出具《关于同意山东海利尔化工有限公司 2- 氯 -5- 氯甲基吡啶项目复车的意见》，对上述整改措施进行验收，同意山东海利尔 2- 氯 -5- 氯甲基吡啶项目恢复生产。

综上所述，保荐机构和律师认为，报告期内，山东海利尔在收到主管部门的停产整治决定后，均积极采取措施进行整改，历次整改措施均经过主管环保部门验收合格，并同意其恢复生产，山东海利尔的上述整改措施合理、有效。

（4）发行人三次停产整治属于行政命令，不属于行政处罚

1）从行政行为的内容看，停产整治是行政命令的一种，行政命令不属于行政处罚

《最高人民法院关于规范行政案件案由的通知》（法发〔2004〕2 号）规定，行政行为的种类包括"1、行政处罚 2、行政强制…8、行政命令…"。

《环境行政处罚办法》第十二条规定："根据环境保护法律、行政法规和部门规章，责令改正或者限期改正违法行为的行政命令的具体形式有：（一）责令停止建设；（二）责令停止试生产；（三）责令停止生产或者使用；（四）责令限期建设配套设施；（五）责令重新安装使用；（六）责令限期拆除；（七）责令停止违法行为；（八）责令限期治理；（九）法律、法规或者规章设定的责令改正或者限期改正违法行为的行政命令的

其他具体形式。根据最高人民法院关于行政行为种类和规范行政案件案由的规定，行政命令不属行政处罚。行政命令不适用行政处罚程序的规定。"

可见，"责令停止生产""责令限期治理"也是责令改正环保违法行为的行政命令的形式之一，而根据相关规定，行政令与行政处罚是两种不同的行政行为，行政命令不属于行政处罚。

2）从行政行为的主体看，责令山东海利尔停产治理的行政主体并非法定享有行政处罚权的行政主体

《行政处罚法》第十五条规定："行政处罚由具有行政处罚权的行政机关在法定职权范围内实施。"

《环境行政处罚办法》第十四条规定："县级以上环境保护主管部门在法定职权范围内实施环境行政处罚。经法律、行政法规、地方性法规授权的环境监察机构在授权范围内实施环境行政处罚，适用本办法关于环境保护主管部门的规定。"

根据上述规定，环保行政处罚仅能由县级以上环境保护主管部门及经授权的环境监察机构实施，而对于行政命令的实施主体，我国现有法律法规并未有明确的规定。

山东海利尔的第一次停产整治系潍坊滨海经济技术开发区管理委员会下发的行政命令，第二次及第三次停产整治则是潍坊滨海经济技术开发区环境保护委员会下发的行政命令。潍坊滨海经济技术开发区管理委员会是潍坊市政府派出机构，而根据潍坊滨海经济技术开发区党工委、潍坊滨海经济技术开发区管委会于2013年10月12日下发的《关于落实"三八六"环保行动加快生态美丽滨海建设的意见》（潍滨发〔2013〕31号），潍坊滨海经济技术开发区环境保护委员会仅负责研究制定保护规划、政策制度和推进措施，协调解决全区环境保护问题，因此潍坊滨海经济技术开发区管理委员会和潍坊滨海经济技术开发区环境保护委员会均非法定的环境保护主管部门或经授权的环境监察机构；并且，山东海利尔第三次因固废堆放不规范停产整治是由潍坊滨海经济技术开发区环境保护委员会下发的行政命令，而因此次固废堆放不规范受到的行政处罚则是由潍坊市环境保护局滨海区分局实施的，这也说明潍坊滨海经济技术开发区环境保护委员会并不享有相应的行政处罚权。

3）从行政行为的程序看，责令山东海利尔停产治理的程序并非法定的

行政处罚程序

《行政处罚法》第三条规定："公民、法人或者其他组织违反行政管理秩序的行为，应当给予行政处罚的，依照本法由法律、法规或者规章规定，并由行政机关依照本规定的程序实施。没有法定依据或者不遵守法定程序的，行政处罚无效。"

根据《行政处罚法》及《环境行政处罚办法》，除对公民处以 50 元以下、对法人或者其他组织处以 1000 元以下罚款或者警告的行政处罚可以适用简易程序外，其他对环境违反行为的行政处罚一般应经过立案、调查取证、案件审查、告知、处理决定等程序，其中对于责令停产停业、吊销许可证或执照、较大数额的罚款等行政处罚，还必须在处罚前告知当事人有要求举行听证的权利；对于应给予行政处罚的，行政机关应当制作行政处罚决定书，行政处罚决定书应当载明以下内容：（一）当事人的基本情况，包括当事人姓名或者名称、组织机构代码、营业执照号码、地址等；（二）违反法律、法规或者规章的事实和证据；（三）行政处罚的种类、依据和理由；（四）行政处罚的履行方式和期限；（五）不服行政处罚决定，申请行政复议或者提起行政诉讼的途径和期限；（六）作出行政处罚决定的环境保护主管部门名称和作出决定的日期，并且加盖作出行政处罚决定环境保护主管部门的印章。

对于行政命令，我国现有法律法规并未明确规定相应的实施程序。潍坊滨海经济技术开发区管理委员会及潍坊滨海经济技术开发区环境保护委员会责令山东海利尔停产整治并未按照上述行政处罚的程序实施，未告知山东海利尔有举行听证的权利，最终出具的《关于依法责令山东海利尔化工有限公司停产治理的决定》《关于依法责令山东海利尔化工有限公司吡虫啉烘干车间停产治理的决定》《关于依法责令山东海利尔化工有限公司2-氯-5-氯甲基吡啶项目停产治理的决定》，无论名称还是内容均不属于行政处罚决定书。

4）潍坊滨海经济技术开发区环境保护委员会于 2016 年 8 月 29 日出具情况说明，山东海利尔受到的三次停产整治属于责令山东海利尔改正违反行为的行政命令，不属于行政处罚；导致山东海利尔被停产治理的违法行为不属于重大违法行为

综上，保荐机构及发行人律师认为，根据《行政处罚法》《环境行政

处罚办法》等相关法律法规的规定及山东海利尔的主管环保部门出具的证明，山东海利尔的三次停产整治属于行政命令而非行政处罚。

根据潍坊市环境保护局滨海区分局于2015年6月29日出具的《关于山东海利尔化工有限公司停产治理情况的说明》，针对上述停产治理情况："山东海利尔在收到区环委会的停产整治决定后，能够积极采取有效措施进行整改，及时通过区环委会验收合格，恢复生产。截止目前，通过调整生产工艺、增加环保设施等整改措施，山东海利尔异味问题已经得到了有效解决，固废转移、存储也已得到妥善处理。以上三次导致责令停产行为不属于重大违法行为。自2012年至今，山东海利尔基本能够遵守各项国家环保管理法规，依法经营，生产经营活动基本符合国家环境保护的要求。"

根据潍坊市滨海经济技术开发区环境保护委员会于2015年7月1日出具的《关于山东海利尔化工有限公司停产治理情况的说明》，针对山东海利尔停产治理情况确认："山东海利尔在收到区环委会的停产整治决定后，能够积极采取有效措施进行整改，历次整改措施均经过区环委会验收合格，并同意恢复生产。截止目前，通过调整生产工艺、增加环保设施等整改措施，山东海利尔异味问题已经得到了有效解决，固废转移、存储也已得到妥善处理。以上三次导致责令停产行为不属于重大违法行为。自2012年至今，山东海利尔基本能够遵守各项国家环保管理法规，依法经营，生产经营活动基本符合国家环境保护的要求，不存在因违反国家环境保护管理法规而受到区环委会处罚的情形。经过近期区环委会及相关专家对山东海利尔环保检查，区环委会认为山东海利尔环保设施有效运行，目前已不存在环保隐患。"

2015年9月23日，潍坊市环境保护局滨海区分局在开展统一规范执法行动中对山东海利尔2015年4月30日危废堆放不规范事件出具了《行政处罚决定书》（潍滨环罚字〔2015〕0923号），决定对山东海利尔罚款7万元。根据该《行政处罚决定书》，该局是依据《中华人民共和国固体废物污染环境防治法》第七十五条第（十一）项的规定对山东海利尔处以罚款。

《中华人民共和国固体废物污染环境防治法》第七十五条规定：

"违反本法有关危险废物污染环境防治的规定，有下列行为之一的，由县级以上人民政府环境保护行政主管部门责令停止违法行为，限期改正，处以罚款：（一）不设置危险废物识别标志的；（二）不按照国家规定申报登记危险废物，或者在申报登记时弄虚作假的；（三）擅自关闭、闲置或者拆除危险废物集中处置设施、场所的；（四）不按照国家规定缴纳危险废物排污费的；（五）将危险废物提供或者委托给无经营许可证的单位从事经营活动的；（六）不按照国家规定填写危险废物转移联单或者未经批准擅自转移危险废物的；（七）将危险废物混入非危险废物中贮存的；（八）未经安全性处置，混合收集、贮存、运输、处置具有不相容性质的危险废物的；（九）将危险废物与旅客在同一运输工具上载运的；（十）未经消除污染的处理将收集、贮存、运输、处置危险废物的场所、设施、设备和容器、包装物及其他物品转作他用的；（十一）未采取相应防范措施，造成危险废物扬散、流失、渗漏或者造成其他环境污染的；（十二）在运输过程中沿途丢弃、遗撒危险废物的；（十三）未制定危险废物意外事故防范措施和应急预案的。

有前款第一项、第二项、第七项、第八项、第九项、第十项、第十一项、第十二项、第十三项行为之一的，处一万元以上十万元以下的罚款；有前款第三项、第五项、第六项行为之一的，处二万元以上二十万元以下的罚款；有前款第四项行为的，限期缴纳，逾期不缴纳的，处应缴纳危险废物排污费金额一倍以上三倍以下的罚款。"

因此，山东海利尔危废堆放不规范行为属于其中第（十一）项所规定的违法行为，而第（十一）项的违法行为属于该条第二款规定的应处以"一万元以上十万元以下罚款"的违法性质相对较轻、处罚标准相对较低的违法行为。

2015 年 12 月 11 日，潍坊市环境保护局滨海区分局出具《证明》，确认"山东海利尔已通过委托有资质的第三方专业机构转移危险废物、建设危险废物贮存仓库等整改措施对上述问题进行整改，并经我局验收合格；相应的行政罚款也已及时缴纳。我局认为，山东海利尔的上述处罚不属于重大行政处罚。自 2012 年 1 月 1 日至今，山东海利尔基本能够遵守各项国家环保管理法规，依法经营，生产经营活动基本符合国家环境保护的要求，不存在因违反环境保护相关法律、法规和规范性文件的规定而受到其他行政处罚的情形。"

根据上述环境保护部门出具的证明及发行人的说明与承诺，并经保荐机构在相关环保局网站等进行查询，截至本招股意向书签署之日，发行人及其控股子（孙）公司近三年不存在其他因违反环境保护相关法律法规而被行政处罚的情形。

综上，保荐机构及律师认为，山东海利尔上述违规行为发生后，已通过委托有资质的第三方专业机构及时转移危险废物、建设危险废物贮存仓库等整改措施对相关问题进行整改，并经潍坊滨海经济技术开发区环境环保委员会验收合格后复车。且根据《中华人民共和国固体废物污染环境防治法》第七十五条的规定，山东海利尔的上述行为属于违法性质相对较轻、处罚标准相对较低的违法行为，同时，潍坊市环境保护局滨海区分局已出具证明，证明山东海利尔已及时缴纳行政处罚罚款，上述处罚不属于重大行政处罚。因此，山东海利尔的上述环保处罚不属于重大违法违规行为，不会构成本次发行的实质性法律障碍。

（四）案例点评

随着环保部门逐年加大环保执法力度，停业整顿等整改和处罚措施被经常使用，监管机构对发行人的环保合法合规情况会特别关注。在IPO申报及审核过程中，如何应对环保方面的瑕疵是发行人及中介机构面临的一个具体问题。一般应当从以下几个方面进行应对。

（1）发行人应当在招股说明书中充分做好相关信息披露，包括：生产经营中涉及环境污染的具体环节、主要污染物名称及排放量、主要处理设施及处理能力；报告期内，发行人环保投资和相关成本费用支出情况，环保设施实际运行情况，报告期内环保投入、环保相关成本费用是否与处理发行人生产经营所产生的污染相匹配；募投项目所采取的环保措施及相应的资金来源和金额等；发行人生产经营与募集资金投资项目是否符合国家和地方环保法规和要求。发行人若发生环保事故或受到行政处罚，应披露原因、经过等具体情况，发行人是否构成重大违法行为，整改措施及整改后是否符合环保法律法规的有关规定。

（2）保荐机构和发行人律师应对发行人的环保情况进行核查，包括：是否符合国家和地方环保法规和要求，已建项目和已经开工的在建项目是否履行环评手续，发行人排污达标检测情况和环保部门现场检查情况，发行人是否发生环保事故或重大群体性的环保事件，有关发行人环保的媒体报道。

（3）在对发行人进行全面系统核查的基础上，保荐机构和发行人律师应对发行人生产经营总体是否符合国家和地方环保法规和要求发表明确意见。发行人曾发生环保事故或因环保问题受到处罚的，保荐机构和发行人律师应对是否构成重大违法行为发表明确意见。

七、股权质押：鼎胜新材（603876）

（一）相关事实

招股说明书披露，发行人实际控制人周贤海将其持有鼎胜集团 30% 的股权质押给中国进出口银行，为发行人申请最高额为 3 亿元人民币的授信、信用证、保函等业务提供担保。

（二）反馈问题

请发行人补充披露前述股权质押担保项下的银行借款金额、利率、期限、资金用途及发行人的还款安排。请保荐机构、发行人律师核查是否存在发行人逾期还款导致债权人行使质权的法律风险，是否对发行人股权结构和控制权的稳定性存在不利影响，发行人是否符合《首次公开发行股票并上市管理办法》第十三条的规定，并发表明确意见。

（三）发行人及中介机构回复

1.股权质押基本情况

中介机构查阅了发行人、周贤海与中国进出口银行签订的贷款合同、股权质押合同、发行人的企业信用报告等资料。根据中介机构的核查，2016年 3 月 10 日，公司实际控制人周贤海与中国进出口银行签署《股权最高额质押合同》，周贤海将其持有鼎胜集团 30% 的股权质押给中国进出口银行，为发行人向中国进出口银行申请最高额为 3 亿元人民币的授信、信用证、保函等业务提供担保，质押期限为 2016 年 3 月 10 日至 2019 年 3 月 10 日。

2.关于发行人是否存在逾期还款导致债权人行使质权情况的核查

中介机构与发行人的财务负责人进行了访谈，并查阅了发行人的企业信用报告、天健会计师出具的三年一期《审计报告》等资料。根据中介机构的核查，截至本补充法律意见书出具之日，上述股权质押担保项下发行人的借款金额为 1.5 亿元，发行人已经制定该项借款的还款计划，将于 2018年 3 月到期时以自有资金还款。发行人商业信用持续保持良好水平，报告期内未发生过逾期还款或者违约的情形。各报告期末，发行人账面货币资金余额均超过 10 亿元，截至 2017 年 6 月末，发行人账面货币资金余额为 106,227.53 万元，远高于该项借款金额 1.5 亿元，发行人具备以自有资金按期归还该项借款的能力。同时，发行人与多家商业银行保持良好的合作关系，若上述中国进出口银行的贷款归还后不再续贷，发行人可以及时使用其他银行授信额度进行融资以满足生产经营需求。发行人目前向中国进出口银行一年期的贷款成本为基准利率上浮 10% 即 4.785% 左右，若发行人以其他商业银行贷款置换上述中国进出口银行贷款，相应利差一年新增公司财务成本约为 320 万元，占发行人 2016 年净利润比例不足 1%，对发行人经营业绩影响较小。本所认为，发行人具备较强的还款能力与良好的商业信用，不存在逾期还款导致债权人行使质权的法律风险，且该项借款归还后，发行人亦拥有相应替代的授信额度，归还中国进出口银行的借款不会对发行人经营业绩构成重大不利影响。

3. 关于对发行人股权结构和控制权的稳定性是否构成不利影响的核查

中介机构查阅了发行人、鼎胜集团的工商登记档案等资料。根据中介机构的核查，周贤海以其持有鼎胜集团 30% 的股权质押，未以其直接持有发行人的股份质押，不会对发行人的股权结构产生直接影响。除前述质押情形外，周贤海直接或间接持有发行人的其他股权均不存在质押的情形。发行人实际控制人周贤海与王小丽夫妇合计持有鼎胜集团 100% 的股权，剔除周贤海向银行质押的 30% 股权外，周贤海与王小丽夫妇仍持有鼎胜集团 70% 的股权，处于绝对控股地位，并拥有对发行人的实际控制权。因此，上述股权质押不会影响周贤海与王小丽对发行人控制权的稳定性。周贤海上述股权质押系为发行人的银行贷款融资提供担保，有利于发行人经营业绩的发展及全体中小股东的利益，且发行人具备较强的还款能力与良好的商业信用，不存在逾期还款导致债权人行使质权的法律风险。周贤海持有鼎胜集团的股权权属清晰，不存在因该项质押产生重大权属纠纷的情形。

综上所述，中介机构认为，发行人具备较强的还款能力与良好的商业信用，不存在逾期还款导致债权人行使质权的法律风险，上述股权质押不会对发行人股权结构和控制权的稳定性产生重大不利影响，发行人符合《管理办法》第十三条"发行人的股权清晰，控股股东和受控股股东、实际控制人支配的股东持有的发行人股份不存在重大权属纠纷"的相关规定。

（四）案例点评

《首次公开发行股票并上市管理办法》第十三条规定："发行人的股权清晰，控股股东和受控股股东、实际控制人支配的股东持有的发行人股份不存在重大权属纠纷"。《公开发行证券公司信息披露的编报规则第 12 号——公开发行证券的法律意见书和律师工作报告》第三十六条要求发行人律师核查发行人的"发起人所持股份是否存在质押，如存在，说明质押的合法性及可能引致的风险"。《保荐人尽职调查工作准则》第十四条要求保荐机构调查或了解主要股东所持发行人股份的质押、冻结和其它限制权利的情况；控股股东和受控股股东、实际控制人支配的股东持有的发行人股份重大权属纠纷情况；主要股东和实际控制人最近三年内变化情况或未来潜在变动情况。

由于债务人能否按约定履行债务会受到自身偿债能力、主观偿债意愿、外部条件变化多重因素的影响，因此如果债务人违约，债权人即有权对质押财产优先受偿。对股权质押而言，债权人通过行使优先受偿权可以取得出质的股权或将该等股权变现，无论选择哪种途径，都会导致公司股权结构的变动，甚至产生股权纠纷，影响股权权属的清晰和稳定。

基于上述原因，证券发行监管机构在审核发行人公开发行股票时，会对其股权结构是否清晰、是否存在重大权属纠纷、实际控制人是否在规定期限内未发生变更进行重点关注，而如果拟上市企业存在上述问题，则可能会构成上市的实质性障碍。从我国现行的法律法规、其他规范性文件的规定，并结合部分拟上市企业虽存在股权质押情形仍成功过会的实际情况来看，拟上市企业的股权质押情形也有所区别。

发行人申报前或审核期间，如果出现股东股权质押、冻结或发生诉讼仲裁等不确定性事项，应如何进行核查和信息披露？《首发业务若干问题解答（2020 年 6 月修订）》进行了以下解答。

（1）发行条件要求发行人的控制权应当保持稳定。对于控股股东、实际控制人支配的发行人股权出现质押、冻结或诉讼仲裁的，发行人应当按照招股说明书准则要求予以充分披露；保荐机构、发行人律师应当充分核查发生上述情形的原因，相关股权比例，质权人、申请人或其他利益相关方的基本情况，约定的质权实现情形，控股股东、实际控制人的财务状况和清偿能力，以及是否存在股份被强制处分的可能性、是否存在影响发行人控制权稳定的情形等。对于被冻结或诉讼纠纷的股权达到一定比例或被质押的股权达到一定比例且控股股东、实际控制人明显不具备清偿能力，导致发行人控制权存在不确定性的，保荐机构及发行人律师应充分论证，并就是否符合发行条件审慎发表意见。

（2）对于发行人的董事、监事及高级管理人员所持股份发生被质押、冻结或发生诉讼纠纷等情形的，发行人应当按照招股说明书准则的要求予以充分披露，并向投资者揭示风险。

八、关联关系认定：宁波高发（603788）

（一）相关事实

公司股东茂树投资持有发行人本次发行前 4.72% 的股份，茂树投资为宇通集团全资子公司。宇通客车为宇通集团控股子公司，发行人与宇通客车的交易情况如表 4-1-1 所示。

表 4-1-1　发行人与宇通客车的交易情况

金额单位：万元

时间	客户名称	交易内容	交易金额	定价政策	占发行人营业收入的比重	占发行人客车市场收入比重	占宇通客车客车业务成本的比重
2014 年 1—6 月	宇通客车	变速操纵器及软轴、电子油门踏板、电磁风扇离合器、汽车拉索等	1670.23	市场价	5.86%	34.09%	0.24%
2013 年度			3065.80	市场价	6.84%	29.34%	0.18%
2012 年度			2465.30	市场价	7.75%	25.48%	0.16%
2011 年度			2476.98	市场价	9.03%	24.69%	0.19%

发行人与宇通客车之间的关系是否构成关联关系，是否会因为上述股权关系变化影响发行人与宇通客车之间的交易及双方交易的合理性和交易

价格公允性受到关注。

（二）反馈问题

持有发行人5%以上的股东是公司的关联方，公司与其关联方及其子公司的交易构成关联交易。但为防止规避该等规定，上市规则规定：中国证监会、交易所或上市公司根据实质重于形式的原则认定的其他与上市公司有特殊关系，可能造成上市公司对其利益倾斜的法人也可以认定为公司关联方，从而要求公司按照关联交易进行决策和信息披露。因此，宇通集团与发行人之间是否构成关联关系受到关注。

（三）发行人及中介机构回复

1. 发行人与宇通客车的合作历史

发行人1999年成立时，将目标市场定位为客车市场，并于2000年开发出新产品变速操纵软轴为客车配套，与宇通客车有近10年的合作历史。报告期内，发行人对宇通客车的销售收入保持持续增长态势，且宇通客车报告期内一直是发行人前五大客户，发行人与宇通客车的交易与2010年12月郑州宇通集团有限公司（以下简称"宇通集团"）是否入股没有必然联系。

目前，发行人与宇通客车经过多年的合作已经建立了良好、稳定的合作关系，主要产品均通过了宇通客车的产品认证，变速软轴、变速操纵器、电子油门踏板等占宇通客车同类产品的采购比例较高。

2. 宇通集团入股发行人的原因

宇通集团对汽车零部件行业比较熟悉，其投资的中原内配（股票代码：002448，宇通集团持股10.87%）、远东传动（股票代码：002406，宇通集团持股2.89%，宇通客车为其客户）分别于2010年5月、7月上市。上海茂树股权投资有限公司（以下简称"茂树投资"）是宇通集团于2009年11月设立的专业化财务型股权投资平台，需要对外寻找投资项目，在得知发行人有意通过增资扩股引进机构投资者之后，表现出极大的兴趣；而宁波高发欲在申请上市前通过引进机构投资者的方式完善股权结构并实现融资，因为与宇通集团之间比较熟悉、信任，在同等条件下优先考虑宇通集团。

宇通集团没有向发行人派出董事或参与发行人的经营管理。宇通集团间接持有宁波高发4.722%的股权，持有宇通客车32.90%的股权，如通过宇通客车向宁波高发输送利益，会导致自己利益受损，如欲通过宁波高发向宇通客车输送利益，则缺乏控制力。

3. 发行人与宇通客车的交易情况

报告期内，公司对客车市场、宇通客车、金龙汽车的销售收入及增长情况比较如下：

单位：万元

项目	2011 年度		2010 年度		2009 年度
	销售收入	同比增长	销售收入	同比增长	销售收入
客车市场	10,030.47	28.05%	7,833.25	25.27%	6,252.91
其中：除宇通客车外的其他客户	7,553.49	27.79%	5,910.96	20.00%	4,925.78
宇通客车	2,476.98	28.86%	1,922.29	44.85%	1,327.13
金龙汽车	2,898.98	29.16%	2,244.24	25.85%	1,783.43

从上表可以看出，发行人 2011 年度对宇通客车的销售收入增长幅度与金龙汽车（公司前五大客户）、客车市场的增长幅度一致，即销售收入增长的主要原因是客车行业整体增长带动客车制造商对发行人相关产品需求的增长，与宇通集团 2010 年 12 月入股公司没有必然联系。

4. 交易价格及毛利率对比

发行人与宇通客车及其他客车客户的定价模式相同，均是通过双方协商谈判确定价格。但由于存在产品规格差异、销量差异，各个客户之间的产品价格及毛利率存在差异。

报告期内，发行人产品对宇通客车、厦门金龙的销售单价及毛利率比较情况如下：

单位：万元

客户名称		2011 年度		2010 年度		2009 年度	
		宇通客车	厦门金龙	宇通客车	厦门金龙	宇通客车	厦门金龙
汽车拉索	单价	38.90	45.79	40.68	45.62	35.23	49.46
	毛利率	23.55%	23.37%	21.29%	21.26%	23.91%	28.04%
变速软轴	单价	171.09	215.56	169.00	212.25	185.74	220.53
	毛利率	41.88%	51.90%	40.56%	52.26%	45.97%	54.87%

续表

客户名称		2011 年度		2010 年度		2009 年度	
		宇通客车	厦门金龙	宇通客车	厦门金龙	宇通客车	厦门金龙
电子油门踏板	单价	139.76	140.08	144.10	149.90	189.31	152.26
	毛利率	48.06%	47.40%	49.26%	48.46%	59.68%	44.13%

从上表可以看出，2011 年度，公司主要产品对宇通客车的销售单价、毛利率情况与 2010 年度没有明显变化，2010 年 12 月宇通集团入股公司对发行人与宇通客车的交易没有明显影响。

综上所述，发行人与宇通客车的合作关系是历史形成的，与宇通集团是否入股没有必然联系；报告期内，公司与宇通客车的交易公平、合理、公允。

（四）案例点评

拟上市企业关联方关系需按照《公司法》、《企业会计准则第 36 号——关联方披露》及《上海证券交易所股票上市规则》（或《深圳证券交易所股票上市规则》）的规定全面梳理和披露。本案例中，没有认定宇通客车为发行人的关联方，主要原因有三：一是双方之间有多年的业务合作关系，业务合作在先，股权合作在后；二是发行人与宇通客车所处行业竞争充分，发行人与宇通客车的交易价格与第三方的价格比对差异较小；三是宇通集团不会通过与发行人之间的股权关系影响双方之间的业务关系。上述说明取得了监管部门同意，值得遇到类似情形的拟上市企业借鉴。

首发企业报告期内普遍存在一定比例的关联交易，请问作为拟上市企业，应从哪些方面说明关联交易情况，如何完善关联交易的信息披露？中介机构核查应注意哪些方面？《首发业务若干问题解答（2020 年 6 月修订）》就这一问题做了以下解答。

中介机构在尽职调查过程中，应当尊重企业合法合理、正常公允且确实有必要的经营行为，如存在关联交易的，应就交易的合法性、必要性、合理性及公允性，以及关联方认定，关联交易履行的程序等事项，基于谨慎原则进行核查，同时请发行人予以充分信息披露，具体如下。

（1）关于关联方认定。发行人应当按照《公司法》《企业会计准则》

和证监会的相关规定认定并披露关联方。

（2）关于关联交易的必要性、合理性和公允性。发行人应披露关联交易的交易内容、交易金额、交易背景以及相关交易与发行人主营业务之间的关系；还应结合可比市场公允价格、第三方市场价格、关联方与其他交易方的价格等，说明并摘要披露关联交易的公允性，是否存在对发行人或关联方的利益输送。

对于控股股东、实际控制人与发行人之间关联交易对应的收入、成本费用或利润总额占发行人相应指标的比例较高（如达到30%）的，发行人应结合相关关联方的财务状况和经营情况、关联交易产生的收入、利润总额合理性等，充分说明并摘要披露关联交易是否影响发行人的经营独立性、是否构成对控股股东或实际控制人的依赖，是否存在通过关联交易调节发行人收入利润或成本费用、对发行人利益输送的情形；此外，发行人还应披露未来减少与控股股东、实际控制人发生关联交易的具体措施。

（3）关于关联交易的决策程序。发行人应当披露章程对关联交易决策程序的规定，已发生关联交易的决策过程是否与章程相符，关联股东或董事在审议相关交易时是否回避，以及独立董事和监事会成员是否发表不同意见等。

（4）关于关联方和关联交易的核查。保荐机构及发行人律师应对发行人的关联方认定，发行人关联交易信息披露的完整性，关联交易的必要性、合理性和公允性，关联交易是否影响发行人的独立性、是否可能对发行人产生重大不利影响，以及是否已履行关联交易决策程序等进行充分核查并发表意见。

九、资金拆借：五洲特纸（605007）

（一）相关事实

2017年度、2018年度，发行人与实际控制人及关联方存在资金拆借情形。

（二）反馈问题

发行人上述资金拆借情形是否会对公司本次发行上市构成障碍。

（三）发行人及中介机构回复

1.五洲特纸与实际控制人及关联方资金拆借的形成原因、资金流向及使用用途、利息计算方法

2017 年度、2018 年度，由于公司业务扩张，而融资渠道单一，控股股东、实际控制人等关联方为支持公司发展，整体上为公司提供了资金支持。2019 年度，公司未再发生与关联方之间的资金拆借情况。

（1）公司与实际控制人资金拆借情况

按实际控制人赵云福、林彩玲、赵磊、赵晨佳四人合并与公司合并口径核算，2017 年、2018 年各月末，公司与实际控制人之间处于资金净拆入状态，具体情况如下：

单位：万元

发生日期	拆入金额	还款金额	资金占用费净支出	其他转出额	余额	各月末状态	形成原因	资金流向	使用用途
期初余额：	–	–	–	–	5,229.67	净拆入	–	–	–
2017 年 1 月	500.00	751.60	–	–	4,978.07	净拆入	归还拆借款	实际控制人账户	归还拆借款
2017 年 2 月	–	2,163.05	–	–	2,815.02	净拆入	归还拆借款	实际控制人账户	归还拆借款
2017 年 3 月	–	1,013.70	–	–	1,801.32	净拆入	归还拆借款	实际控制人账户	归还拆借款
2017 年 4 月	–	2.70	–	–	1,798.62	净拆入	归还拆借款	实际控制人账户	归还拆借款

续表

发生日期	拆入金额	还款金额	资金占用费净支出	其他转出额	余额	各月末状态	形成原因	资金流向	使用用途
2017 年 12 月	1,770.25	499.08	76.84	0.01	3,146.62	净拆入	临时资金周转	公司的供应商或贷款银行	支付公司货款或银行借款
2017 年 小计	2,270.25	4,430.14	76.84	0.01	3,146.62	–	–	–	–
2018 年 1 月	500.00	3,469.86	–	–	176.76	净拆入	归还拆借款	实际控制人账户	归还拆借款
2018 年 4 月	6.60	74.60	–	–	108.76	净拆入	备用金	实际控制人账户	代公司购车
2018 年 5 月	68.00	–	–	–	176.76	净拆入	归还备用金	公司的供应商或贷款银行	支付公司货款或银行借款
2018 年 12 月	0.80	181.85	4.29	–	–	无拆借	归还拆借款	实际控制人账户	归还拆借款
2018 年 小计	575.40	3,726.32	4.29	–	–	–	–	–	–

（2）利息计算方法

公司与实际控制人及关联方资金拆借的利息计算方法系以实际资金占用天数按银行一年期贷款基准利率进行计算。

2. 上述事项是否违反相关法律法规及后果、后续可能影响的承担机制、整改措施、相关内控建立及运行情况等，报告期内是否存在发行人对实际

控制人及关联方的资金拆出和关联担保

（1）上述事项是否违反相关法律法规，是否存在后续可能的承担机制

报告期内，发行人存在与发行人实际控制人及其近亲属等自然人进行资金拆借行为，根据《最高人民法院关于如何确认公民与企业之间借贷行为效力问题的批复》的规定，公民与非金融企业之间的借贷属于民间借贷，只要双方当事人意思表示真实即可认定有效。根据《中华人民共和国合同法》的规定："有下列情形之一的，合同无效：（一）一方以欺诈、胁迫的手段订立合同，损害国家利益；（二）恶意串通，损害国家、集体或者第三人利益；（三）以合法形式掩盖非法目的；（四）损害社会公共利益；（五）违反法律、行政法规的强制性规定。"

因此，报告期内发行人与上述关联自然人发生的资金借贷行为，并未违反《合同法》对合同无效的强制规定，未违反法律、行政法规的强制性规定。

报告期内，发行人与关联法人衢州速晨贸易有限公司、衢州新易贸易有限公司、香港阳阳贸易有限公司等企业存在资金拆借行为，不符合《贷款通则》"企业之间不得违反国家规定办理借贷或变相借贷融资业务"的规定，存在可能被中国人民银行罚款的风险。

发行人控股股东、实际控制人出具承诺："若发行人由于财务内控不规范行为受到有关主管部门处罚，本人将在发行人或其子公司收到有权部门出具的生效认定文件后，全额承担罚款或赔偿款项。本人进一步承诺，在承担上述款项和费用后将不向发行人或其子公司追偿，保证发行人及其子公司不会因此遭受任何损失。"

（2）整改措施及相关内控建立与运行情况

①相关整改措施

针对报告期内公司与关联方之间的资金拆借行为，2019 年 3 月 15 日，公司召开第一届董事会第六次会议、第一届监事会第三次会议，审议通过了《关于审核确认公司近三年关联交易情况的议案》。2019 年 3 月 31 日，公司召开 2019 年第一次临时股东大会，通过了《关于审核确认公司近三年关联交易情况的议案》，对公司关联交易进行了审核确认。

2019 年 3 月 15 日，公司全体独立董事出具了《独立董事关于衢州五洲特种纸业股份有限公司关联交易的意见》，对公司关联交易情况发表意见

确认。

同时，公司的控股股东、实际控制人出具承诺，在作为发行人控股股东、实际控制人、持股 5% 以上股东期间，本人及控制的其他企业将严格遵守《中华人民共和国公司法》、《中华人民共和国证券法》及中国证券监督管理委员会、上海证券交易所关于规范上市公司与关联企业资金往来的相关规定。

②相关内控建立与运行情况

为规范关联交易，发行人按照《公司法》、《证券法》等法律法规，在《公司章程》、《股东大会议事规则》、《董事会议事规则》、《关联交易管理制度》、《独立董事工作制度》等文件中，对关联交易决策的权限、程序等进行了明确规定。

自 2018 年 12 月 31 日上述资金拆借清理完毕至招股说明书签署日，公司未再发生关联方资金拆借情况。

（3）报告期内是否存在发行人对实际控制人及关联方的资金拆出和关联担保

报告期内，公司与实际控制人及关联方之间整体处于资金净拆入状态，但在个别月份因公司拆入资金后，还款至其他关联方时，导致存在资金净拆出情况。

报告期内，公司不存在对实际控制人及关联方的关联担保。经核查，保荐机构、发行人律师及申报会计师认为：

（1）报告期内，由于公司业务扩张，而融资渠道单一，控股股东、实际控制人等关联方为支持公司发展，整体上为公司提供了资金支持。若将实际控制人及关联方视为一个整体，报告期各月末，公司与实际控制人及关联方之间资金拆借处于净拆入状态。公司与实际控制人及关联方资金拆借的利息计算方法系以实际资金占用天数按银行一年期贷款基准利率进行计算，定价公允。

（2）报告期内，发行人与关联自然人发生的资金借贷行为，并未违反《合同法》对合同无效的强制规定，未违反法律、行政法规的强制性规定；发行人与关联法人存在资金拆借的行为，不符合《贷款通则》的相关规定，但截至 2018 年 12 月 31 日，上述资金拆借已清理完毕，未对公司财务状况造成重大不利影响的后果。针对后续可能影响，公司实际控制人出具相关承诺，对五洲特纸及其子公司实际遭受的任何损失、索赔、成本和费用，向五洲特纸及其子公司承担全额补偿责任。公司建立了与关联方资金拆借相关的内控制度并能有效运行。公司不存在对实际控制人及关联方的关联担保。

经核查，保荐机构、发行人律师认为：

（1）报告期内，公司实际控制人等关联方与发行人之间资金拆借事项已经发行人股东大会、董事会、监事会审核确认，公司全体独立董事发表了明确意见，完善了相关法律程序，关联交易合法合规；控股股东、实际控制人与发行人供应商、客户之间不存在资金往来。

（2）报告期内，公司与关联方之间整体上处于资金净拆入状态。截至2018年12月31日，公司与关联方之间资金拆借已清理完毕，关联方归还拆借资金主要来自于自有资金或自筹资金，且已支付相关费用，不存在损害发行人利益的情形。

（3）发行人关于防范资金被关联方占用的制度健全、有效。报告期内公司与控股股东、实际控制人等关联方之间虽存在资金拆借情形，但鉴于：1）截至2018年12月31日，上述资金拆借已清理完毕，且2019年度及2020年1—6月，公司未再发生关联方资金拆借情况；2）公司与关联方之间的资金拆借利息按照同期银行一年期贷款基准利率结合实际资金占用时间计算，定价公允。上述关联方资金拆借不会对公司财务状况造成重大不利影响；3）公司上述与关联方之间的资金拆借事项已经发行人股东大会、董事会、监事会审核确认，独立董事发表了专项意见，完善了相关法律程序，未损害公司及其他股东利益；4）上述资金拆借情形不存在违反《公司法》、《证券法》、《首次公开发行股票并上市管理办法》以及《首发业务若干问题解答》中关于不符合发行条件相关规定的情形；5）公司建立、健全了关于防范资金被关联方占用的相关制度并能有效执行。综上所述，发行人上述资金拆借情形不会对公司本次发行上市构成障碍。

（四）案例点评

部分首发企业在提交申报材料的审计截止日前存在财务内部控制不规范情形，如：①为满足贷款银行受托支付要求，在无真实业务支持的情况下，通过供应商等取得银行贷款或为客户提供银行贷款资金走账通道（以下简称"转贷"行为）；②向关联方或供应商开具无真实交易背景的商业票据，通过票据贴现获取银行融资；③与关联方或第三方直接进行资金拆借；④通过关联方或第三方代收货款；⑤利用个人账户对外收付款项；⑥出借公司账户为他人收付款项；⑦违反内部资金管理规定对外支付大额款项、大额现金借支和还款、挪用资金等重大不规范情形。针对上述内部控制不规范情形，《首发业务若干问题解答（2020年6月修订）》作出了下面的解答。

（1）保荐机构在上市辅导期间，应会同申报会计师、律师，要求发行人严格按照现行法规、规则、制度要求对涉及问题进行整改或纠正，在提交申报材料前强化发行人内部控制制度建设及执行有效性检查。具体要求可从以下方面把握。

①首发企业申请上市成为公众公司，需要建立、完善并严格实施相关财务内部控制制度，保护中小投资者合法权益。拟上市公司在报告期内作为非公众公司，在财务内控方面存在上述不规范情形的，应通过中介机构上市辅导完成整改或纠正（如收回资金、结束不当行为等措施）和相关内控制度建设，达到与上市公司要求一致的财务内控水平。

②对首次申报审计截止日前报告期内存在的财务内控不规范情形，中介机构应根据有关情形发生的原因及性质、时间及频率、金额及比例等因素，综合判断是否构成对内控制度有效性的重大不利影响，是否属于主观故意或恶意行为并构成重大违法违规。

③发行人已按照程序完成相关问题整改或纠正的，中介机构应结合此前不规范情形的轻重或影响程度的判断，全面核查、测试并确认发行人整改后的内控制度是否已合理、正常运行并持续有效，出具明确意见。

④首次申报审计截止日后，发行人原则上不能再出现上述内控不规范和不能有效执行情形。

⑤发行人的对外销售结算应自主独立，内销业务通常不应通过关联方或第三方代收货款，外销业务如因外部特殊原因确有必要通过关联方或第三方代收货款的，应能够充分提供合理性证据，不存在审计范围受到限制的重要情形。

⑥连续12个月内银行贷款受托支付累计金额与相关采购或销售（同一

交易对手或同一业务）累计金额基本一致或匹配的，不视为上述"转贷"行为。

（2）中介机构对发行人财务内控不规范情形及整改纠正、运行情况的核查，一般需注意以下方面。

①关注发行人前述行为信息披露充分性，如对相关交易形成原因、资金流向和使用用途、利息、违反有关法律法规具体情况及后果、后续可能影响的承担机制、整改措施、相关内控建立及运行情况等。

②关注前述行为的合法合规性，由中介机构对公司前述行为违反法律法规、规章制度（如《中华人民共和国票据法》《贷款通则》《中华人民共和国外汇管理条例》《支付结算办法》等）的事实情况进行说明认定，是否属于主观故意或恶意行为并构成重大违法违规，是否存在被处罚情形或风险，是否满足相关发行条件的要求。

③关注发行人对前述行为财务核算是否真实、准确，与相关方资金往来的实际流向和使用情况，是否通过体外资金循环粉饰业绩。

④不规范行为的整改措施，发行人是否已通过收回资金、纠正不当行为方式、改进制度、加强内控等方式积极整改，是否已针对性建立内控制度并有效执行，且申报后未发生新的不合规资金往来等行为。

⑤前述行为不存在后续影响，已排除或不存在重大风险隐患。

⑥中介机构能够对前述行为进行完整核查，能够验证相关资金来源或去向，能够确认发行人不存在业绩虚构情形，并发表明确意见，确保发行人的财务内控在提交申报材料的审计截止日后能够持续符合规范性要求，能够合理保证公司运行效率、合法合规和财务报告的可靠性，不存在影响发行条件的情形。

审计截止日为经审计的最近一期资产负债表日。

十、无真实交易背景票据问题：苏博特（603916）

（一）相关事实

公司 2014 年、2015 年 1—5 月存在通过开具无真实交易背景的银行承兑汇票进行融资的情形。

（二）反馈问题

公司通过开具无真实交易背景的银行承兑汇票融资的行为是否会对本次发行造成实质障碍。

（三）发行人及中介机构回复

公司2014年、2015年1—5月存在通过开具无真实交易背景的银行承兑汇票进行融资的情形，具体金额如下：

年度	金额（元）
2014年度	176,000,000.00
2015年1—5月	188,600,000.00

公司通过开具无真实交易背景的银行承兑汇票进行融资的原因主要为：一是，当时银行流动资金贷款规模紧张，而票据融资属于表外融资，较易获得；二是，通过票据融资成本较银行贷款成本低，经计算，通过开具无真实交易背景的银行承兑汇票而非银行贷款进行融资，公司在2014年和2015年分别减少了211万元和182万元的财务费用。

上述通过开具无真实交易背景的票据所融入的款项均用于发行人及其子公司的正常生产经营，未用作其他用途。

公司与其子公司使用上述票据融资的行为违反了《票据法》第十条："票据的签发、取得和转让应当遵循诚实信用的原则，具有真实的交易关系和债权债务关系"的规定。但是，公司与其子公司的上述票据融资行为所融入的款项，均用于发行人及其子公司的正常生产经营，未用作其他用途，未危害金融机构权益和金融安全。该等行为不构成《票据法》第一百零二条所定义的票据欺诈行为，也不构成《刑法》第一百九十四条的票据诈骗行为。截至本招股说明书签署之日，公司未因上述票据融资行为与银行或其他第三方发生纠纷，也未因上述票据融资行为而受到相关主管部门的行政处罚。并且，为杜绝上述票据融资行为的发生，公司按照我国票据管理相关法律法规完善了票据管理制度，并采取了如下整改措施：

①对公司的高级管理人员及主要财务人员进行有关票据管理制度和相关法规、政策的培训；

②强化公司内部控制，严格按照相关内控制度的规定开展工作、履行批准；

③在票据的实际运用中加强与财务负责人、会计师及其他中介机构的沟通，进一步提高票据使用的规范力度。

2015 年 11 月 30 日，南京市江宁区金融发展办公室出具《有关情况说明》：

"江苏苏博特新材料股份有限公司（以下简称"苏博特"）是我区一家从事新材料研发、生产的高新技术企业。2012 年 1 月 1 日起至今，该公司存在向其全资子公司南京博特新材料有限公司、江苏博立新材料有限公司出具无真实交易背景的银行承兑汇票进行融资的情形。具体情况如下：

1.2014 年度，苏博特向江苏博立新材料有限公司出具的无真实交易背景的银行承兑汇票的金额总计 17,600 万元。

2.2015 年 1 月 1 日起至今，苏博特向江苏博立新材料有限公司出具的无真实交易背景的银行承兑汇票的金额总计 16,000 万元。

3.2015 年 1 月 1 日起至今，苏博特向南京博特新材料有限公司出具的无真实交易背景的银行承兑汇票的金额总计 2,860 万元。依据有关法律法规，上述行为不构成重大违法违规行为，且以上银行承兑汇票现均已清偿完毕，前述行为也未受到行政处罚。自 2012 年 1 月 1 日起至今，除前述情形外，也暂未发现苏博特及其子公司存在其他违反《中华人民共和国票据法》及相关金融法律法规规定的行为。苏博特及其子公司未因违反相关银行、金融方面的法律法规而受到行政处罚。"

2017 年 5 月 22 日，中国人民银行南京分行营业管理部出具《证明》，对发行人上述票据行为不给予行政处罚。

因此，公司通过开具无真实交易背景的银行承兑汇票融资的行为不符合《票据法》第十条关于规范使用票据的相关规定，但相关融入资金均用于发行人的生产经营、并未给银行或其他主体造成损失；且截至目前，发行人未因该等事项受到行政处罚，也未与其他主体发生纠纷；公司已制定了严格的票据管理制度并采取了整改措施，杜绝通过开具无真实交易背景的票据融资的行为。

目前，发行人已建立了较为完善的内控制度体系，在合规性管理、财务管理、票据管理等方面均制定了相应的内控制度，各职能部门严格按照内控制度要求开展工作，审计部定期对内控制度的具体执行情况进行检查，保证了内部控制制度的完善和执行的有效性。

公司实际控制人缪昌文、刘加平、张建雄已作出不可撤销之承诺："如苏博特或其子公司因无真实交易背景的票据融资行为受到相关部门的行政处罚或与他人发生纠纷，遭受损失的，本人承诺无条件承担全部责任。"

综上所述，公司通过开具无真实交易背景的银行承兑汇票融资的行为不会对本次发行造成实质障碍。公司自2015年6月至今已不存在通过开具无真实交易背景的银行承兑汇票进行融资的情形。

（四）案例点评

发行人在2014年、2015年存在不规范使用票据行为，对于相关票据，发行人均已履行相关付款义务，不存在逾期等情形。发行人开具无真实交易背景的票据的行为，是票据融资的违法违规行为。一般来说，中介机构在核查该事项时，应重点从以下几个方面论证。

（1）发行人上述行为的动机和目的是解决公司生产经营中的资金短缺或者节约融资费用等。

（2）发行人上述票据融资的实际用途是用于公司的日常生产经营。

（3）发行人上述票据融资已按期全额归还，未发生票据承兑违约及欠息情况，发行人不会因此对相关银行承担赔偿责任，也不会因此与第三方产生纠纷。

（4）发行人上述票据融资行为未受到相关部门的行政或刑事处罚。

（5）中介机构辅导之后，发行人未发生类似行为。

中介机构通过上述综合分析，确定发行人没有存在重大违法行为。另外，发行人的控股股东、实际控制人应出具承诺函，承诺若上述票据融资违法违规行为给发行人带来经济损失，由其承担。发行人应取得有关政府部门不予处罚的证明。

十一、诉讼仲裁：金龙鱼（300999）

（一）相关事实

招股说明书披露，发行人与天津物流侵权责任纠纷案、与九三集团成都粮油仓储合同纠纷案尚在审理过程中。

（二）反馈问题

请发行人：按照监管政策要求，说明上述案件基本案情、争议事实、诉讼对发行人的影响。补充披露公司未决诉讼、仲裁涉及金额，其中涉及食品安全、产品质量问题诉讼、仲裁占比。请保荐机构、发行人律师核查上述问题并发表明确意见。

（三）发行人及中介机构回复

1. 按照监管政策要求，说明上述案件基本案情、争议事实、诉讼对发行人的影响

（1）天津物流诉天津丰益油脂、丰益油脂科技有限公司侵权责任纠纷

天津物流诉称，自 2016 年 8 月 19 日开始，天津丰益油脂、丰益油脂科技曾数次向天津物流仓库及堆场区域排放白色粉末状异物，导致天津物流于堆场存放的四百余辆待售商品车外壳损害，造成损失。天津物流向天津市滨海新区人民法院请求判令天津丰益油脂、丰益油脂科技连带赔偿天津物流损失 3,200 万元。

基于上述，天津丰益油脂、丰益油脂科技辩称：①天津物流没有证据证明其在事发期间合法占有车辆；②天津丰益油脂并未构成任何侵权行为；③天津物流没有证据证明其受到损失；④天津物流在事发后没有采取合理措施对现场车辆进行妥善防护；⑤丰益油脂科技没有生产涉案产品，不是本案适格主体；⑥涉案车辆不知去向，案件事实难以查清。

2018 年 12 月 10 日，天津市第二中级人民法院出具《民事判决书》（〔2018〕津 02 民初 618 号），认为天津物流的诉讼请求缺少事实和法律依据，法院不予支持，判决驳回天津物流的全部诉讼请求。

2018 年 12 月 25 日，天津物流提出上诉，认为：①一审判决认定基本事实不清，适用法律严重不当；②一审法院在未查清基本案件事实的情况下错误认定天津物流不能举证损失的实际发生；③一审判决对于法院依法委托的鉴定机构作出的鉴定报告不予采信，实属不妥，请求撤销一审判决，改判支持天津物流一审的全部诉讼请求或将本案发回重审。

天津市高级人民法院于 2019 年 9 月 7 日作出《民事判决书》（〔2019〕津民终 145 号），认为天津物流上述请求部分成立，一审判决应予改判，判决撤销天津市第二中级人民法院出具的《民事判决书》（〔2018〕津 02 民初 618 号）；天津丰益油脂于判决生效后十日内赔偿天津物流车辆贬值损失10,435,198.12 元、车辆修复费用 2,661,900 元；驳回对于天津丰益油脂的其他诉讼请求和对于丰益油脂科技的全部诉讼请求。天津丰益油脂已向最高人民

法院提出再审申请，最高人民法院已受理再审申请（案号：〔2020〕最高法民申 18 号）并于 2020 年 1 月 8 日组成合议庭成员，截至本补充法律意见出具之日，最高人民法院尚未就本案再审作出裁决。

（2）九三集团成都粮油诉益海重庆、品度公司仓储合同纠纷案

2015 年 1 月 1 日，九三集团成都粮油与益海重庆、品度公司签订《仓储中转协议》，协议约定九三集团成都粮油将拟定销售给品度公司的食用油发至益海重庆指定地点存储；品度公司对益海重庆履约行为承担连带保证责任。

2018 年 5 月 31 日，九三集团成都粮油向成都市青白江区人民法院提起诉讼，请求判令益海重庆赔偿其货物损失 13,317,153.2 元，品度公司承担连带责任，同时请求判令益海重庆承担案件受理费。

基于上述，益海重庆辩称，九三集团成都粮油存储的食用油均由品度公司提走，且九三集团成都粮油在知晓品度公司提货后与其达成结算协议，此行为是对品度公司提货行为的追认；品度公司辩称，品度公司事后承诺以其他货款抵偿，九三集团成都粮油予以了认可，但九三集团成都粮油主张溢价 120%，品度公司不接受。

上述案件于 2019 年 3 月 27 日一审开庭，2019 年 4 月 17 日，四川省成都市青白江区人民法院作出（2018）川 0113 民初 1832 号判决，认为九三集团成都粮油在益海重庆的存油已被品度公司的有权代理行为提完，认定品度公司对九三集团成都粮油造成损失，应承担支付货款的责任；益海嘉里（重庆）粮油有限公司不存在过错，无需向九三集团成都粮油作出赔偿。因此，青白江法院判决如下：（1）被告品度公司向原告九三集团成都粮油支付赔偿款 13,317,153.2 元；（2）驳回原告九三集团成都粮油对被告益海嘉里（重庆）粮油有限公司的诉讼请求。

截至本补充法律意见出具之日，九三集团成都粮油已向成都市中级人民法院提起上诉，目前二审已经开庭，法院尚未作出判决。

根据公司提供的文件并经本所律师核查，上述案件的标的金额占发行人净资产的比例较小，不会对发行人的生产经营和财务状况等造成重大不利影响。

2. 补充披露公司未决诉讼、仲裁涉及金额，其中涉及食品安全、产品质量问题诉讼、仲裁占比

根据公司提供的文件及本所律师核查截至 2019 年 12 月 31 日，发行人

及其子公司因买卖合同纠纷、侵害商标权纠纷、仓储合同纠纷等原因涉及的未决诉讼、仲裁等的涉案金额合计约人民币 7,800 万元，其中，公司作为原告的涉案金额合计约 4,500 万元，公司作为被告的涉案金额合计约 3,300 万元，在前述未决诉讼、仲裁中，除以下一起公司作为原告的关于产品质量问题的诉讼外，不存在涉及食品安全、产品质量问题的诉讼、仲裁。

2019 年 10 月 15 日，科莱恩丰益脂肪胺（连云港）有限公司（以下简称"科莱恩公司"）向连云区人民法院提起诉讼，其诉称，科莱恩公司于 2017 年 12 月与丰益表面活性材料（连云港）有限公司（以下简称"丰益连云港公司"，本案第三人）等签署了《辅助销售定价协议》，约定由丰益连云港公司向科莱恩公司等销售备件、包材等。2018 年 5 月，科莱恩公司因使用的丰益连云港公司向无锡明辉科技有限公司（以下简称"明辉公司"）购买的 IBC 吨桶存在质量问题，导致其货物在出口时均有不同程度的泄露。故向法院请求判令明辉公司赔偿科莱恩公司货物损失 97,720.90 美元，并请求判令由明辉公司承担诉讼费。截至本补充法律意见签署之日，本案尚未判决。

（四）案例点评

拟上市企业存在诉讼仲裁事项也是比较普遍的现象。中介机构应主要判断相关事项对发行人的生产经营是否构成重大影响，是否导致不符合发行条件，如果未达到重要性的程度，全面披露一般处理方法即可。中介机构除了与发行人及其相关人员沟通外，还会通过检索的形式进行核查。检索的网站如下。

（1）国家税务总局重大税收违法案件信息公布栏。

（2）信用中国。

（3）国家企业信用信息公示系统。

（4）中国执行信息公开网。

（5）中国裁判文书网。

（6）人民法院公告网。

（7）12309 中国检察网。

对于发行人的诉讼或仲裁事项，应如何进行核查和信息披露？《首发业务若干问题解答（2020 年 6 月修订）》进行了如下解答。

（1）发行人应当在招股说明书中披露对股权结构、生产经营、财务状况、未来发展等可能产生较大影响的诉讼或仲裁事项，包括案件受理情况和基本案情，诉讼或仲裁请求，判决、裁决结果及执行情况，诉讼或仲裁事项对发行人的影响等。如诉讼或仲裁事项可能对发行人产生重大影响，应当充分披露发行人涉及诉讼或仲裁的有关风险。

（2）保荐机构、发行人律师应当全面核查报告期内发生或虽在报告期外发生但仍对发行人产生较大影响的诉讼或仲裁的相关情况，包括案件受理情况和基本案情，诉讼或仲裁请求，判决、裁决结果及执行情况，诉讼或仲裁事项对发行人的影响等。

发行人提交首发申请至上市期间，保荐机构、发行人律师应当持续关注发行人诉讼或仲裁的进展情况、发行人是否新发生诉讼或仲裁事项。发行人诉讼或仲裁的重大进展情况以及新发生的对股权结构、生产经营、财务状况、未来发展等可能产生较大影响的诉讼或仲裁事项，应当及时补充披露。

（3）发行人控股股东、实际控制人、控股子公司、董事、监事、高级管理人员和核心技术人员涉及的重大诉讼或仲裁事项比照上述标准执行。

（4）涉及主要产品、核心商标、专利、技术等方面的诉讼或仲裁可能对发行人生产经营造成重大影响，或者诉讼、仲裁有可能导致发行人实际控制人变更，或者其他可能导致发行人不符合发行条件的情形，保荐机构和发行人律师应在提出明确依据的基础上，充分论证该等诉讼、仲裁事项是否构成本次发行的法律障碍并审慎发表意见。

十二、租赁瑕疵房产：裕同科技（002831）

（一）相关事实

招股说明书披露，发行人及子公司租赁房产面积共计 342371.60 平方米，其中 34100.07 平方米房产存在产权瑕疵，占比为 9.96%。此外，发行人向关联方租赁房产面积合计为 124164.34 平方米，占发行人全部房产使用面积的 22.18%。

（二）反馈问题

（1）发行人租赁上述存在产权瑕疵房产是否会对发行人生产经营造成重大影响；发行人的资产是否完整，是否符合《公开发行证券的公司信息

披露内容与格式准则第 1 号——招股说明书（2015 年修订）》第五十一条
的规定；（2）发行人向关联方租赁房产的具体原因，租赁价格的定价依据
及其是否公允。请保荐机构和发行人律师发表核查意见。

（三）发行人及中介机构回复

1. 发行人租赁上述存在产权瑕疵房产是否会对发行人生产经营造成重
大影响

截至招股书签署日，发行人及子公司租赁房产面积共计 342,371.60 平
方米，其中 34,100.07 平方米房产存在产权瑕疵，占租赁房产面积的比例为
9.96%，占发行人总房产面积的比例为 6.09%。该等瑕疵房产的具体情况
如下：

序号	用途	承租人	出租人	地址	租赁面积（㎡）	租赁期限
1	厂房及仓库	许昌裕同	长葛市福侨机电有限公司	长葛市福侨机电有限公司内 3 号厂房	3,872.00	2015.09.01—2016.08.31
2				长葛市福侨机电有限公司内 2 号厂房	1,342	2016.07.01—2017.06.30
3		武汉裕同	摩托罗拉武汉	联想武汉生产基地二期厂房第三层（及附属）	10,572	2015.10.01—2016.09.30
					1,600	2016.04.01—2016.09.30
4	宿舍	三河裕同	许殿河	河北省三河市燕郊镇冯家府村	420	2016.06.16—2016.09.15
5		许昌裕同	长葛市房产管理局	长葛市产业集聚区工业孵化园 1#、2# 楼共 392 套	12,727.36	2015.04.01—2016.12.31
6		合肥裕同	合肥海恒投资控股集团公司	天门湖公租房宿舍	916	2016.08.01—2017.07.31
7		武汉裕同	武汉光谷电子工业园有限公司	武汉东湖高新技术开发区流芳园横路光谷电子工业园二期工程 1 号宿舍楼 45 间	2,050.71	2016.05.01—2017.04.30

续表

序号	用途	承租人	出租人	地址	租赁面积（m²）	租赁期限
8			湖北楚天传媒印务有限责任公司	武汉市东湖新技术开发区流芳园横路一号楚天传媒产业园公租房 B0301、B0302、B0303、B0306、B0307、B0315	300	2015.09.05—2016.09.04
9				武汉市东湖新技术开发区流芳园横路一号楚天传媒产业园公租房 B0406、B0407、B0408	150	2015.09.15—2016.09.14
10				武汉市东湖新技术开发区流芳园横路一号楚天传媒产业园公租房 B1403	50	2015.11.06—2016.11.05
11				武汉市东湖新技术开发区流芳园横路一号楚天传媒产业园公租房 B1608	50	2015.11.18—2016.11.17
12	办公	上海裕仁	上海金桥临港综合区投资开发有限公司	上海市浦东新区书院镇三三公路 5053 号 206 室	50	2014.06.17—2019.06.17

发行人上述共计 34,100.07 平方米的瑕疵房产中，厂房和仓库共 3 处，合计面积为 17,386.00 平方米，占总租赁房产面积的 5.08%；宿舍共 8 处，合计面积为 16,664.07 平方米，占总租赁房产面积的 4.87%；办公房产合计 50 平方米，占总租赁房产面积的 0.01%。

瑕疵厂房和仓库合计面积占总厂房面积 3.70%，占比较小。经中介机构核查，发行人租赁的上述瑕疵物业的具体情况如下：

1. 许昌裕同租赁的长葛市福侨机电有限公司 1 处厂房（面积 3,872 平方米）、1 处仓库（面积 1,342.00 平方米），其建设已经取得建设用地规划许可证、国有土地使用权证、建设工程规划许可证、建设工程施工许可证、竣工验收及消防验收文件，房产证尚在办理中；

2. 武汉裕同租赁的摩托罗拉武汉厂房（面积 12,172.00 平方米），其建设已经取得国有土地使用权证、建设用地规划许可证、建设工程规划许可证、建设工程施工许可证和消防验收文件，竣工验收备案及房产证尚在办理中；

3. 三河裕同租赁的许殿河的宿舍（面积 420 平方米），其建设已取得集体土地建设用地使用证，未办理其他法律手续；

4. 许昌裕同租赁的长葛市房地产管理局的宿舍（面积 12,727.36 平方米）未办理土地使用权证及房屋产权证，根据出租方长葛市房地产管理局会同长葛市产业聚集区管理委员会、长葛市城市规划局、长葛市国土资源局及长葛市人民政府共同出具的说明，该处房产不会被拆除，亦保证不会提前终止租赁合同或要求许昌裕同搬迁；

5. 武汉裕同租赁的湖北楚天传媒印务有限责任公司宿舍（面积 550 平方米），其建设已经取得国有土地使用权证、建设用地规划许可证、建设工程规划许可证、建设工程施工许可证和消防验收文件，竣工验收备案及房产证尚在办理中；

6. 合肥裕同租赁的海恒投资宿舍（面积 916 平方米）、武汉裕同租赁的光谷电子宿舍（2,050.17 平方米），其建设已经取得建设用地规划许可证、国有土地使用权证、建设工程规划许可证、建设工程施工许可证、竣工验收及消防验收文件，房产证尚在办理中；

7. 上海裕仁租赁的金桥投资办公室（面积 50 平方米），该房产未办理相关法律手续，上海市浦东新区规划和土地管理局书院管理所已出具《场所证明》，证明上海裕仁承租的该等房产产权属书院镇人民政府所有，可作经营房。

中介机构通过核查房产租赁合同、备案证明、相关房产的产权证书、工程报建文件以及政府部门出具的证明后认为上述房产权属瑕疵情形不会对发行人生产经营和资产完整性构成重大不利影响，发行人符合《公开发行证券的公司信息披露内容与格式准则第 1 号——招股说明书（2015 年修订）》第五十一条的规定，理由如下：

（1）与发行人生产活动直接相关的厂房（含仓库）中存在权属瑕疵的租赁房产仅 3 处，面积合计为 17,386.00 平方米，占总厂房的 3.70%、产生的营业收入占比仅为 3.00%，从前述面积、收入指标来看均处于较低水平；

（2）根据《中华人民共和国房地产管理法》的规定："房地产开发项目竣工，经验收合格后，方可交付使用"，许昌裕同租赁的长葛市福侨机电有限公司厂房仓库、合肥裕同租赁的海恒投资宿舍、武汉裕同租赁的光谷电子宿舍，虽未取得房产证，但已取得所有建设手续并完成了消防验收和竣工验收，许昌裕同、合肥裕同、武汉裕同可以使用该等房产，该等瑕疵不会对许昌裕同、合肥裕同、武汉裕同的生产经营造成重大不利影响；

（3）武汉裕同租赁的摩托罗拉武汉厂房、湖北楚天传媒印务有限责任公司宿舍提前投入使用不符合该等法律法规的规定，武汉裕同承租该等房产存在一定的使用风险，但鉴于我国法律法规未就提前使用的法律后果作出明文规定，仅在 2005 年 1 月 1 日开始实施的最高人民法院《关于审查建设工程施工合同纠纷案件适用法律若干问题的解释》第 13 条有明确规定："建设工程未经竣工验收，发包人擅自使用后，又以使用部分质量不符合约定为由主张权利的，不予支持；但是承包人应当在建设工程的合理使用寿命内对地基基础工程和主体结构承担民事责任"。该规定系调整发包方与承包方关于建筑工程质量的纠纷，对发包方将未完成竣工验收的房屋租赁给他方使用则未作出规定。此外，摩托罗拉武汉、湖北楚天传媒印务有限责任公司系在其合法取得的土地上建设并已办理建设手续及完成消防验收，故该等房产瑕疵不会对武汉裕同的生产经营造成重大不利影响；

（4）许昌裕同租赁的长葛市房地产管理局宿舍虽存在权属瑕疵，但已获当地政府主管部门承诺不会被拆除及不会被提前终止合同或被要求搬迁，因此，该等租赁房产的瑕疵不会对许昌裕同的生产经营造成重大不利影响；

（5）三河裕同租赁的许殿河宿舍系在其合法取得的土地上建设，租赁面积较小，具有较强的可替代性，且不属于生产经营性用房，该等房产瑕疵不会对三河裕同生产经营造成重大不利影响；

（6）上海裕仁租赁的金桥投资办公室虽未办理相关法律手续，但根据上海市浦东新区规划和土地管理局书院管理所出具的《场所证明》以及上海浦东新区书院镇人民政府与金桥投资签署的《房屋租赁协议》，该处房产产权归属书院镇人民政府，可作为经营用房，并且金桥投资有权将该房产予以转租。因此，该等房产瑕疵不会对上海裕同的生产经营造成重大不利影响。

2. 发行人的资产是否完整，是否符合《公开发行证券的公司信息披露内容与格式准则第 1 号——招股说明书（2015 年修订）》第五十一条的规定发行人采用租赁方式取得部分生产性用房对发行人的影响

2016 年 6 月末发行人不同类型房产、厂房、生产车间面积占比表

用地性质			房产总面积（㎡）	占比	其中：厂房面积（㎡）	占比	其中：生产车间面积（㎡）	占比
自有			217,368.13	38.83%	176,561.24	37.55%	118,628.99	42.98%
租赁	关联租赁		124,164.34	22.18%	119,177.23	25.35%	65,230.75	23.63%
	其中	租赁裕同电子	83,316.74	14.88%	78,329.63	16.66%	50,927.75	18.45%
		租赁易威艾包装	40,847.60	7.30%	40,847.60	8.69%	14,303.00	5.18%
	非关联租赁		218,207.26	38.99%	174,417.00	37.10%	92,155.52	33.39%
合计			559,739.73	100.00%	470,155.47	100.00%	276,015.26	100.00%

保荐机构和发行人律师经核查相关产权证书和租赁合同、实地走访生产经营场所、了解发行人的生产经营情况、走访业主方和主管政府部门后认为：

1. 关联租赁不会对发行人的资产完整、独立以及持续生产经营造成重大不利影响

自 2014 年 9 月以后，发行人与联想集团及其下属公司不再为关联方，因此武汉裕同租赁摩托罗拉武汉厂房亦不再为关联租赁。除前述情况外，仍存在的关联租赁为发行人租赁实际控制人王华君、吴兰兰所控制的裕同电子的房产，以及烟台裕同租赁实际控制人王华君之弟弟钟翔君所控制的易威艾包装的房产。本所律师认为，前述关联租赁不会对发行人的资产完整、独立以及持续生产经营造成重大不利影响，理由如下：

（1）关联租赁标的权属清晰，租赁合同合法、有效

经核查，发行人及烟台裕同租赁的关联方厂房均已取得相应房屋产权证书，裕同电子、易威艾包装合法拥有该等厂房，有权将其租赁给发行人、

烟台裕同使用。发行人与裕同电子、烟台裕同与易威艾包装已分别就租赁厂房事宜签署了相应书面租赁合同，并在合同中明确约定了租赁标的、租赁面积、租赁期限、租金及支付方式等条款，相关租赁合同合法、有效，发行人及烟台裕同可在合同约定的租赁期限内使用该等厂房。

（2）关联租赁长期、稳定

经核查，发行人与裕同电子已于 2016 年 4 月签署续租合同，将相关厂房的租赁期限延长至 2021 年 3 月，剩余租期较长。此外，为保证租赁合同到期后发行人生产经营的长期稳定，控股股东、实际控制人王华君、吴兰兰承诺："只要裕同科技继续需要使用所租赁房屋，本人将促使裕同电子无条件优先满足裕同科技的租赁需求，与裕同科技签订符合其需求时限和需求面积的租赁合同，租赁价格则参照周边同类房屋的租赁价格，由双方协商确定。如因裕同电子不能满足裕同科技的租赁需求而给裕同科技造成任何损失，本人将予以全额赔偿。本承诺长期有效，直至裕同科技无需再租赁裕同电子房产为止"。

烟台裕同租赁易威艾包装厂房的租赁期限至 2018 年 8 月，易威艾包装已出具承诺，承诺待租赁期届满后，如烟台裕同经营需要，将优先将该等房产租赁给烟台裕同使用。

因此，发行人租赁的裕同电子厂房、烟台裕同租赁的易威艾包装厂房在较长时期内是稳定、持续的。

（3）关联租赁具有必要性和合理性

根据发行人出具的书面说明：①发行人原租赁位于深圳市宝安区公明长圳工业园区的厂房开展生产经营，但由于该工业园规模小，逐渐无法适应发行人快速扩大的生产规模。根据当时的实际情况，需要整体租赁约 8 万平方米左右的工业园区作为经营场所，周边还需要有可供 4 千人左右居住的配套员工宿舍，裕同电子拥有的闲置房产可满足前述条件。为进一步扩大生产规模实现快速发展，发行人选择将有限资金用于购置生产设备，通过租赁现有厂房的形式迅速投入生产经营。因此，发行人租赁裕同电子房产是为适应公司业务发展需要而采取的必要措施，发行人租赁该等房产至今，与裕同电子一直保持着良好的合作关系，未发生任何争议或纠纷。②烟台裕同原租赁烟台凤凰投资公司的房屋作为经营场所，已租赁近 5 年，租赁合同已到期，该房屋由于经过长时间的使用，部分地面、墙壁均出现了很多损坏，其地面已经影响到烟台裕同的正常运营。同时，出租方的房屋由于设计承重较轻，也影响了烟台裕同的生产线和设备的安装和布置。为此，烟台裕同从保障生产经营效率，决定不再继续租赁凤凰投资公司的房屋，转而寻求租赁其它厂房。经考察，易威艾包装当时建设完毕的厂房适合烟台裕同的生产经营，并且该厂房离原租赁厂房较近，可缩短厂房搬迁时间、减少搬迁成本，有助于烟台裕同迅速投入生产。经与易威艾包装协商后，双方签署了相应租赁合同，同时易威艾包装亦承诺待租期届满后烟台裕同享有优先续租权。

根据律师就关联租赁定价公允性的核查结果，发行人与裕同电子、烟台裕同与易威艾包装的关联租赁定价合理、公允，关联租赁事项已经发行人内部程序审议通过。综上，中介机构认为，上述关联租赁系发行人根据企业经营发展现实需要而采取的合理的市场行为，不存在损害发行人利益的情形。

（4）关联租赁不会对发行人的生产经营构成重大不利影响

深圳裕同、烟台裕同生产经营所在地区周边工业发达，厂房资源相对充裕，必要时或关联租赁期满后如不再续租，亦可在短期内找到可替代性厂房，并且深圳裕同、烟台裕同均采用标准化生产线开展生产活动，安装调试的时间较短，搬迁成本较低，深圳裕同、烟台裕同的生产经营对关联租赁厂房不存在重大依赖。

（5）发行人已采取措施进行全国业务布局，相应降低产能在关联租赁上的比重

为贴近客户提高对客户的响应速度，发行人已在国内重点工业城市建设完善的生产和服务基地，将印刷到印后不同环节的生产能力转移到其他区域，从而降低生产能力在关联租赁上的比重。

2.非关联租赁不会对发行人的资产完整、独立以及持续生产经营造成重大不利影响

经核查，发行人及其子公司与其他方非关联方的租赁均已签署房屋租赁合同，该等租赁合同合法、有效。租赁房产中，除许昌裕同、武汉裕同、三河裕同、合肥裕同、上海裕仁租赁的部分房产存在权属瑕疵外，均已取得房屋产权证书且为出租方合法所有，不存在权属不明、违规建设等不确定性。此外，发行人子公司主要生产经营场所多数位于开发区内，周边具

备可替代房产，并且发行人系采用标准化生产线开展生产活动，安装调试的时间较短，如需搬迁生产地点亦不会对生产经营造成重大不利影响。

3. 发行人已采取措施逐步降低租赁房产和关联租赁的比例随着国内制造业的产业转移及发行人生产规模和盈利能力的提升，在资金相对充沛、业务扩展相对稳定的情况下，发行人已开始逐步采用自建房产的方式建立生产基地

综上，中介机构认为：

①发行人及子公司系通过自建厂房及租赁厂房的方式开展生产经营。与发行人生产活动直接相关的租赁厂房中，仅许昌裕同、武汉裕同租赁的部分厂房权属存在瑕疵，该等瑕疵物业面积以及产生的收入均占比较小，对发行人的影响较小。

②相关租赁物业的租赁价格公允、定价合理，其中关联租赁不存在定价显失公允、损害发行人利益的情形。

③发行人及控股子公司与出租方签署的租赁合同合法、有效，租赁关系稳定、持续。此外，关联租赁具有必要性和合理性，发行人对于关联租赁房产不存在重大依赖，不会影响发行人的持续生产经营。

④发行人合法拥有与其目前业务有关的资产的所有权或者使用权，并已采取自建房产等措施逐步降低租赁房产比例，发行人的资产独立、完整。

⑤发行人采用租赁方式取得部分生产性用房不会对发行人资产的完整性及独立性构成重大不利影响，亦不会对发行人的生产经营和持续盈利能力造成重大不利影响。

（四）案例点评

一般来讲，对于生产型公司来讲，主要生产车间、仓库、办公楼等为公司必要资产，该等资产的权属独立、完整是公司持续经营的必要条件。本案例关于租赁瑕疵房产的解决方法：一是披露租赁房产的原因是公司扩张时期资金紧张，资金有限，所以没有购买土地、建设房产；二是指明公司不具有独立完整权属的资产是房产，而不是关键设备或核心技术。在目前市场经济环境下，房地产市场高度发达，具有完整的市场属性，因此即使租赁合同履行过程中出现问题，公司也能够在一定的时间内寻找替代解决方案。本案例关于此问题的结论是令人信赖的，处理措施是值得借鉴的。

十三、承包农村集体土地：华统股份（002840）

（一）相关事实

发行人的主营业务含有畜禽养殖，生产经营中涉及使用大量土地，发行人子公司华统养殖和绿发农业存在承包农村集体土地情形。

（二）反馈问题

发行人畜禽养殖所需要农用地的取得过程及其履行的全部法定批准或备案等程序是否存在纠纷和潜在法律风险。

（三）发行人及中介机构回复

（1）承包土地履行的法律程序

发包方	法律法规之规定	履行的法定程序	是否合法有效	是否存在纠纷和潜在风险
义乌市义亭镇陇头朱三村村民委员会	《农村土地承包法》第 48 条规定，发包方将农村土地发包给本集体经济组织以外的单位或者个人承包，应当事先经本集体经济组织成员的村民会议三分之二以上成员或者三分之二以上村民代表的同意，并报乡（镇）人民政府批准	1.2/3 以上村民代表同意；2. 签承包合同；3. 经乡（镇）人民政府履行法定程序民政府批准	是	否
义乌市佛堂镇联盟村村民委员会			是	否
义乌市大田农业开发有限公司			是	否
义乌市佛堂镇田心四村村民委员会			是	否
义乌市义亭镇车路村村民委员会			是	否
义乌市赤岸镇东朱村村民委员会			是	否
义乌市佛堂镇花园口村村民委员会			是	否
义乌市赤岸镇杨盆村村民委员会			是	否
义乌市赤岸镇上吴村村民委员会			是	否

（2）相关农村土地承包经营权证的取得情况，占用耕地情况及复耕保证书的签署情况，是否存在需要发行人补充耕地的情形，是否存在占用基本农田的情形

因历史等原因，发行人未就其承包土地取得农村土地承包经营权证，发行人与发包方签订了长期承包协议，生产经营用地具有较强的稳定性，

发行人未取得农村土地承包经营权证，对其生产经营并无重大不利影响。

发行人承包的土地为一般耕地，发行人已与全部土地权利人签署了复垦协议文件，公司承包农村土地原址不存在不能复垦的，不存在需要发行人补充耕地的情形。

2016年11月，义乌市国土资源局、义乌市农业林业局出具关于发行人使用农村土地的意见，确认浙江华统肉制品股份有限公司及其全资子公司义乌市华统养殖有限公司、义乌市绿发农业开发有限公司严格遵守国家及地方有关基本农田保护、土地管理等方面的法律、法规、规章和其他规范性文件，发行人生产经营所承包、租赁农村土地符合土地利用总体规划，不存在占用基本农田的情形，亦不存在违反农村土地管理法律、法规、规章和其他规范性文件的其他情形，发行人及其子公司承包、租赁农村土地已办理必要手续，合法有效。

（3）附属用地在每个项目中的占地面积及规模比例，以及发行人本身的畜禽养殖项目及养殖农户生产所需要设施农用地在当地政府部门的审核情况

根据《国土资源部、农业部关于进一步支持设施农业健康发展的通知》（国土资发〔2014〕127号）的规定，生产设施、附属设施和配套设施用地直接用于或者服务于农业生产，其性质属于农用地，按农用地管理，不需办理农用地转用审批手续。

发行人附属设施用地在每个项目中的占地面积、规模比例、发行人本身的畜禽养殖项目及养殖农户生产所需要设施农用地在当地政府部门的审核情况如下：

序号	项目	承包面积	附属设施用地面积	规模比例	政府审批情况
1	生猪养殖场	74,667平方米	2,146平方米	2.87%	义乌市义亭镇设施农用地审批意见书（义镇设〔2014〕003号）
2	平望鸡场	300亩	402平方米	0.20%	义乌市设施农用地审批意见书（佛堂设〔2016〕5号）
3	田心三村鸡场	60亩	264平方米	0.66%	义乌市设施农用地审批意见书（佛堂设〔2016〕6号）

续表

序号	项目	承包面积	附属设施用地面积	规模比例	政府审批情况
4	田心四村鸡场	316 亩	1,000 平方米	0.47%	义乌市设施农用地审批意见书（佛堂设〔2016〕1 号）
5	车路鸡场	209 亩	277 平方米	0.20%	义乌市义亭镇设施农用地审批意见书（义镇设〔2014〕004 号）
6	东朱鸡场	148 亩	900 平方米	0.91%	义乌市设施农用地审批意见书（义土资设〔2012〕-3-11 号）
7	花园口鸡场	376 亩	1,362 平方米	0.54%	义乌市佛堂镇设施农用地审批意见书（佛镇设〔2016〕2 号）
8	杨盆鸡场	90 亩	260 平方米	0.43%	赤岸镇设施农用地审批意见书（赤土资设〔2016〕-001 号）
9	上吴鸡场	120 亩	413 平方米	0.52%	赤岸镇设施农用地审批意见书（赤土资设〔2016〕-002 号）

根据《国土资源部、农业部关于进一步支持设施农业健康发展的通知》的规定，规模化畜禽养殖的附属设施用地规模原则上控制在项目用地规模7%以内（其中，规模化养牛、养羊的附属设施用地规模比例控制在10%以内），但最多不超过15亩，发行人上述附属设施用地规模均未超过项目用地规模7%且面积未超过15亩，符合《国土资源部、农业部关于进一步支持设施农业健康发展的通知》的规定。

经核查，保荐机构及发行人律师认为：①发行人子公司华统养殖和绿发农业承包农村集体土地已经履行必要的程序和法律手续，承包行为合法有效，不存在纠纷和潜在法律风险；②发行人在承包的农村集体土地上进行规模化畜禽养殖不涉及改变农用地用途；③发行人承包农村土地定价公允；④发行人不存在以其他方式补偿承包费用的承诺约定，亦不存在发行人股东、实际控制人以其他方式补偿土地权利人的情形。

（四）案例点评

土地使用权是企业生产发展的物质基础，对于生产型企业尤其重要。发行人存在使用或租赁使用集体建设用地、划拨地、农用地、耕地、基本农田及其上建造的房产等情形的，保荐机构和发行人律师应对其取得和使用是否符合《中华人民共和国土地管理法》等法律法规的规定、是否依法办理了必要的审批或租赁备案手续、有关房产是否为合法建筑、是否可能被行政处罚、是否构成重大违法行为等事项出具明确意见，说明具体理由和依据。

上述土地为发行人自有或虽为租赁但房产为自建的，如存在不规范情形且短期内无法整改，保荐机构和发行人律师应结合该土地或房产的面积占发行人全部土地或房产面积的比例，以及使用上述土地或房产产生的收入、毛利、利润情况，评估其对发行人的重要性。如面积占比较低、对生产经营影响不大，应披露将来如因土地问题被处罚的责任承担主体、搬迁的费用及承担主体、有无下一步解决措施等，并对该等事项做重大风险提示。

发行人生产经营用的主要房产系租赁上述土地上所建房产的，如存在不规范情形，原则上不构成发行上市障碍。保荐机构和发行人律师应就其是否对发行人持续经营构成重大影响发表明确意见。发行人应披露如因土地问题被处罚的责任承担主体、搬迁的费用及承担主体、有无下一步解决措施等，并对该等事项做重大风险提示。

发行人募投用地尚未取得的，需披露募投用地的计划和取得土地的具体安排、进度等。保荐机构、发行人律师需对募投用地是否符合土地政策、城市规划、募投用地落实的风险等进行核查并发表明确意见。

就本案例而言，中介机构核查了发行人对土地承包经营权的取得、农用地的审批及其附属设施的规模比例以及租赁土地的价格情况，并就相关问题走访了当地的农业、国土部门，同时取得了上述部门出具的合法合规文件，该核查方法值得借鉴。

十四、商标纠纷：皇氏集团（002329）

（一）相关事实

皇氏集团原称为皇氏乳业，发行人第一次申请审核时被否决，该意见强调：发行人销售中使用的主要商标"甲天下"和"皇氏甲天下"与其他生产食品的企业共有，有关协议书中未明确划分共有双方的使用领域，发行人对该无形资产的权利受到较大限制，发行人未来经营中使用该商标存在出现较大不利变化的风险。

发行人于 2009 年第二次上会，成功通过审核。对于前次审核否决意见的商标问题，发行人的处理方式为：放弃使用共有商标，新生产的产品全面停止使用包含共有商标的包装，全面使用发行人自有的商标。同时，积极申请其他商标并采取措施积极地过渡和调整，并在招股说明书中以实际经营业绩证明这样的处理对发行人未产生重大不利影响。

（二）反馈问题

发行人与其他公司商标共有问题的解决情况。

（三）发行人及中介机构回复

公司的商标"甲天下"（第 29 类第 1987552 号）、"皇氏甲天下"（第 29 类第 1987184 号）商标为公司与海霸王（汕头）食品有限公司（简称"海霸王食品"）双方共同拥有。公司与海霸王（汕头）食品有限公司于 2005 年 4 月 30 日签订商标共有协议书。

（1）商标共有协议书的主要条款

①双方同意将第 1987552 号"甲天下"商标及第 1987184 号"皇氏甲天下"商标转让为双方共同拥有；②发行人必须保证其产品的质量技术指标等完全符合国家的相关规定，如任何一方生产的该品牌产品发生任何问题，均由生产方自行负责，另一方不负任何法律责任；③双方必须保证不做出任何有损于共有商标的事情，否则，任何一方均有权主动撤消该商标注册；④发行人撤回对海霸王公司"甲天下"商标的诉讼，并不再对其注册的"甲天下"商标采取任何法律行动，并对海霸王公司支付此前为应对发行人连续三年停止使用撤消而发生的费用三万元人民币。海霸王公司撤回对发行人"皇氏甲天下"商标的异议；⑤发行人如申请任何带有"甲天下"文字

的商标，必须首先征得海霸王公司的同意；⑥发行人如违反以上规定，海霸王公司有权单方面注销第1987552号和第1987184号商标注册，且发行人必须签署相关注销文件。

（2）商标共有协议对公司经营的影响商标共有虽不违反我国现行法律规定，但是此商标共有协议可能对皇氏乳业经营产生如下影响：

①共有协议对双方使用商标的具体商品范围未进行明确约定，将来有可能导致相互竞争；

②共有协议对商标到期后的处理未进行明确约定，如届时海霸王公司（该公司目前未实际使用共有商标）不予配合，无法在法定期限内展期，会可能造成皇氏乳业失去上述商标的所有权；

③共有协议未对共有商标的推广进行约定，考虑到皇氏乳业拟将上市，以及拟上市公司将来对商标的宣传推广等因素，商标的价值必将大幅提升，届时海霸王公司基于对商标的共有权利，必将无偿从中获取利益；

④对共有商标的处分必须取得双方的一致同意，这必将对皇氏乳业对商标的使用造成限制，从而影响到资产的独立性。

（3）共有商标的实际使用情况

"甲天下"（第29类第1987552号）商标曾在公司部分产品上使用（和"皇氏乳业"商标共同使用），"皇氏甲天下"商标未曾使用。虽然公司对上述商标在法律权属方面没有障碍，但是按照公司与海霸王食品签订的协议书，对于将来经营的影响具有一定的不确定性。本公司从战略角度考虑，决定放弃这两个商标在公司产品包装上的使用。为避免与海霸王食品共有商标可能带来的问题以及部分产品更换商标对生产经营和销售业绩的影响，公司采取了以下过渡措施：

①从公司成立后第一个产品上市起，就同时使用"甲天下"商标和"皇氏乳业"商标（当时此两商标都未曾申请注册）；2001年9月25日，公司向国家商标局申请注册"甲天下"商标，同日得到受理，后遇海霸王食品提出异议，于2005年4月30日签署共有的协议。自此，公司开始在瓶装、巴氏包、部分屋顶包等产品上逐步突出"皇氏乳业"商标，逐步淡化"甲天下"商标，并同时开始积极申请"八桂情"等商标。

②2005年10月28日，"八桂情"商标获得注册，公司此后推出的如康

美包和屋顶包醋饮料、爱壳包装（益生菌原味酸奶、益生菌红枣酸奶、益生菌黄桃酸奶）、利乐砖（酸梅汤等）等新产品均没有使用"甲天下"商标，而是使用了"皇氏乳业"、"八桂情"和"乳果传奇"等商标。

③ 2007 年 9 月 25 日，公司"皇氏乳业＋八桂情＋图形"组合商标申请提交后，为继续淡化"甲天下"商标在已使用的部分产品上的显著性，公司采用新的商标组合，将原来同时使用"皇氏乳业"＋"甲天下"两商标的部分产品（考虑到瓶奶送奶到户销售渠道的封闭性，未进行此过渡），变更为"皇氏乳业＋八桂情＋图形"＋"甲天下"的新的商标组合。同时自 2007 年 11 月起瓶奶（2005 年—2008 年此产品销售收入占公司乳制品销售收入的比例分别为 52.85%、49.72%、49.56%、52.76%）开始更换商标，从同时使用"皇氏乳业"＋"甲天下"两商标，直接变更为"皇氏乳业＋八桂情＋图形"的商标组合的产品包装；12 月起，其他产品也开始陆续推出不含"甲天下"商标的产品包装。

④截至 2008 年 3 月 24 日，公司新生产的产品已经全面停止使用包含"甲天下"商标的包装，全面使用"皇氏乳业＋八桂情＋图形"商标组合。

另外，发行人控股股东黄嘉棣先生已于 2008 年 3 月 3 日承诺："皇氏乳业成功发行上市后，若与海霸王食品或任何其它企业、部门就"甲天下"、"皇氏甲天下"商标问题存在纠纷，导致皇氏乳业承担赔偿、罚款责任，全部由本人承担。"

（4）放弃使用共有商标对公司持续经营和利润的影响

2008 年 3 月 24 日起公司新生产的产品全面停止使用包含共有商标的包装后，未对公司的产品销售产生不良影响，相反随着主要产品瓶装奶的订户以及其他产品销量的继续增加（截至 2007 年 12 月 31 日瓶装奶订户为 28 万户／日，2008 年 12 月 31 日瓶装奶订户为 37.28 万户／日，2009 年 6 月 30 日瓶装奶订户 41.26 万户），公司经营业绩保持了持续快速增长：公司 2008 年实现乳制品销售收入 25,487.04 万元，比 2007 年同期增长 37.73%；实现扣除非经常性损益后归属于母公司股东的净利润 3,244.37 万元，比 2007 年同期增长 29.79%；公司主要产品瓶装奶实现销售收入 13,447.08 万元，比 2007 年同期增长 48.83%，其他各大系列也都实现了较高的增长。2009 年 1—6 月份公司主要产品瓶装奶实现销售收入 7,387.50 万元。因此，从上述经营业绩可以看出放弃使用"甲天下"、"皇氏甲天下"商标对发行人持续经营和盈利没有产生不利影响，公司继续保持了规模和业绩快速增长的趋势。

发行人律师认为："由于发行人新生产的产品已经不再使用上述共有商标，且发行人的控股股东黄嘉棣已经承诺如上述商标共有造成发行人的损失，将由黄嘉棣承担全部责任，发行人律师认为，上述商标的共有情形不会给发行人的生产经营造成不利影响。"

（四）案例点评

鉴于目前我国企业平均商标拥有量比较低，企业主动进行商标保护的意识比较薄弱。尤其是拟上市企业，更容易因对商标等知识产权的保护不利，被竞争对手攻击。2012 年，"飞人"乔丹起诉乔丹体育股份有限公司的商标涉嫌侵犯其姓名权，直接导致乔丹体育股份有限公司上市受阻。2015 年 5 月，浙江红蜻蜓鞋业股份有限公司因商标纠纷被他人举报，不得不在上市前一天宣布暂缓发行股票。因此，对拟上市企业而言，对于商标等知识产权的保护迫在眉睫。存在商标等知识产权纠纷的拟上市企业应进行以下几个方面的核查。

（1）如实披露知识产权纠纷的情况，并根据案件进展更新相关纠纷的最新情况，严禁出现虚假披露情形。

（2）分析知识产权纠纷对发行人未来经营的影响，主要从该纠纷中发行人承担不利影响的可能性以及对发行人产品销售的影响、是否仍符合 IPO 要求等方面进行分析。

（3）分析知识产权纠纷是否可能导致发行人承担赔偿责任（监管机构的主要关注点是纠纷是否会导致发行人承担责任及承担责任的程度），是否符合发行条件等。

拟上市企业应适当将精力放在对商标等知识产权的保护上，聘请法律专家全面梳理企业存在或潜在的商标问题，将上市途中的潜在纠纷扼杀在摇篮中，防患于未然。拟上市企业应在中介机构的协助下及时整改。

十五、董事高管变化：开元教育（300338）

（一）相关事实

最近两年，发行人董事会成员从 1 名增至 9 名，高级管理人员从 1 名增至

7 名。

（二）反馈问题

请披露发行人近两年董事、高管变化的原因，结合新任董事、高管的背景说明发行人近两年董事、高管是否发生重大变化。请保荐机构和律师进行核查并发表意见。

（三）发行人及中介机构回复

最近两年发行人董事变化情况

1. 变化情况及其原因

（1）发行人前身为开元有限，开元有限自 2009 年起至整体变更为股份有限公司前，未设董事会，仅设 1 名执行董事，由罗建文担任。

（2）因开元有限整体变更发起设立为股份有限公司，开元有限股东会于 2010 年 8 月 18 日作出决议，免去罗建文的执行董事职务；发行人创立大会于 2010 年 8 月 18 日作出决议，决定成立公司董事会，董事会由 6 名董事组成，选举罗建文、罗旭东、罗华东、文胜、彭海燕、郭剑锋为公司董事。

（3）为完善公司治理结构，有利于公司可持续性发展，发行人 2010 年第二次临时股东大会于 2010 年 11 月 17 日作出决议，引进 3 名独立董事，选举何兵、李跃光、舒强兴为公司独立董事。

2. 新任董事的背景

罗旭东，男，汉族，1971 年 10 月出生，高中学历，自 2002 年至 2010 年 8 月历任开元有限采购部经理、生产副总经理、开元机电总经理；

罗华东，男，汉族，1971 年 10 月出生，中专学历，自 2002 年至 2010 年 8 月历任开元有限总经理、东星仪器总经理；

文胜，男，汉族，1977 年 10 月出生，本科学历，自 2000 年至 2010 年 8 月历任开元有限销售部副经理、总工办主任、质量管理部经理、总工程师、研究院经理、生产总监；

彭海燕，女，汉族，1974 年 11 月出生，研究生学历，自 2007 年至 2010 年 8 月任开元有限执行董事助理；

郭剑锋，男，汉族，1970 年 7 月出生，大学学历，工程师，自 2002 年至 2010 年 8 月历任开元有限监事、质量部经理、管理部经理、研发部经理、企划部经理、总经办主任；

何兵，男，汉族，1964 年 7 月出生，博士，自 2001 年至今于中国政法大学任教，现为中国政法大学法学院副院长、教授、博士生导师；

李跃光，男，汉族，1963 年 2 月出生，本科学历，高级工程师，自 1994 年至今历任中国仪器仪表行业协会副秘书长、秘书长、副理事长；

舒强兴，男，汉族，1948 年 8 月出生，研究生学历，自 1997 年至 2008 年任湖南大学工商管理学院投资理财系主任，硕士生导师，2008 年退休。

3. 发行人董事设置及变化符合相关法律、法规和规范性文件及其时适用的《章程》，履行了相应的决策程序，合法有效

最近两年发行人高级管理人员变化情况

1. 变化情况及其原因

（1）发行人前身为开元有限。开元有限自 2009 年起至整体变更设立为股份有限公司，设总经理，由罗华东担任。

（2）开元有限整体变更发起设立为股份有限公司，为完善公司治理结构，发行人第一届董事会于 2010 年 8 月 18 日作出决议，同意聘任罗华东为总经理；聘任文胜、彭海燕、何建江、刘江舟为副总经理；聘任郭剑锋为董事会秘书；聘任何峰为财务总监。

2. 新任高级管理人员的背景

何峰，男，汉族，1974 年 6 月出生，本科学历，中级会计师职称，自 2001 年至 2010 年 8 月历任开元有限主办会计、副总会计师等职。

何建江，男，瑶族，1974 年 8 月出生，研究生学历，自 2007 年 8 月至 2010 年 8 月任开元有限任营销总监。

刘江舟，男，汉族，1968 年 12 月出生，研究生学历，自 2007 年至 2010 年 8 月任开元有限研究院院长。文胜、彭海燕、郭剑锋的背景情况参见上述。

3. 发行人高级管理人员设置及变化符合相关法律、法规和规范性文件及其时适用的《章程》，履行了相应的决策程序，合法有效

最近两年，发行人仅设执行董事和总经理时，实际控制人罗建文、罗华东、罗旭东以及核心管理人员文胜、彭海燕、郭剑锋、何建江、刘江舟、何峰等共同决定和执行公司生产经营所有重大事项。开元有限整体变更发起设立为股份有限公司后，发行人设置董事会，实际控制人罗建文、罗华东、罗旭东以及核心管理人员文胜、彭海燕、郭剑锋当选公司董事，聘任文胜、彭海燕、何建江、刘江舟等为副总经理，聘任郭剑锋为董事会秘书，聘任何峰为财务总监，发行人决策机构核心组成人员和核心管理层的人员变化未超过三分之一。

基于上述，中介机构认为，近两年发行人董事从一名增加至九名，高级管理人员从一名增加至七名，该等增加符合相关法律、法规和规范性文件及其时《章程》的规定，完善公司法人治理，保障了发行人决策人员的稳定性和决策的科学性，保障了发行人核心管理层人员的稳定性和执行的有效性，有利于发行人的可持续性发展。发行人近两年董事、高级管理人员未发生重大变化。

（四）案例点评

监管机构关注发行人董事、高级管理人员最近 3 年（创业板、科创板为 2 年）是否发生重大变化，源于该事项属于发行条件的规定，考量的是董事、高级管理人员对发行人持续经营、公司治理的稳定性的要求。一般而言，有限责任公司整体改制为股份有限公司增加的董事人数、为满足监管要求增加的独立董事、新设管理岗位增加的人数不属于重大变化。

发行人应当按照要求披露董事、高级管理人员的变动情况。中介机构对上述人员是否发生重大变化的认定，应当本着实质重于形式的原则，综合两方面因素分析：一是最近 3 年内（创业板、科创板为 2 年内）的变动人数及比例，在计算人数比例时，以董事和高级管理人员合计总数作为基数；二是上述人员离职或无法正常参与发行人的生产经营是否对发行人生产经营产生重大不利影响。

如果最近 3 年内（创业板、科创板为 2 年内）发行人的董事、高级管理人员变动人数比例较大，或董事、高级管理人员中的核心人员发生变化，对发行人的生产经营产生重大不利影响的，应视为发生重大变化。

变动后新增的董事、高级管理人员来自原股东委派或发行人内部培养的，原则上不构成人员的重大变化。发行人管理层因退休、调任等原因发生岗位变化的，不轻易认定为重大变化，但发行人应当披露相关人员变动对公司生产经营的影响。

第 2 章　常见财务问题

一、持续盈利能力：优彩资源（002998）

（一）相关事实

发行人主营业务为涤纶纤维及其制品生产及销售。我国再生涤纶行业整体产能过剩，开工不足，但发行人产能利用率和产品毛利率远高于行业平均水平，发行人解释因自身产品差异化所致。发行人 2019 年 1—9 月细分产品收入结构发生较大变化，2018 年及以前生产再生涤纶短纤维，2019年新增低熔点纤维产品、非织造布产品并销售半成品切片。发行人低熔点纤维产品主要通过自然人控制的化纤贸易商实现销售，2019 年前三季度收入占比高达 40.13%，但毛利率仅为 6.82%。发行人主要产品再生涤纶短纤维的毛利率持续下降，且 2019 年销量和单价均出现显著下降；发行人低熔点纤维产品、非织造布产品毛利率均低于同行业可比公司，切片销售毛利率为负。发行人 2019 年 1—9 月经营活动、投资活动、筹资活动产生的现金流量净额皆为负值。其中经营活动产生的现金流量净额为 –0.76亿元，显著低于以往年度同期；筹资活动产生的净现金流量由报告期以往年度的正值转为负值；现金及现金等价物增加额合计为 –1.08 亿元，由此导致发行人现金及现金等价物金额从 2018 年底至 2019 年 9 月末下降了80%。

（二）反馈问题

发行人是否存在销量持续下滑、毛利率持续下降的情形，发行人持续盈利能力是否存在重大不确定性。

（三）发行人及中介机构回复

1. 发行人棉型再生涤纶短纤维销售下滑对其持续盈利能力不构成重大不利影响

首先，发行人对公司整体业务规划具备一定的前瞻性，2016 年起开始筹备低熔点纤维项目并于 2018 年 12 月份投入试生产，并在 2019 年对再生涤纶短纤维生产线加装再生 PET 切片生产模块，提高其生产线柔性生产能力，从而能够主动调整产品结构以应对市场不利变化，充分发挥低熔点纤维和再生涤纶短纤维的在生产技术、设备、原材料方面的业务协同性，整体上提高了公司的持续经营能力和抗风险能力。

其次，随着低熔点纤维业务的增长，2019 年，公司棉型再生涤纶短纤维产品销售收入占全年营业收入的比例已降至 9.26%，毛利占比降至 3.46%，占比整体较低，该产品的不利变化不会对公司持续盈利能力产生重大不利影响。同时，公司低熔点纤维项目已稳定运行，项目投产初期的不利影响因素已基本消除，2019 年低熔点纤维产品销售收入占营业收入的比例为 40.97%，毛利占比为 36.71%，已成为公司重要收入、利润来源之一。

最后，发行人已开始加强产业用再生涤纶短纤维的市场开拓力度，根据下游市场需求变化相应增加对应的产业用再生涤纶短纤维产销规模，以减轻棉型再生涤纶短纤维下游市场不利变化带来的负面影响。同时，2020 年 1 月，发行人已成功小批量试产彩色低熔点纤维、再生低熔点纤维、阻燃低熔点纤维等差异化低熔点纤维品种，其中再生低熔点纤维与原生低熔点纤维相比，其纤维的芯是利用再生 PET 切片加工处理成再生聚酯，从而显著降低低熔点纤维生产成本，提高发行人盈利能力与市场竞争力。

综上，2019 年公司棉型再生涤纶短纤维销量、收入大幅减少、毛利率大幅下滑，主要受外部经贸环境变化以及化纤行业周期性波动影响，发行人已针对该不利变化做出主动调整，加大产业用再生涤纶短纤维的市场开拓力度，开发差异化低熔点纤维产品，提高低熔点纤维盈利能力与市场竞争力，整体上提高了公司的持续经营能力和抗风险能力，因此，发行人 2019 年棉型再生涤纶短纤维的不利变化不会对公司持续盈利能力构成重大不利影响。

2. 是否存在毛利率持续下降的情形

2019 年四季度各月，公司棉型再生涤纶短纤维、产业用再生涤纶短纤维销售规模、销售单价整体保持稳定，其中受原材料 PTA 价格持续下行影响，导致棉型原生涤纶市场价格持续下降，间接导致发行人棉型再生涤纶短纤维毛利率水平较低，但发行人产业用再生涤纶短纤维毛利率受影响较小，2019 年四季度维持在 13% 以上。

2020 年 1 月、2 月，公司棉型再生涤纶短纤维、产业用再生涤纶短纤维销售规模、销售单价、毛利率水平均较 2019 年四季度各月下降，主要系春节假期以及新冠疫情叠加影响所致：

（1）受传统春节假期影响，发行人下游主要客户均不同程度停工放假，因此每年 1 月份及 2 月份通常是公司传统销售淡季，产品销售规模低于其他月份；

（2）受本轮新冠疫情影响，公司再生涤纶生产线复工时间较往年推迟，再生涤纶短纤维生产线于 2020 年 2 月 10 日开始逐步复工，已复工生产线较计划复工时间平均推迟约半个月，产能利用率下滑，同时下游客户及国内交通运输复工缓慢，导致公司产品销售受到一定程度的影响，下游需求不足导致公司产品销售量出现下滑；

（3）受疫情影响，2020 年 1—2 月，PTA 价格继续保持下行趋势，PTA 内盘价格从 4845 元 / 吨下降到 4130 元 / 吨，原生涤纶纤维（江浙涤短）市场价格也从 6900 元 / 吨下降到 6450 元 / 吨，发行人再生涤纶短纤维受此影响销售价格有所下降，其中棉型再生涤纶短纤维受期初存货成本较高以及市场竞争激烈影响，导致销售价格低于单位成本，因此公司也主动减少棉型再生涤纶短纤维产量规模。

综上，上述因素导致 2020 年 1—2 月销售量、毛利率水平均出现下滑，但随着 2020 年 3 月份下游市场需求逐步恢复，发行人 2020 年 3 月再生涤纶短纤维销售规模已恢复至 2019 年月均销售数量的 94.47%，毛利率增长至 11.69%，与 2019 年全年毛利率水平接近。

3. 发行人持续盈利能力是否存在重大不确定性

2020 年 1 月、2 月，公司再生涤纶短纤维销售规模、销售单价、毛利率水平下滑，主要系春节假期及疫情因素共同影响所致。

公司再生涤纶短纤维下游客户主要集中在纺织服装、工程、地毯、家具、汽车内饰等行业，由于下游复工率不足以及交通运输影响，短期内销售情况受到新冠疫情暂时影响。

随着春节假期结束、国内疫情影响逐步缓解，预计公司销售规模、盈利水平将逐步恢复。2020 年 3 月期间再生涤纶短纤维销售数量已恢复至 2019 年月均销售数量的 94.47%，毛利率水平已接近 2019 年全年平均水平，2020 年度一季度公司实现的经审阅净利润（扣除非经常性损益后孰低）为 336.51 万元，同比增长 291.74%，且截至 2020 年 4 月 11 日，发行人已签订再生涤纶短纤维销售订单合计 7,546.52 吨，低熔点纤维销售订单合计 5,419.00 吨，涤纶非织造布销售订单预计 500.00 吨，其中受疫情带动 N95 口罩需求增长，导致低熔点纤维销售订单及价格均有所增长，截至 2020 年 4 月 11 日，发行人低熔点纤维已销售 8,489.98 吨。基于上述因素，发行人预计 2020 年上半年扣除非经常性损益后孰低净利润为 2,869.31 万元—4,089.20 万元，较上年同期同比变动 112.59%—202.98%。

因此，发行人持续盈利能力不存在重大不确定性。

（四）案例点评

从企业被否原因来看，持续盈利能力是 IPO 审核未通过的主要原因。能够持盈利是企业发行上市的一项基本要求，从财务会计信息来看，盈利能力主要体现在收入的结构及增减变动、毛利率的构成及各期增减、利润来源的连续性和稳定性等三个方面。企业的商业模式是否适应市场环境与是否具有可复制性等因素，决定了企业的扩张能力和快速成长的空间。企业的盈利质量，包括营业收入或净利润对关联方是否存在重大依赖，盈利是否主要依赖税收优惠、政府补助等非经常性损益，客户和供应商的集中度，是否对重大客户和供应商存在重大依赖性。

为了与时俱进地发挥资本市场服务实体经济的功能，监管层近年对 IPO 上市调整了思路。对 IPO 审核变化进行梳理，发现与五年前相比，审核重点发生了变化。如今，因持续盈利能力被否的情况在减少，监管层盯防"带病申报"项目，愈发强调"信息披露"，注册制的理念逐渐深入人心。

《首发业务若干问题解答（2020 年 6 月修订）》就持续经营能力做了如下解答。

对于发行人是否存在影响持续经营能力的重要情形，中介机构应当从哪几个方面进行核查和判断？

如发行人存在以下情形，中介机构应重点关注该情形是否影响发行人持续经营能力。

（1）发行人所处行业受国家政策限制或国际贸易条件影响存在重大不利变化风险。

（2）发行人所处行业出现周期性衰退、产能过剩、市场容量骤减、增长停滞等情况。

（3）发行人所处行业准入门槛低、竞争激烈，相比竞争者发行人在技术、资金、规模效应方面等不具有明显优势。

（4）发行人所处行业上下游供求关系发生重大变化，导致原材料采购价格或产品售价出现重大不利变化。

（5）发行人因业务转型的负面影响导致营业收入、毛利率、成本费用及盈利水平出现重大不利变化，且最近一期经营业绩尚未出现明显好转趋势。

（6）发行人重要客户本身发生重大不利变化，进而对发行人业务的稳定性和持续性产生重大不利影响。

（7）发行人由于工艺过时、产品落后、技术更迭、研发失败等原因导致市场占有率持续下降、重要资产或主要生产线出现重大减值风险、主要业务停滞或萎缩。

（8）发行人多项业务数据和财务指标呈现恶化趋势，短期内没有好转迹象。

（9）对发行人业务经营或收入实现有重大影响的商标、专利、专有技术以及特许经营权等重要资产或技术存在重大纠纷或诉讼，已经或者未来将对发行人财务状况或经营成果产生重大影响。

（10）其他明显影响或丧失持续经营能力的情形。

中介机构应详细分析和评估上述情形的具体表现、影响程度和预期结果，综合判断上述情形是否对发行人持续经营能力构成重大不利影响，审慎发表明确意见，并督促发行人充分披露可能存在的持续经营风险。

二、第三方收款：中山金马（300756）

（一）相关事实

根据证监会于 2017 年 1 月 10 日作出的《关于不予核准中山市金马科技娱乐设备股份有限公司首次公开发行股票并在创业板上市申请的决定》（证监许可〔2017〕69 号），公司首次 IPO 申报被否决原因如下。

"创业板发审委在审核中关注到，你公司存在以下情形：根据申请文件，你公司报告期内存在由客户的财务人员或其他相关自然人等第三方代客户向你公司支付货款的情形，2013 年、2014 年、2015 年、2016 年 1—6 月采用第三方支付的金额分别为 3,987.19 万元、5,580.78 万元、4,850.93 万元、658.39 万元。你公司代表和保荐代表人未就你公司相关的内部控制制度是否健全且被有效执行给予充分、合理的说明。创业板发审委认为，上述情形与《首次公开发行股票并在创业板上市管理办法》（中国证券监督管理委员会令第 123 号）第十八条的规定不符。"

（二）反馈问题

发行人 2016 年 12 月 9 日首次 IPO 申请被否决。请发行人说明前次 IPO 申报否决原因及意见落实情况。

（三）发行人及中介机构回复

针对前次创业板发审委意见，公司采取以下措施规范及控制第三方付款：

（1）建立对客户付款行为的合同约束。公司完善了销售合同模板，明确约定客户应"从自身合法账户"支付合同价款。

（2）修订了《销售与收款管理制度》，其中与第三方付款内部控制相关的规定主要包括：

①客户应从其自身合法账户支付合同价款。

②客户银行账号管理。在与客户签署协议前，销售人员应要求其提供营业执照、开票信息等相关资料，交予财务部门，财务部门将开票信息中列示的银行账号作为其结算账户进行管理。

③业务员培训。财务部门和销售部门应联合对业务员进行培训，要求其在与客户协商合同时，即向客户明确付款账户要求。

④客户付款账户与合同约定的结算账户不符的处理。业务员应向客户了解情况，并区分不同情况区别处理：A、如客户变更结算自身账户，应出具书面的变更通知；B、如款项来自非客户自身账户，则要求客户从自身账户重新打款后，公司再原路退回第三方付款；C、如客户存在重大信用风险，不接受代付坏账风险将较大，则在获取客户和付款方关于代付款安排的书面确认，并提交总经理审批通过后接受代付款项。

⑤客户付款合规性与业务员考评挂钩。公司将客户回款的合规性作为对业务员考评指标之一。

2017 年 1—6 月，公司第三方付款金额下降至 30 万元、占回款比例仅0.13%。报告期内第三方付款变化趋势如下表所列：

报告期第三方付款统计表

单位：万元

期间	2017 年 1—6 月	2016 年	2015 年	2014 年
第三方付款金额	30.00	711.17	4,850.93	5,580.78
客户总回款金额	23,877.06	56,801.11	54,227.98	50,545.23
第三方回款占比	0.13%	1.25%	8.95%	11.04%

因此，公司已健全了与第三方付款相关的内部控制制度，且被有效执行。

经核查中介机构认为：发行人前次 IPO 申报否决原因为未就与第三方付款相关的内部控制制度是否健全且被有效执行给予充分、合理的说明，发行人已采取措施完善了相关内控制度且有效执行，落实了发审委意见。

（四）案例点评

监管机构主要关注第三方回款的真实性以及是否存在虚构交易情形，从而审核是否符合发行上市条件。《首发业务若干问题解答（2020 年 6 月修订）》对第三方回款问题的解答如下。

首发企业收到的销售回款通常是来自签订经济合同的往来客户，实务中，发行人可能存在部分销售回款由第三方代客户支付的情形，该情形是否影响销售确认的真实性，发行人、保荐机构及申报会计师需要重点关注哪些方面？

第三方回款通常是指发行人收到的销售回款的支付方（如银行汇款的汇款方、银行承兑汇票或商业承兑汇票的出票方或背书转让方）与签订经济合同的往来客户（或实际交易对手）不一致的情况。

企业在正常经营活动中存在的第三方回款，通常情况下应考虑是否符合以下条件：（1）与自身经营模式相关，符合行业经营特点，具有必要性和合理性，例如①客户为个体工商户或自然人，其通过家庭约定由直系亲属代为支付货款，经中介机构核查无异常的；②客户为自然人控制的企业，该企业的法定代表人、实际控制人代为支付货款，经中介机构核查无异常的；③客户所属集团通过集团财务公司或指定相关公司代客户统一对外付款，经中介机构核查无异常的；④政府采购项目指定财政部门或专门部门统一付款，经中介机构核查无异常的；⑤通过应收账款保理、供应链物流等合规方式或渠道完成付款，经中介机构核查无异常的；⑥境外客户指定付款，经中介机构核查无异常的；（2）第三方回款的付款方不是发行人的关联方；（3）第三方回款与相关销售收入钩稽一致，具有可验证性，不影响销售循环内部控制有效性的认定，申报会计师已对第三方回款及销售确认相关内部控制有效性发表明确核查意见；（4）能够合理区分不同类别的第三方回款，相关金额及比例处于合理可控范围。

如发行人报告期存在第三方回款，保荐机构及申报会计师通常应重点核查以下方面：（1）第三方回款的真实性，是否存在虚构交易或调节账龄情形；（2）第三方回款形成收入占营业收入的比例；（3）第三方回款的原因、必要性及商业合理性；（4）发行人及其实际控制人、董监高或其他关联方与第三方回款的支付方是否存在关联关系或其他利益安排；（5）境外销售涉及境外第三方的，其代付行为的商业合理性或合法合规性；（6）报告期内是否存在因第三方回款导致的货款归属纠纷；（7）如签订合同时已明确约定由其他第三方代购买方付款，该交易安排是否具有合理原因；（8）资金流、实物流与合同约定及商业实质是否一致。

同时，保荐机构及申报会计师还应详细说明对实际付款人和合同签订方不一致情形的核查情况，包括但不限于：抽样选取不一致业务的明细样本和银行对账单回款记录，追查至相关业务合同、业务执行记录及资金流水凭证，获取相关客户代付款确认依据，以核实和确认委托付款的真实性、代付金额的准确性及付款方和委托方之间的关系，说明合同签约方和付款方存在不一致情形的合理原因及第三方回款统计明细记录的完整性，并对第三方回款所对应营业收入的真实性发表明确意见。

通过上述措施能够证实第三方回款不影响销售真实性的，不构成影响发行条件事项。发行人应在招股说明书营业收入部分充分披露第三方回款相关情况及中介机构的核查意见。

三、补缴税款：海融科技（300915）

（一）相关事实

海融印度因印度税制改革而需补缴的税款相关诉讼尚未最终判决，发行人可能存在补缴税款及滞纳金的风险。印度中央消费税税务局 Sonepat 分局于 2016 年 11 月 28 日将海融印度的补缴金额调整为 27,036,977 印度卢比（折合人民币约为 270 万元），将滞纳金调整为 13,518,489 印度卢比（折合人民币约为 130 万元），总计约为人民币 400 万元，占 2017 年海融科技净利润总额的 5.75%。

（二）反馈问题

该笔补缴税款及其滞纳金具体所属的会计年度。目前发行人对于该笔待缴纳税款是否已足额计提，后续对发行人业绩可能带来哪些影响。

（三）发行人及中介机构回复

（1）该笔补缴税款及其滞纳金具体所属的会计年度

根据发行人提供的相关资料得知，上述补交税款所属会计年度为 2010 年 4 月 1 日至 2016 年 3 月 31 日，其中 2010 年 4 月 1 日至 2015 年 3 月 31 日为印度卢比 19,422,345；2015 年 4 月 1 日至 2016 年 3 月 31 日为印度卢比 7,614,632。滞纳金所属的会计年度与上述税款所属会计年度一致，其中 2010 年 4 月 1 日至 2015 年 3 月 31 日为印度卢比 9,711,143；2015 年 4 月 1 日至 2016 年 3 月 31 日为印度卢比 3,807,316。

（2）目前发行人对于该笔待缴纳税款是否已足额计提，后续对发行人

业绩可能带来哪些影响

印度植脂奶油生产商协会组织——印度食品原料生产商协会已于 2017 年 8 月 28 日向印度财政部提出请愿申请，认为根据印度《中央消费税法案（1944）》中的 11C 条款，根据行业过去 20 年的纳税实践惯例，植脂奶油生产企业不需要追溯补缴中央消费税，要求财政部撤销其下属的征税机构对行业内植脂奶油生产企业作出的税收补缴决定。

依据印度 Link Legal 律师事务所出具的印度法律意见书，如果海融印度对中央消费税仲裁厅作出的复核决定有异议，海融印度可以向法院提起诉讼；在终审法院作出关于本案的判决／裁定生效之日，或海融印度放弃提起诉讼并接受中央消费税仲裁厅的复核结果之前，中央消费税税务局 Sonepat 分局作出的决定处于未决状态，且不会被强制执行；并且，只要海融印度能够履行法院就前述事项作出的最终判决或裁定项下的义务，海融印度并不会就此承担任何行政或刑事法律责任。截至 2019 年 6 月 30 日，上述事项仍在申诉过程中，因此，海融印度并未进行计提。海融印度已按照印度税务机关的统一安排，根据税务部门计算的追缴税款的 7.5% 缴纳预缴款 2,027,774 印度卢比（折合人民币 20.68 万元）。如未来海融印度申诉成功，税务机关将退回或抵扣预缴税款。因此海融印度将上述预缴款依据预缴纳税款进行会计处理：借：其他流动资产　贷：银行存款。

依据印度 Link Legal 律师事务所出具的印度法律意见书，如果海融印度对中央消费税仲裁厅作出的复核决定有异议，海融印度可以向法院提起诉讼；在终审法院作出关于本案的判决／裁定生效之日，或海融印度放弃提起诉讼并接受中央消费税仲裁厅的复核结果之前，中央消费税税务局 Sonepat 分局作出的决定处于未决状态，且不会被强制执行；并且，只要海融印度能够履行法院就前述事项作出的最终判决或裁定项下的义务，海融印度并不会就此承担任何行政或刑事法律责任；同时，自 2017 年 1 月 1 日至 2020 年 6 月 30 日，海融印度在税务方面不存在重大行政处罚或刑事处罚。

根据《企业会计准则－或有事项》的规定："与或有事项相关的义务同时满足下列条件的，应当确认为预计负债：（一）该义务是企业承担的现时义务；（二）履行该义务很可能导致经济利益流出企业；（三）该义务的金额能够可靠地计量"。根据印度的纳税实践惯例，植脂奶油生产企业追溯补缴中央消费税的可能性较小，不符合确认预计负债的条件，因此海融印度未针对潜在的补缴税款事宜计提预计负债。

海融印度前述潜在的补缴税款和缴纳滞纳金事宜涉及的金额未超过人民币 500.00 万元，且未超过公司最近一期经审计的净资产的 10%，该等事项不会对发行人造成重大不利影响；同时，公司实际控制人黄海晓已出具不可撤销承诺，承诺"若海融印度因前述事项而需补缴税款或受到处罚、损失，本人将全额承担海融印度的补缴义务、滞纳金、罚款或损失，并保证海融印度不会因此遭受任何损失"。因此，中介机构认为，前述事项不会对发行人造成重大不利影响，不会对发行人本次发行上市构成实质性法律障碍。

（四）案例点评

因税务问题被处罚的情形在拟上市企业中还是比较普遍的，具体原因则有所不同。如果税收处罚不是针对拟上市企业会计核算基础等内部控制制度的规范性，补缴税款及滞纳金的金额不是特别大，一般不会对拟上市企业上市造成实质性障碍。解决的方式也有比较明确的原则和思路：（1）详细披露被处罚的具体原因和背景；（2）由主管部门专门就有关处罚出具证明，证明税收处罚行为不属于重大违法行为；（3）发行人的控股股东、实际控制人出具兜底承诺，承诺未来若出现补缴税款、滞纳金及罚款等由其承担；（4）中介机构发表核查意见，说明该等事项对发行上市不构成实质性障碍。关于发行人补缴税款的会计处理，符合会计差错更正要求的，可追溯调整至相应期间；对于缴纳的罚款、滞纳金等，原则上应计入缴纳当期。

四、关联交易价格公允性：心脉医疗（688016）

（一）相关事实

2017 年至 2018 年脉通医疗等关联方对发行人的平均销售毛利低于其他客户 12.82%（按算术平均粗略测算），且发行人从脉通医疗等关联方采购的成本低于其他客户 13%—27%。

（二）反馈问题

（1）请发行人进一步提供认为关联交易具有合理商业理由和定价公允性的具体依据，分类披露发行人内外部采购和关联方内外部销售的交易中，相关品种、数量、结算方式、毛利率差异及原因，并补充披露 2019 年 1—3 月及上半年关联交易情况及内外部定价对比分析。请保荐机构和申报会计师核查并发表意见；（2）请发行人补充披露相关关联交易是否履行了必要的法定程序，是否存在纠纷和潜在纠纷；（3）请发行人补充披露覆膜、管材等关键原材料采购占比较高，是否对关联方构成依赖，是否符合发行上市条件。请保荐机构、发行人律师对（2）（3）项进行核查并发表意见。

（三）发行人及中介机构回复

一、发行人关联交易具有合理的商业理由，定价公允

（一）发行人关联方采购具有商业合理性

1. 关联采购的背景

覆膜和管材系广泛应用于发行人主要产品的关键原材料。在发行人主动脉及外周血管介入业务发展早期，由于国内介入医疗器械原材料产业化水平较低，并无合格供应商能够稳定提供符合产品需求的原材料，发行人覆膜和管材等原材料生产商以境外供应商为主。近年来，随着国内医疗器械行业的快速发展，部分国内企业也在尝试进入介入医疗器械原材料领域，希望能够逐步实现进口替代，但总体而言，国内介入医疗器械原材料产业化水平仍处于早期阶段。

发行人根据自身产品的工艺特点，经过审慎的技术验证和考核选择合格供应商，对原材料性能、生产工艺及质量稳定性的要求较高。在覆膜领域，除脉通医疗外，国内尚无能够稳定供应合格产品的境内供应商，所以发行人未向除关联方以外的境内生产商采购覆膜。而在管材领域，发行人已经开发了普霖医疗、法尔胜等境内厂家作为管材供应商，减少对境外管材供应商的依赖。

2. 发行人向关联方采购覆膜、管材等关键原材料的原因

报告期内，发行人向关联方上海微创和脉通医疗采购覆膜、管材等关键原材料（由于内部业务调整，上海微创将覆膜和管材业务逐渐转移至其附属企业脉通医疗），主要基于以下原因：

（1）覆膜和管材属于关键原材料，且供应商数量有限，境内合格供应商较少，将脉通医疗作为供应商可以有效丰富发行人供应商储备，分散采购风险，一定程度上避免国际贸易政策变化可能导致的原材料供应风险；

（2）上海微创和脉通医疗系国内较早开展介入医疗器械原材料研发、生产和销售的企业，技术相对成熟，已经与多家境内医疗器械生产企业开展合作，在产品质量和交付能力方面具有先发优势；

（3）发行人生产基地位于上海，上海微创和脉通医疗生产基地位于上海和嘉兴，向脉通医疗采购原材料可以缩短原材料运输物理距离，降低运输成本；

（4）发行人与上海微创和脉通医疗合作时间较长，交易沟通成本较低，且脉通医疗对订单响应速度快，服务质量较好，能够满足发行人的采购需求。

综上所述，发行人关联采购具有真实的交易背景和合理的商业理由。

（二）关联采购定价公允性的具体依据

1. 发行人内外部采购相关品种、数量、结算方式情况

报告期内，发行人分别向关联方及非关联供应商采购覆膜、管材的相关数量及结算方式情况如下：

单位：万元

项目	采购类别	采购金额（不含税）		
		2018 年	2017 年	2016 年
覆膜类产品	关联采购	298.31	174.09	357.15
	非关联采购	363.77	22.00	286.99
	关联采购占合计金额的比例	45.06%	88.78%	55.45%
管材类产品	关联采购	382.14	398.36	261.61
	非关联采购	448.81	510.44	175.48
	关联采购占合计金额的比例	45.99%	43.83%	59.85%

发行人向关联方采购的结算方式为货到付款，关联供应商给予公司的信用期为 1 个月；发行人向非关联供应商采购的结算方式包括预付货款及货到付款等，非关联供应商给予公司的信用期一般也在 1 个月左右。

发行人所处行业原材料生产工艺成熟，供应商渠道相对稳定，规模较大，产品质量和供货稳定性均有一定保障。发行人已与境内外知名供应商形成了较为稳定的合作关系，供应商储备情况良好，不同的供应商均能根据订单具体要求如期提供符合发行人生产需求的原材料。发行人对上海微创和脉通医疗不存在采购依赖，JOTEC GmbH、普霖医疗、TELEFLEX INC、MajiK 等其他供应商可以替代上海微创和脉通医疗。

发行人关联采购价格具有公允性，向关联方供应商及其他非关联供应商采购覆膜、管材产品单价的差异具有合理的商业理由，具体分析如下：

1）覆膜类产品单价公允性分析

①产品参数和技术特点相似的供应商定价差异较小

发行人向脉通医疗采购平面复丝膜单价为 10,590.52 元 / 平方米，参数可比的平面复丝膜外部供应商系生产商 2，采购单价为 9,383.72 元 / 平方米，价格差异主要原因系：生产商 2 生产的平面复丝膜出厂前未进行热定型处理，该工序需要发行人采购回来之后自行完成，而脉通医疗生产的平面复丝膜已完成热定型工序，所以单价略高于生产商 2。

发行人向脉通医疗采购管状复丝膜单价为 22,747.95 元 / 平方米，参数可比的管状复丝膜外部供应商系生产商 4，采购单价为 28,788.12 元 / 平方米。价格差异主要原因系：生产商 4 系境外知名供应商，对产品拥有较强的定价权，且其生产经营地位于欧洲，在人力成本等方面高于境内企业，导致综合生产成本高于境内企业，发行人向其采购管状复丝膜的单价相对较高。

因此，发行人向脉通医疗采购覆膜和管材的平均单价与向非关联供应商采购相似规格产品的平均单价差异较小且具有合理的商业理由，定价具备公允性。

②产品参数和技术特点不同会导致定价不同

覆膜类产品的生产成本中，原材料成本占比较低，人工成本、固定资产折旧等成本占比较高。不同定制需求的产品在织造工艺和生产工序上的差别可能会导致产品单价存在较大差异，例如：发行人向生产商 1 采购的平面膜属于单丝膜，向生产商 2 和脉通医疗采购的平面膜属于复丝膜。复丝膜在织造过程中由于纱线相互摩擦，更易断裂，因此织造难度更高，良品率更低，且复丝膜生产设备的复杂程度和精密程度远高于单丝膜，上述原因导致两种产品单价存在较大差异。

③对于同类产品，境外知名供应商定价一般较高

一般而言，境外知名供应商对产品拥有较强的定价权，且由于医疗器

械领域知名供应商的生产经营地多位于欧美等发达国家或地区，在人力成本等方面高于境内企业，导致综合生产成本高于境内企业。因此，境外知名供应商定价一般较高。

2）管材类产品单价公允性分析

对于管材类产品，发行人向脉通医疗采购与向非关联供应商采购的平均单价由于产品参数和技术特点不同、供应商生产经营地不同等原因而存在一定差异。发行人向脉通医疗采购管材的平均单价与向非关联供应商采购相似规格产品的平均单价差异也较小，例如：发行人向脉通医疗采购编织外管的单价为430.00元/根，相似规格的编制外管外部供应商为生产商2，采购价格为496.49元/根，采购价格差异较小。

综上所述，不同供应商产品单价存在差异具有合理的商业理由，不存在采购单价明显偏离产品平均价格的情况，发行人关联采购定价具备公允性。

2. 关联方内外部销售相关品种、数量、结算方式、毛利率差异及原因情况

上海微创和脉通医疗相关业务毛利率的具体情况

报告期内，上海微创和脉通医疗分别向发行人及其他客户销售覆膜、管材的产品的相关数量及结算方式情况如下：

单位：万元

项目	销售类别	销售金额		
		2018年	2017年	2016年
覆膜类产品	向发行人销售	207.41	136.51	329.17
	向其他客户销售	218.47	39.77	–
管材类产品	向发行人销售	382.14	398.36	261.61
	向其他客户销售	461.86	133.44	18.68

注：由于脉通医疗主要经营资产和人员承接自上海微创，故对上海微创和脉通医疗进行合并分析，上述金额剔除了脉通医疗和上海微创的内部交易。

上海微创和脉通医疗向发行人销售的结算方式为货到付款，给予发行人的信用期为1个月；上海微创和脉通医疗向其他客户销售的结算方式包括预付货款及货到付款等，给予的信用期一般在 1 个月至 3 个月之间。

报告期内，上海微创和脉通医疗对发行人的销售毛利率和对其他客户销售对应产品的毛利率比较情况如下：

项目	2018 年度		2017 年度		2016 年度	
	向发行人销售毛利率	向其他客户销售毛利率	向发行人销售毛利率	向其他客户销售毛利率	向发行人销售毛利率	向其他客户销售毛利率
覆膜类产品	49.28%	52.41%	39.66%	45.55%	试生产阶段，未进行毛利率核算	
管材类产品	39.38%	47.81%	35.80%	42.01%	27.36%	28.33%

注：由于脉通医疗主要经营资产和人员承接自上海微创，故对上海微创和脉通医疗进行合并分析。

报告期内，上海微创和脉通医疗对发行人的销售毛利率略低于对其他客户的销售毛利率，主要原因为覆膜、管材等介入医疗器械原材料均属于定制原材料，不同客户向上海微创或脉通医疗采购的覆膜和管材均会根据自身产品的需求和特点提出不同的定制要求，因此上海微创和脉通医疗向发行人销售的产品与向其他客户销售的产品规格、性能等不同，具体情况如下：

报告期内，公司向上海微创或脉通医疗采购的覆膜类产品主要包括用于术中支架的管状膜及用于部分分叉型腹主动脉覆膜支架的平面膜。与其他客户向上海微创或脉通医疗采购的覆膜类产品相比，公司采购的覆膜在轴向 / 径向拉伸强度、力学性能、水渗透性等方面与之存在较大差异。

报告期内，公司向上海微创和脉通医疗采购的管材类产品主要为使用在 Hercules Low Profile 直管型覆膜支架和 Castor 分支型主动脉覆膜支架产品上的编织外管。上海微创和脉通医疗向其他客户销售的管材类产品与公司采购的管材类产品在技术指标、产品规格等方面均存在较大差异。

综上所述，鉴于发行人和其他客户向上海微创及脉通医疗采购的覆膜和管材产品的规格、性能通常存在较大差异，发行人和其他客户采购产品的销售毛利率不完全可比；此外，发行人作为主动脉和外周血管介入医疗器械领先企业，外部采购渠道较为多元化，在价格谈判过程中能够获得一定优势地位。因此，上海微创和脉通医疗向发行人销售对应产品的毛利率略低于其他客户，具有合理性。

（三）补充披露2019年1—3月及上半年关联交易情况及内外部定价对比分析

覆膜和管材性能对最终产品性能影响较大，构成发行人产品的关键原材料。报告期内、2019年1—3月及2019年1—6月，发行人向关联方上海微创和脉通医疗采购覆膜和管材，关联采购金额占同类原材料采购金额的比例情况如下：

单位：万元

项目	年度	关联采购金额（不含税）	同类产品采购总额（不含税）	占比
覆膜类产品	2019年1—6月	156.84	423.51	37.03%
	2019年1—3月	80.41	176.95	45.44%
	2018年度	298.31	662.08	45.06%
	2017年度	174.09	196.09	88.78%
	2016年度	357.15	644.14	55.45%
管材类产品	2019年1—6月	245.67	795.89	30.87%
	2019年1—3月	85.30	327.79	26.02%
	2018年度	382.14	830.95	45.99%
	2017年度	398.36	908.79	43.83%
	2016年度	261.61	437.09	59.85%

2019年1—6月，发行人向关联方采购覆膜或管材产品占同类产品采购总额的比例，相比报告期内各年度有所下降。

2019年1—3月及2019年1—6月，发行人向关联方及非关联供应商采购覆膜和管材产品的价格均未发生明显变化，不存在关联采购单价明显偏离产品平均价格的情况，发行人关联采购定价具备公允性。

二、相关关联交易履行了必要的法定程序，不存在纠纷和潜在纠纷

（一）发行人相关关联交易均已履行了必要的法定程序

对于报告期内存在的关联交易，发行人已履行必要的决策程序并获得独立董事发表的独立意见，具体情况如下：

2019 年 3 月 12 日，发行人召开第一届董事会第三次会议，审议通过了《关于确认公司 2016 年度、2017 年度、2018 年度关联交易的议案》。

2019 年 3 月 12 日，发行人独立董事就公司报告期内的关联交易事项出具了独立意见，认为发行人与上述关联方订立的关联交易符合公平、公正、公开的原则，定价公允，上述关联交易行为没有损害本公司和全体股东的利益。

2019 年 3 月 27 日，发行人召开 2019 年第一次临时股东大会，审议通过了《关于确认公司 2016 年度、2017 年度、2018 年度关联交易的议案》。综上所述，发行人就报告期内相关关联交易已履行了必要的法定程序。

（二）发行人相关关联交易方面不存在纠纷或潜在纠纷

《公司法》第二十一条规定："公司的控股股东、实际控制人、董事、监事、高级管理人员不得利用其关联关系损害公司利益。违反前款规定，给公司造成损失的，应当承担赔偿责任。"

经检索中国执行信息公开网、中国裁判文书网、国家企业信用信息公示系统、信用中国网站公开信息及发行人书面确认，截至本意见落实函回复签署日，发行人不存在因关联交易损害公司利益发生诉讼或仲裁等纠纷的情况，亦不存在潜在纠纷。

综上，报告期内发行人关联交易金额对公司财务状况和经营成果的影响较小，所涉及的关联交易事项主要系公司生产经营过程中发生的正常交易事项，定价公允，不存在利用关联关系损害公司和其他股东合法权益的情形，发行人相关关联交易均已经履行了必要的法定程序，不存在纠纷或潜在纠纷。

三、发行人对向关联方采购不存在重大依赖，符合发行上市条件

关于发行人覆膜、管材等关键原材料的采购对关联方不存在重大依赖，符合发行上市条件

1）关联采购的背景和原因

覆膜和管材性能对最终产品性能影响较大，构成发行人产品的关键原

材料。报告期内，发行人向关联方上海微创和脉通医疗采购覆膜、管材等原材料的采购占比较高，主要基于以下原因：①覆膜和管材的供应商数量有限，且境内合格供应商较少，将脉通医疗作为供应商可以有效丰富发行人供应商储备，分散采购风险，一定程度上避免国际贸易政策变化可能导致的原材料供应风险；②上海微创和脉通医疗系国内较早开展介入医疗器械原材料研发、生产和销售的企业，与其他境内供应商相比，技术相对成熟，已经与多家境内医疗器械生产企业开展合作，在产品质量和交付能力方面具有先发优势；③发行人生产基地位于上海，上海微创和脉通医疗生产基地位于上海和嘉兴，向脉通医疗采购原材料可以缩短原材料运输物理距离，降低运输成本；④发行人与上海微创和脉通医疗合作时间较长，交易沟通成本较低，且脉通医疗对订单相应速度快，服务质量较好，能够满足发行人的采购需求。因此，发行人向关联方采购覆膜、管材等原材料具有真实的交易背景和合理的商业理由。

2）发行人建立了多元化的采购渠道

发行人已针对关键原材料开发了多个境内外供应商，原材料供应渠道分散、稳定。发行人其他合格供应商能够替代关联供应商，提供满足发行人要求的原材料。

在覆膜领域，发行人报告期内采购 JOTEC GmbH、SEFAR AG、Bally Ribbon Mills、Philips Scientific 等多个境外供应商生产的覆膜原材料；而国内除脉通医疗外，目前尚无能够稳定供应合格覆膜原材料的境内生产商进入发行人合格供应商目录，所以报告期内发行人未向除关联方以外的境内生产商采购覆膜。另外，发行人也在持续开发其他国内供方，希望进一步丰富覆膜供应商储备。

在管材领域，发行人报告期内除采购 TELEFLEX. INC、MAJiK Medical Solutions Pvt. Ltd. 等境外供应商生产的管材外，普霖医疗、法尔胜等境内厂商也已通过发行人管材供应商考核，能够提供符合发行人要求的管材原材料，并在报告期内与发行人展开合作。

3）合格供应商均能满足生产需求

发行人建立了严格的供应商准入程序，在产品质量和工艺方面，所有供应商均需通过技术验证等综合评价后方可进入发行人合格供应商目录。

发行人报告期内同时向多家境内外合格供应商采购覆膜和管材，与关联供应商相比，其他境内外合格供应商产品质量和工艺不存在显著差异，能够满足发行人产品生产的原材料需求。因此，发行人关键原材料对关联方不存在重大依赖。

4）关联采购占比逐年降低

2016 年至 2018 年，发行人向关联方购买原材料及商品的金额合计分别为 763.97 万元、647.87 万元及 851.11 万元，占当年营业成本的比例分别为 25.77%、17.61% 及 17.38%，占比逐年降低。

5）关联采购定价公允

发行人向关联方和其他第三方供应商采购覆膜和管材产品单价存在差异具有合理的商业理由，不存在关联采购单价明显偏离该类产品平均价格的情况。

综上所述，发行人向关联方采购覆膜、管材等关键原材料的采购占比较高具有真实的交易背景和合理的商业理由，发行人关键原材料对关联方不存在重大依赖，相关采购定价具备公允性，该等关联采购交易不存在严重影响发行人独立性或者定价显失公平的情况，不存在不符合发行上市条件的情形。

四、中介机构核查情况

保荐机构、申报会计师和发行人律师通过访谈、查阅相关文件等方式履行了核查程序。

经核查，保荐机构和申报会计师认为：发行人已在招股说明书中分类披露发行人内外部采购和关联方内外部销售交易中相关品种、数量、结算方式、毛利率差异及原因、2019 年 1—3 月及上半年关联交易情况、内外部定价对比分析情况。发行人关联交易具有合理的商业理由，交易价格公允。

经核查，保荐机构和发行人律师认为：发行人相关关联交易均已履行了必要的法定程序；发行人不存在因关联交易损害公司利益作为原告或被告发生诉讼或仲裁等纠纷的情况，亦不存在潜在纠纷；发行人关键原材料对关联方不存在依赖，关联交易不存在严重影响发行人独立性或者定价显失公平的情况，不存在不符合发行上市条件的情形。

（四）案例点评

发行人应完整披露关联方关系并按重要性原则恰当披露关联交易。关联交易价格公允，不存在通过关联交易操纵利润的情形。对于关联交易，发行人应注重论证其必要性、合理性和公允性。《公开发行证券的公司信息披露内容与格式准则第 1 号——招股说明书（2015 年修订）》关于发行人业务独立性，招股说明书格式准则要求发行人的业务独立于控股股东、实际控制人及其控制的其他企业，与控股股东、实际控制人及其控制的其他企业不存在同业竞争或者显失公平的关联交易。在实际操作过程中，为满足业务独立性，减少关联交易，除了核查关联交易的合理性及定价公允性之外，普遍做法是将关联企业注销或转让给独立第三方，且确保以后与已经关联的企业不再发生相关业务往来。证监会发行部在 2020 年颁发的《首发业务若干问题解答（2020 年 6 月修订）》对关联交易的处理方法进行了更新，更加注重相关的信息披露，尊重发行人合法合理、正常公允且确实有必要的经营行为。若发行人存在关联交易，应就交易的合法性、必要性、合理性及公允性，以及关联方认定，关联交易履行的程序等事项进行说明并披露。对于控股股东、实际控制人与发行人之间关联交易对应的收入、成本费用或利润总额占发行人相应指标的比例较高（如达到 30%）的，发行人应充分说明并摘要披露关联交易是否影响发行人的经营独立性、是否构成对控股股东或实际控制人的依赖，是否存在通过关联交易调节发行人收入利润或成本费用、对发行人利益输送的情形。此外，发行人还应披露未来减少与控股股东、实际控制人发生关联交易的具体措施。

五、现金交易：浩洋股份（300833）

（一）相关事实

发行人报告期内存在通过由股东蒋伟楷、蒋伟洪控制的个人卡代为收取小额货物销售款、废品销售款等收入及支付工资薪酬、劳务费、差旅费等与经营相关的成本费用的情形。

（二）反馈问题

报告期内存在个人卡交易情形，个人卡交易原因，具体交易金额、涉及交易账户数量，是否涉及税收补缴事项，是否受到相关行政处罚。

（三）发行人及中介机构回复

1. 报告期内存在个人卡交易原因

发行人律师会同兴业证券及正中珠江核查了发行人提供的个人卡清单及报告期内个人卡账户使用内部记录、个人卡的完整银行流水，相关报销款的记账凭证、相关的业务合同、订单、发货单，并会同兴业证券及正中珠江对个人卡持有人、使用登记人员、发行人实际控制人和财务总监、向个人卡打款的主要客户、个人卡所支付款项的供应商、员工及其他个人进行了访谈。

经上述核查，发行人报告期内存在通过由股东蒋伟楷、蒋伟洪控制的个人卡代为收取小额货物销售款、废品销售款等收入及支付工资薪酬、劳务费、差旅费等与经营相关的成本费用；报告期内发行人通过个人卡交易的原因主要是报告期前期公司对发票及备用金的管理不够规范，通过个人卡收取部分无需开票的小额货物及废品收入，同时支付部分工资奖金及代垫支付未取得发票的经营成本费用，待经营成本费用取得合法票据在公司账面进行报销后将代垫的款项归还至个人卡。

2. 个人卡账户数量和具体交易金额

根据发行人提供的个人卡公司内部记录、个人卡报告期内完整的银行流水、报销款的记账凭证、公司向个人卡账户转账的支付凭证，报告期内个人卡交易的账户数量情况及具体交易金额情况如下：

（1）个人账户数量及注销情况

发行人报告期内共通过 6 个个人银行账户为发行人及其子公司智构桁架代收代付相关经营收入和支出，其中浩洋电子使用的个人账户数量为 5 个，智构桁架使用的个人账户数量为 1 个，该等个人账户的注销时间为：1 个账户已于 2016 年 3 月注销，1 个账户已经于 2017 年 3 月注销，2 个账户已于 2017 年 8 月注销，剩余 3 个账户已于 2017 年 12 月注销。

（2）个人卡交易金额情况

报告期内发行人通过个人卡交易的具体金额及内容如下：

单位：万元

收支情况	内容	2018 年	2017 年	2016 年
收款	销售收款	-	113.00	158.60
	归还代垫经营成本费用	-	741.81	737.94
	收到往来款	-	5.07	8.29
	个人卡流入小计	-	859.88	904.83
支付	退回货款	-	281.16	-
	工资薪金	-	54.61	87.30
	支付经营成本费用	-	423.21	1,044.43
	个人卡流出小计	-	758.98	1,131.73
个人卡交易净额		-	100.90	-226.90

截止 2017 年 12 月 31 日，发行人已终止由个人卡代收代付公司经营相关的业务收支，发行人已结清个人卡代收代付的所有款项，并对个人卡涉及的全部银行账户办理注销手续。

经核查，上述关联方资金往来事项已经发行人第一届董事会第十二次会议和 2017 年年度股东大会审议确认，关联董事、关联股东均回避了表决。公司独立董事储小平、庄学敏和王永红已发表独立意见："公司股东与公司及子公司之间的资金往来构成关联交易，关联董事在董事会上回避表决，关联交易决策程序合法、合规；本次资金往来的个人账户已了结应收应付公司资金的清收，已及时返还未及时返还的款项并加付利息，符合公司及全体股东的利益，不存在损害公司及中小股东利益的情形。"

3. 个人卡交易是否涉及税收补缴事项，是否受到相关行政处罚

根据发行人说明确认、发行人提供的报告期内个人卡的完整银行流水、发行人使用个人卡的内部记录、公司向个人卡账户转账的支付凭证、相关纳税申报表和完税凭证，发行人个人卡报告期收支中涉及税收补缴事项的情况如下：

涉及项目	涉及税种	涉及应税金额（万元）	已补缴税款（万元）
货物废品销售	增值税	160.89	39.01
工资薪金	个人所得税	387.37	132.87
劳务报酬	个人所得税	99.76	29.31
净利润	企业所得税	−663.97	10.44

根据发行人的说明确认、正中珠江出具的广会专字〔2018〕G17030740129号和广会专字〔2019〕G17030740229号《广州市浩洋电子股份有限公司纳税情况鉴证报告》、相关纳税申报表和完税凭证，上述税费已全部完成申报及补缴。

根据国家税务总局广州市番禺区税务局等发行人业务所涉政府主管部门出具的证明，并经本所律师核查国家市场监督管理总局、"信用中国"、国家企业信用信息公示系统、国家税务总局，报告期内发行人不存在因曾发生个人卡交易及／或其所涉税务事项而受到税务等政府主管部门行政处罚。

基于上述，经中介机构对上述相关法律事项核查后认为：

1. 发行人控股股东、实际控制人、董事、监事、高级管理人员与发行人报告期各期前十大直销客户、各期前十大经销客户之间不存在关联关系或其他特殊利益安排；

2. 报告期内发行人销售业务不存在应履行未履行招投标程序的情形，未出现因未履行招投标程序等违法违规情形而导致相关交易被撤销或判定无效的情形；

3. 发行人不存在因曾发生个人卡交易及／或其所涉税务事项而受到税务等政府主管部门行政处罚。

（四）案例点评

现金交易是农业企业、零售业务企业中的常见问题，较多拟上市企业因该问题未获得证监会审核通过，如深圳时代装饰股份有限公司、河南金丹乳酸科技股份有限公司、浙江诺特健康科技股份有限公司、仲景大厨房股份有限公司、常州恐龙园股份有限公司、云南神农农业产业集团股份有限公司等。因此对于这一问题，发行人及中介机构应高度关注。监管部门审核时主要关注以下方面：（1）现金交易的原因及合理性；（2）现金交易的真实性和必要性，以及相关金额和比例波动的原因分析；（3）发行人现金交易内部控制制度是否健全且有效执行；（4）现金交易对收入成本的影响，以及销售和采购相关的内部控制制度是否健全有效；（5）以个人账户收款是否符合相关法律法规的规定；（6）是否存在资金体外循环以及第三方向发行人输送利益的情形；（7）未来拟减少现金交易的相关措施；（8）报告期内发行人市场推广活动中存在部分现金交易的具体原因，是否存在现金商业贿赂行为。

《首发业务若干问题解答（2020 年 6 月修订）》对现金交易问题做了以下解答。

部分首发企业，特别是面对个人交易的零售业务企业、农业企业等，由于其行业特点或经营模式等原因，其销售或采购环节存在一定比例的现金交易，对此应当如何处理？

企业在正常经营活动中发生的现金销售或现金采购，通常情况下应考虑是否同时符合以下条件：（1）现金交易情形符合行业经营特点或经营模式（如线下商业零售、向农户采购、日常零散产品销售或采购支出等）；（2）现金交易的客户或供应商不是关联方；（3）现金交易具有可验证性，且不影响发行人内部控制有效性，申报会计师已对现金交易相关内部控制有效性发表明确核查意见；（4）现金交易比例及其变动情况整体处于合理范围内，近三年一期一般不超过同行业平均水平或与类似公司不存在重大差异（如能获取可比数据）；（5）现金管理制度与业务模式匹配且执行有效，如企业与个人消费者发生的商业零售、门票服务等现金收入通常能够在当日或次日缴存公司开户银行，企业与单位机构发生的现金交易仅限于必要的零星小额收支，现金收支业务应账账一致、账款一致。

如发行人报告期存在现金交易，保荐机构及申报会计师通常应关注并核查以下方面：（1）现金交易的必要性与合理性，是否与发行人业务情况或行业惯例相符，与同行业或类似公司的比较情况；（2）现金交易的客户或供应商的情况，是否为发行人的关联方；（3）相关收入确认及成本核算的原则与依据，是否存在体外循环或虚构业务情形；（4）与现金交易相关的内部控制制度的完备性、合理性与执行有效性；（5）现金交易流水的发生与相关业务发生是否真实一致，是否存在异常分布；（6）实际控制人及发行人董监高等关联方是否与客户或供应商存在资金往来；（7）发行人为减少现金交易所采取的改进措施及进展情况；（8）发行人是否已在招股说明书中充分披露上述情况及风险。结合上述要求，中介机构应详细说明对发行人现金交易可验证性及相关内控有效性的核查方法、过程与证据，对发行人报告期现金交易的真实性、合理性和必要性发表明确意见。符合上述要求的现金交易通常不影响内控有效性的判断。

六、股份支付处理：科博达（603786）

（一）相关事实

2016 年 11 月 15 日，科博达有限召开董事会，审议通过《科博达员工股权激励方案》《投资合伙企业（有限合伙）合伙协议（签署版）》等议案。根据会议决议，成立嘉兴富捷、嘉兴赢日及嘉兴鼎韬，以截止 2016 年 10 月末 5.86 元每注册资本的价格认购公司新增股份，实施股权激励。

（二）反馈问题

请发行人：（1）在招股书中补充披露股份支付的形成原因、权益工具公允价值及确认方法；（2）补充说明股份支付的具体情况，包括相关增资协议的相关具体约定，柯桂华、柯炳华、柯磊及三个员工持股平台具体增资的股份数、价格情况，股份支付处理所涉及的对象及其相应股份数量，关于服务期的约定及涉及的人员等，并说明授予日及资产负债表日的具体会计处理情况及相关计算依据、过程；（3）说明关于服务期的判断依据，按 8 年摊销的相关会计处理方式是否谨慎、合理，依据是否充分。

请保荐机构对以下问题发表明确意见：（1）股份支付相关权益工具公允价值的计量方法及结果是否合理，与同期可比公司估值是否存在重大差异及原因；（2）对于存在与股权所有权或收益权等相关的限制条件的，相关条件是否真实、可行，服务期的判断是否准确；（3）发行人报告期内股份支付相关会计处理是否符合《企业会计准则》的相关规定。

（三）发行人及中介机构回复

1. 股份支付相关权益工具公允价值的计量方法及结果

1）股份支付的种类

根据结算方式分为以权益结算的涉及职工的股份支付、以现金结算的涉及职工的股份支付。

2）科博达员工激励方案及实施情况

本着增强管理层及核心员工对公司持续、健康发展的责任感、使命感，进一步完善激励约束机制，有效地将股东、公司和员工个人利益结合在一起，根据有关法律、法规及公司章程等的相关规定，特制定员工股权激励方案。

2016 年 5 月 28 日，科博达有限召开股东会，同意实施股权激励方案，要求员工持股比例不高于 15%，股权激励方案涉及的人员范围和标准、持股方式、价格及服务期等主要条款授权董事会决定。

2016 年 11 月 15 日，科博达有限召开董事会，审议通过《科博达员工股权激励方案》、《投资合伙企业（有限合伙）合伙协议（签署版）》等议案。根据会议决议，成立嘉兴富捷、嘉兴赢日及嘉兴鼎韬以截止 2016 年 10 月末公司 5.86 元每注册资本的价格认购公司新增股份，实施股权激励。

2016 年 11 月 30 日，嘉兴富捷、嘉兴赢日和嘉兴鼎韬等三个员工持股平台成立，普通合伙人分别为柯桂华、柯炳华和柯磊。

2016 年 12 月 12 日，嘉兴富捷、嘉兴赢日和嘉兴鼎韬等三个员工持股平台的合伙人分别签署《投资合伙企业（有限合伙）合伙企业》，就合伙企业相关权利义务进行约定。同日，前述员工持股平台的普通合伙人与各合伙企业的有限合伙人签署《合伙企业（有限合伙）入伙协议》，进一步明确合伙协议所有条款内容并确认决议约定。

2016 年 12 月 18 日，科博达有限召开股东会，同意注册资本自 10,000 万元增至 12,854.51 万元，新增注册资本由柯桂华、柯炳华、柯磊、嘉兴富捷、嘉兴赢日及嘉兴鼎韬以 5.86 元每注册资本的价格认购，其中柯桂华以 2,720.71 万元认缴新增注册资本 464.29 万元，柯炳华以 1,360.36 万元认缴新增注册资本 232.14 万元，柯磊以 1,360.36 万元认缴新增注册资本 232.14 万元；嘉兴富捷以 5,566.00 万元认缴新增注册资本 949.83 万元，嘉兴赢日以

2,860.00 万元认缴新增注册资本 488.05 万元，嘉兴鼎韬以 2,860.00 万元认缴新增注册资本 488.05 万元，其中柯桂华、柯炳华、柯磊作为普通合伙人通过合伙企业认缴新增注册资本 619.45 万元、101.37 万元、91.98 万元，其余 1,113.14 万元新增注册资本为公司员工入股。同日，各方就前述事项签署了相应的增资协议。

众华就上述增资于 2016 年 12 月 24 日出具的《验资报告》（众会字〔2016〕第 6468 号），确认上述出资于 2016 年 12 月 22 日止到位。

3）权益工具公允价值的确定方法

2016 年 12 月，嘉兴富捷、嘉兴赢日、嘉兴鼎韬作为员工持股平台，以每元注册资本 5.86 元的增资价格增资入股科博达有限，注册资本增加为 12,854.51 万元；2017 年 6 月，科博达有限整体变更设立为科博达股份，股本增加至 34,200 万元；同月，科博达股份吸收外部投资者后股本增加至 36,000 万元。根据换算，对应现有股本 36,000 万元，员工持股平台实际增资价格为 2.32 元 / 股。

2017 年 6 月，发行人引进外部投资者杭州玉辉投资管理合伙企业（有限合伙）、上海复星惟实一期股权投资基金合伙企业（有限合伙）、常州正赛联创业投资合伙企业（有限合伙）、上海张江汉世纪股权投资合伙企业（有限合伙），以每股 12.13 元的价格增资入股。

前述引进四家外部投资者的增资价格 12.13 元 / 股，对应 2016、2017 年市盈率分别 12.24 倍、12.45 倍。由于外部投资者的入股时间与员工入股时间较为接近，且汽车零部件领域有较大的细分性，在 A 股已上市公司中，尚不存在与科博达在主营产品上完全可比的同行业上市公司；因此，鉴于科博达外部投资者的增资入股价格是在市场化条件下由各方充分协商形成，故将该外部投资者的入股价格作为公司股份支付之公允价值的确定依据。

4）确认可行权权益工具最佳估计的依据

根据嘉兴富捷、嘉兴赢日、嘉兴鼎韬的合伙协议，规定公司员工作为合伙企业的有限合伙人，能够获得合伙财产的份额分为静默期、禁售期和解锁期，并根据其所提供服务的有效期限至离职应享有的份额在静默期、禁售期和解锁期等按照合伙协议的规定进行处理。根据合伙协议，静默期指合伙企业成立至公司向中国证券监督管理委员会提交首次公开发行股票申请并在证券交易所上市交易前的期间；禁售期指公司在证券交易所上市交易后的三十六个月；解锁期指公司的股票在证券交易所上市交易满三十六个月。根据上述的规定以及董事会的判断，该权益工具的等待期间预计为 8 年。

5）实施、修改、终止股份支付计划的相关会计处理

以权益结算的涉及职工的股份支付，授予后立即可行权的，按照授予日权益工具的公允价值计入成本费用和资本公积；授予后须完成等待期内的服务或达到规定业绩条件才可行权的，在等待期内的每个资产负债表日，以对可行权权益工具数量的最佳估计为基础，按照权益工具授予日的公允价值，将当期取得的服务计入相关成本或费用和资本公积。

以现金结算的涉及职工的股份支付，授予后立即可行权的，按照授予日公司承担负债的公允价值计入相关成本或费用和相应负债；授予后须完成等待期内的服务或达到规定业绩条件才可行权的，在等待期内的每个资产负债表日，以对可行权情况的最佳估计为基础，按照公司承担负债的公允价值金额，将当期取得的服务计入相关成本或费用和相应负债。

公司授予员工而导致的股份支付摊销总额为 247,364,964.88 元，以预估员工年度离职率为基础（每年 5%），考虑员工服务期限（8 年），公司在 2017 年至 2024 年间按 8 年摊销员工股份支付的费用，2017 年当年确认的费用为 6,012.74 万元，2018 年当年确认的费用为 6,012.74 万元；同时，出于谨慎性考虑，公司对实际控制人因员工属性而获得的股份增加（即超额认购部分）也作为股份支付处理，并于 2016 年当期一次性全部确认管理费用 10,033.62 万元。均计入当期的管理费用和资本公积。

2. 补充说明股份支付的具体情况，包括相关增资协议的相关具体约定，柯桂华、柯炳华、柯磊及三个员工持股平台具体增资的股份数、价格情况，股份支付处理所涉及的对象及其相应股份数量，关于服务期的约定及涉及的人员等，并说明授予日及资产负债表日的具体会计处理情况及相关计算依据、过程

2016 年 5 月 28 日，科博达有限召开股东会会议，审议通过员工股权激励相关议案，股东会"同意实施股权激励方案，员工持股比例合计不高于公司 15%，股权激励方案涉及的人员范围和标准，持股方式、价格及服务

期等主要条款授权董事会决定”。

2016 年 11 月 15 日，科博达有限召开董事会会议，会议逐条审议并通过《关于通过员工持股平台实施股权激励的方案》（以下简称“《员工股权激励方案》”）；《员工股权激励方案》包括持股方式、员工范围和标准、入股价格及员工服务期限等主要条款。

2016 年 12 月 18 日，科博达有限召开股东会会议，同意公司注册资本从人民币 100,000,000 元增至人民币 128,545,101 元，新增注册资本由柯桂华、柯炳华、柯磊、嘉兴富捷、嘉兴赢日及嘉兴鼎韬按照每元注册资本人民币 5.86 元的价格认购。当次增资时，嘉兴富捷的普通合伙人及执行事务合伙人为柯桂华，有限合伙人为 30 名员工或顾问；嘉兴赢日的普通合伙人及执行事务合伙人为柯炳华，有限合伙人为 48 名员工；嘉兴鼎韬的普通合伙人及执行事务合伙人为柯磊，有限合伙人为 48 名员工。

2016 年 12 月 29 日，中国（上海）自由贸易试验区市场监督管理局就此次增资向科博达有限换发了统一社会信用代码为 91310115729533231F 的《营业执照》。

基于上述，中介机构认为，发行人（包括其前身科博达有限）就股权激励相关事宜召开的董事会会议、股东会会议的程序符合相关法律法规及公司内部规章制度的规定，董事会会议、股东会会议的表决结果合法有效；持股平台（即嘉兴富捷、嘉兴赢日及嘉兴鼎韬）认缴科博达有限新增注册资本事宜已经根据当时有效之《公司法》等法律法规的规定履行相应的程序，为真实、合法、有效。

3. 说明关于服务期的判断依据，按 8 年摊销的相关会计处理方式是否谨慎、合理，依据是否充分；对于存在与股权所有权或收益权等相关的限制条件的，相关条件是否真实、可行，服务期的判断是否准确

根据发行人于 2016 年 11 月 15 日所召开董事会会议审议通过的《员工股权激励方案》、持股平台（即嘉兴富捷、嘉兴赢日及嘉兴鼎韬）的《投资合伙企业（有限合伙）合伙协议（签署版）》（以下合称“《合伙协议》”）、董事会会议决议以及发行人股东会于 2016 年 12 月 18 日通过的股东会决议，股权激励对象的服务期限为持股平台（即嘉兴富捷、嘉兴赢日及嘉兴鼎韬）成立之日至所持股权上市后解锁期届满之日。《员工股权

激励方案》规定："合伙企业成立至所持股权上市后解锁期满，上述时间包括静默期、禁售期和解锁期"，《合伙协议》规定：（1）持股平台成立至发行人股票在证券交易所上市交易前的期间为"静默期"；（2）发行人股票在证券交易所上市交易后的三十六个月为"禁售期"；（3）发行人股票在证券交易所上市交易满三十六个月后的二十四个月为"解锁期"。就前述三个期间，《合伙协议》对股权激励对象在离职情形下获取与所持股权相关的权益予以区别对待：在静默期，如股权激励对象离职，则需退回全部股份；在禁售期和解锁期，股权激励对象如离职，则以其在公司服务的期限占总服务期的比例获取相关股份权益，剩余未服务期限对应的部分权益返还普通合伙人或其指定的第三方。

为进一步明确股权激励对象的服务期，中介机构进行了如下核查：（1）审阅了发行人（包括其子公司）与持有相关持股平台（即嘉兴富捷、嘉兴赢日及嘉兴鼎韬）份额的全部股权激励对象分别签署的补充合同，补充合同规定的服务期为自相关持股平台成立之日至 2024 年 12 月 31 日。股权激励对象若在 2024 年 12 月 31 日前离职，则将丧失作为持股平台有限合伙人的资格，届时需要根据持股平台合伙协议的规定处置尚未解锁的持股平台财产份额；（2）对股权激励对象做了访谈，经访谈确认：股权激励对象在签署持股平台合伙协议时均知悉发行人股权激励的服务期为相关持股平台成立时起至 2024 年 12 月 31 日，若其在 2024 年 12 月 31 日前离职，股权激励对象将丧失作为持股平台有限合伙人的资格，届时需要根据持股平台合伙协议的规定处置尚未解锁的持股平台财产份额。

基于上述，中介机构认为，发行人（包括其子公司）已与持有持股平台份额的全部股权激励对象分别签署补充合同，各签署方已明确知悉补充合同的内容，签署补充合同系各签署方真实的意思表示，补充合同合法、有效；根据补充合同的规定，《员工股权激励方案》及《合伙协议》中关于发行人股权激励服务期的安排已得到进一步明确，且股权激励对象明确知悉并接受该等安排。

（四）案例点评

大股东将其持有的发行人股份按照合同约定价格（低于市价）转让给激励对象，或者激励对象的入股价格以低于其他投资者的入股价格（或者明显低于市价）都需要按照股份支付的相关要求进行会计处理。根据《企业会计准则第 11 号——股份支付》及应用指南，对于权益结算的涉及职工的股份支付，企业应当按照授予日权益工具的公允价值计入成本费用和资本公积，不确认其后续公允价值变动。如果是直接授予的股权激励计划，如一次性增资或者大股东转让获得企业的股权，则增资价格和转让价格与股权的正常价值的差异（一般与其他投资者的入股价格比较）要直接计入当年损益；如果设置了考核期，则在考核期内逐步摊销。

股权激励相关的费用应计入上市前企业的成本费用支出，股权激励费用对创新型企业的盈利状况具有非常重要的影响。如果数额较大，将对企业报告期内的利润产生较大的影响，进而影响企业的上市进程。

《首发业务若干问题解答（2020 年 6 月修订）》对股份支付的解答如下。

基于企业发展考虑，部分首发企业上市前通过增资或转让股份等形式实现高管或核心技术人员、员工、主要业务伙伴持股。首发企业股份支付成因复杂，公允价值难以计量，与上市公司实施股权激励相比存在较大不同。对此，首发企业及中介机构需重点关注哪些方面？

发行人报告期内为获取职工和其他方提供服务而授予股份的交易，在编制申报会计报表时，应按照《企业会计准则第 11 号——股份支付》相关规定进行处理。

（1）具体适用情形。

对于报告期内发行人向职工（含持股平台）、客户、供应商等新增股份，以及主要股东及其关联方向职工（含持股平台）、客户、供应商等转让股份，均应考虑是否适用《企业会计准则第 11 号——股份支付》。对于报告期前的股份支付事项，如对期初未分配利润造成重大影响，也应考虑是否适用《企业会计准则第 11 号——股份支付》。有充分证据支持属于同一次股权激励方案、决策程序、相关协议而实施的股份支付事项的，原则上一并考虑适用。

通常情况下，解决股份代持等规范措施导致股份变动，家族内部财产分割、继承、赠予等非交易行为导致股权变动，资产重组、业务并购、持股方式转换、向老股东同比例配售新股等导致股权变动等，在有充分证据支持相关股份获取与发行人获得其服务无关的情况下，一般无须作为股份支付处理。

对于为发行人提供服务的实际控制人／老股东以低于股份公允价值的价格增资入股事宜，如果根据增资协议，并非所有股东均有权按各自原持股比例获得新增股份，对于实际控制人／老股东超过其原持股比例而获得的新增股份，应属于股份支付；如果增资协议约定，所有股东均有权按各自原持股比例获得新增股份，但股东之间转让新增股份受让权且构成集团内股份支付，导致实际控制人／老股东超过其原持股比例获得的新增股份，也属于股份支付。对于实际控制人／老股东原持股比例，应按照相关股东直接持有与穿透控股平台后间接持有的股份比例合并计算。

（2）确定公允价值。

存在股份支付事项的，发行人及申报会计师应按照企业会计准则规定的原则确定权益工具的公允价值。在确定公允价值时，应综合考虑如下因素：①入股时间阶段、业绩基础与变动预期、市场环境变化；②行业特点、同行业并购重组市盈率水平；③股份支付实施或发生当年市盈率、市净率等指标因素的影响；④熟悉情况并按公平原则自愿交易的各方最近达成的入股价格或相似股权价格确定公允价值，如近期合理的 PE 入股价，但要避免采用难以证明公允性的外部投资者入股价；⑤采用恰当的估值技术确定公允价值，但要避免采取有争议的、结果显失公平的估值技术或公允价值确定方法，如明显增长预期下按照成本法评估的每股净资产价值或账面净资产。发行人及申报会计师应在综合分析上述因素的基础上，合理确定股份支付相关权益工具的公允价值，充分论证相关权益工具公允价值的合理性。

（3）计量方式。

确认股份支付费用时，对增资或受让的股份立即授予或转让完成且没有明确约定服务期等限制条件的，原则上应当一次性计入发生当期，并作为偶发事项计入非经常性损益。对设定服务期的股份支付，股份支付费用应采用恰当的方法在服务期内进行分摊，并计入经常性损益，发行人及中介机构应结合股权激励方案及相关决议、入股协议、服务合同等有关服务期的条款约定，充分论证服务期认定的依据及合理性。

（4）披露与核查。

发行人应在招股说明书及报表附注中披露股份支付的形成原因、具体对象、权益工具的数量及确定依据、权益工具的公允价值及确认方法。保荐机构及申报会计师应对首发企业报告期内发生的股份变动是否适用《企业会计准则第 11 号——股份支付》进行核查，并对以下问题发表明确意见：股份支付相关权益工具公允价值的计量方法及结果是否合理，与同期可比公司估值是否存在重大差异及原因；对于存在与股权所有权或收益权等相关的限制性条件的，相关条件是否真实、可行，服务期的判断是否准确，服务期各年 / 期确认的员工服务成本或费用是否准确；发行人报告期内股份支付相关会计处理是否符合《企业会计准则》相关规定。

七、经营业绩下滑：博创科技（300548）

（一）相关事实

报告期内，发行人主要产品价格呈下降趋势，发行人目前产品种类仍较少，单个产品的市场空间相对有限。未来如果市场竞争更加激烈、发行人不能及时推出适应市场需求的新产品，则上述因素可能导致发行人业绩出现较大幅度的下滑，甚至下滑幅度超过 50% 或出现暂时性亏损。

（二）反馈问题

请发行人：（1）结合发行人上述业务发展情况说明发行人是否符合《证券法》第 13 条第 2 项的有关规定；（2）提供发行人业绩下滑幅度超过50% 以上或出现暂时性亏损的依据，说明招股说明书的披露是否真实、准确、完整，是否存在误导性陈述；（3）披露报告期主要产品价格持续下降的原因及发行人的应对措施，发行人是否具备议价能力，产品价格持续下降对发行人持续盈利能力的影响。请保荐机构和发行人律师进行核查，说明核查过程、提供相关依据并发表意见。

（三）发行人及中介机构回复

1. 关于对发行人是否符合《证券法》第 13 条第 2 项的有关规定的核查

核查过程及核查依据

中介机构通过与发行人业务负责人员进行访谈、对发行人报告期内主要客户、供应商进行实地走访以及通过获取公开信息等方式，对发行人报告期内主营业务、主要产品、主要客户、主要产品的定价模式、竞争力、成本及发行人所在行业的市场情况进行了解和分析，同时，结合了会计师事务所对发行人财务情况的核查。

根据天健出具的《审计报告》，2012 年度、2013 年度、2014 年度和 2015 年 1 月—6 月，发行人的营业收入分别为 25,512.81 万元、20,115.35 万元和 15,432.57 万元和 9,755.43 万元，营业利润分别为 4,302.85 万元、3,269.34 万元、2,371.35 万元和 1,665.44 万元，扣除非经常损益后的净利润分别为 3,708.42 万元、3,062.82 万元、2,203.07 万元和 1,524.82 万元。2012 年至 2014 年，公司营业收入和净利润有所下滑，但是 2015 年 1—6 月收入和净利润比 2014 年同期有所上升。

报告期内，发行人采取多方面成本控制措施，保持整体毛利率稳定，分别为 37.44%、37.33%、36.48% 和 36.04%，进而确保公司实现持续盈利。

报告期内，发行人资产状况良好，货币资金占总资产比例分别为 34.20%、33.75%、37.28% 和 28.79%，资产负债率分别为 23.60%、11.55%、12.30% 和 21.70%。

核查意见：中介机构核查后认为，发行人具有持续盈利能力，财务状况良好，符合《证券法》第 13 条第 2 项的规定。

2. 关于对发行人业绩下滑幅度超过 50% 以上或出现暂时性亏损的依据的核查

核查过程及核查依据：中介机构通过向发行人主要负责人了解发行人的主营业务和主要产品情况，获取并分析报告期内重大销售合同、销售订单及收入明细表，结合天健出具的《审计报告》，并查阅发行人招股说明书中有关内容的披露情况。

报告期内，发行人产品种类较少，主要产品为 PLC 光分路器和 DWDM 器件，单个产品的市场空间相对有限。若发行人不能及时推出新产品并形成一定的销售规模，发行人将仍依赖现有主要产品的销售。在这种情况下，如果现有主要产品价格继续大幅下降，而发行人不能依靠大幅增加销量并产生规模化效应来降低成本和抵消价格下降的影响，将会导致发行人销售收入大幅下降，进而导致毛利减少，而发行人固定费用支出及研发费用规模不易降低，这样可能会导致发行人业绩下滑超过 50% 以上或出现暂时性亏损。

发行人招股说明书中对此进行了披露：报告期内，公司主要产品价格呈下降趋势，公司目前产品种类仍较少，单个产品的市场空间相对有限，未来如果市场竞争进一步激烈、公司不能及时推出适应市场需求的新产品，则上述因素可能导致公司业绩出现较大幅度的下滑，甚至下滑幅度超过 50%。

核查意见：中介机构核查后认为，招股说明书对发行人业务下滑情况的披露是真实、准确、完整的，不存在误导性陈述。

3. 关于对发行人报告期主要产品价格持续下降的原因及发行人的应对措施的核查

核查过程及核查依据：中介机构通过与发行人业务负责人员进行访谈、对发行人报告期内主要客户、供应商进行实地走访以及通过公开信息对发行人报告期内主要产品销售情况及所在行业整体业务情况进行了解和分析，报告期内发行人 PLC 光分路器产品和 DWDM 器件产品的价格呈逐年下降趋势，主要原因及应对措施如下：

报告期内 PLC 光分路器产品价格呈逐年下降趋势的主要原因为：

1）目前 PLC 光分路器的生产技术较为成熟，许多国内厂商均已经具备了加工生产能力并参与到与发行人的竞争中来。

2）PLC 光分路器价格主要由下游电信客户进行招标确定，价格是评标结果中最重要的一项指标，近年来 PLC 光分路器厂商竞争十分激烈，每年的中标价格都较上一年大幅下降。

报告期内 DWDM 器件价格持续下降的主要原因为：

1）DWDM 器件客户集中于大型通信设备商。虽然进入门槛较高，但客户数量少。

2）DWDM 器件的价格主要由下游通信设备商进行招标确定，报告期内投标厂商之间竞争较为激烈。发行人为争取更多的市场份额，每年的中标价格会较上一年有所下降。

为了应对市场价格竞争，发行人采取了以下主要措施：

1）通过内部开发、工艺改进和供应商管理，持续降低原材料成本；内部挖潜，提高生产运作效率，控制人工成本和制造费用；从而实现产品成本持续降低，为发行人参与价格竞争提供坚实基础，同时保证主要产品在持续降价情况下仍保持较高的毛利率水平。

2）以质量优势和优质服务争取客户，平衡价格竞争因素，实现"优质优价"。

3）积极开发新产品，开拓新客户和新市场，减少单一产品价格波动影响公司整体业绩的风险。

报告期内，发行人通过多方面控制成本措施，保持整体毛利率稳定，分别为 37.44%、37.33%、36.48% 和 36.04%，进而确保发行人实现持续盈利。

报告期内，发行人对境外客户销售 PLC 光分路器和 DWDM 器件等产品，主要以议价方式确定销售价格。发行人依靠质量优势和长期信誉赢得境外客户及运营商的高度认可，议价能力强。

报告期内，发行人对华为技术有限公司、烽火通信科技股份有限公司等境内设备商销售 DWDM 器件和 PLC 光分路器等产品，主要以招标方式确定销售价格。发行人依靠相对国内同行企业的技术优势、质量优势和规模化生产优势，赢得了境内设备商的高度认可，议价能力较强。

报告期内，发行人对境内运营商及经销商销售 PLC 光分路器产品，主要以招标方式确定销售价格。发行人依靠质量优势和技术优势参与竞争，但由于 PLC 光分路器技术门槛相对不高，国内竞争者较多，发行人议价能力较弱。

此外，经过多年的激烈市场竞争，发行人主要产品的价格目前已经趋稳，2014—2015 年度的 PLC 光分路器招标和 DWDM 器件招标中标价均出现微降甚至小幅回升的情形，2015 年 1-6 月公司主要产品价格降幅均在 1% 左右。发行人预计今后数年内这些产品价格将保持平稳。作为行业先进的专业 PLC 产品制造商，发行人有信心在市场竞争中保持持续盈利能力和产品竞争力。

核查意见：中介机构核查后认为，发行人报告期主要产品价格持续下降的原因主要为国内市场竞争激烈，发行人为争取更多的市场份额，每年的中标价格均有所下降，但发行人已采取相应的措施应对市场价格竞争，通过多方面控制成本措施，保持整体毛利率稳定；发行人对境外客户和境内设备商客户具有较强议价能力，同时，发行人主要产品的价格目前已经趋稳，不会对发行人持续盈利能力造成重大不利影响。

（四）案例点评

《首发业务若干问题解答（2020 年 6 月修订）》对业绩下滑问题的解答如下。

部分首发企业存在报告期营业收入、净利润等经营业绩指标大幅下滑情形，中介机构在核查中应如何把握相关情况对其持续盈利能力的影响？

如首发企业在报告期内出现营业收入、净利润等经营业绩指标大幅下滑的情形，中介机构应重点关注是否存在可能对企业持续盈利能力和投资者利益有重大不利影响的事项，充分核查经营业绩下滑的程度、性质、持续时间等方面；发行人应按经营业绩下滑专项信息披露要求做好披露工作。

（1）发行人存在最近一年（期）经营业绩较上一年（期）下滑幅度超过 50% 情形的，发行人及中介机构应全面分析经营业绩下滑幅度超过 50% 的具体原因，审慎说明该情形及相关原因对持续盈利能力是否构成重大不利影响。如无充分相反证据或其他特殊原因能够说明发行人仍能保持持续盈利能力外，一般应重点关注并考虑该情形的影响程度。

（2）针对业绩下滑情形，发行人及中介机构应区分以下不同情况予以论证核查：

①对于发行人因经营能力或经营环境发生变化导致经营业绩出现下滑的情形，发行人应充分说明经营能力或经营环境发生变化的具体原因，变化的时间节点、趋势方向及具体影响程度；正在采取或拟采取的改善措施及预计效果，结合前瞻性信息或经审核的盈利预测（如有）情况，说明经营业绩下滑趋势是否已扭转，是否仍存在对持续盈利能力产生重大不利影响的事项；保荐机构应对上述情况予以充分核查，获取明确的证据，并发表明确意见。在论证、核查和充分证据基础上，合理判断该情形的影响程度。

②对于发行人认为自身属于强周期行业的情形，发行人应结合所处行业过去若干年内出现的波动情况，分析披露该行业是否具备强周期特征；比较说明发行人收入、利润变动情况与行业可比上市公司情况是否基本一致；说明行业景气指数在未来能够改善，行业不存在严重产能过剩或整体

持续衰退。结合上述要求，保荐机构应对发行人属于强周期行业的依据是否充分发表专项核查意见。满足以上条件的，其业绩下滑可不认定为对持续盈利能力构成重大不利影响的情形。

③对于发行人报告期因不可抗力或偶发性特殊业务事项导致经营业绩下滑的情形（如自然灾害造成的一次性损失或阶段性业绩下滑、大额研发费用支出、并购标的经营未达预期导致巨额商誉减值、个别生产线停产或开工不足导致大额固定资产减值、个别产品销售不畅导致大额存货减值、债务人出现危机导致大额债权类资产减值或发生巨额坏账损失、仲裁或诉讼事项导致大额赔偿支出或计提大额预计负债、长期股权投资大幅减值等），发行人应说明不可抗力或偶发性特殊业务事项产生的具体原因及影响程度，最近一期末相关事项对经营业绩的不利影响是否已完全消化或基本消除；结合前瞻性信息或经审核的盈利预测（如有）情况，说明特殊业务事项是否仍对报告期后经营业绩产生影响进而影响持续盈利能力。保荐机构应对特殊业务事项是否影响发行人持续盈利能力发表专项核查意见。若特殊业务事项的不利影响在报告期内已完全消化或基本消除，披露的前瞻性信息或经审核的盈利预测（如有）未出现重大不利变化，其业绩下滑可不认定为对持续盈利能力构成重大不利影响的情形。

针对经营业绩下滑，发行人应作专项信息披露，中介机构应作专项核查。具体要求包括：①发行人应充分说明核心业务、经营环境、主要指标是否发生重大不利变化，业绩下滑程度与行业变化趋势是否一致或背离，发行人的经营业务和业绩水准是否仍处于正常状态，并在重大事项提示中披露主要经营状况与财务信息，以及下一报告期业绩预告情况，同时充分揭示业绩变动或下滑的风险及其对持续盈利能力的影响。②保荐机构、申报会计师需要就经营业绩下滑是否对持续盈利能力构成重大不利影响发表专项核查意见，详细分析发行人业绩变动的原因及合理性，明确说明业绩预计的基础及依据，核查发行人的经营与财务状况是否正常，报表项目有无异常变化，是否存在影响发行条件的重大不利影响因素，出具明确意见。

净利润以最近一年（期）扣除非经常性损益合计数前孰低的净利润为计算依据，与前期同一口径数值进行比较。

八、投资收益占比超过 50%：常熟汽饰（603035）

（一）相关事实

2013 年度、2014 年度、2015 年度以及 2016 年 1—6 月，常熟汽饰的投资收益分别为 11128.98 万元、12384.82 万元、13537.30 万元以及 6738.96 万元，占同期归属于母公司净利润的比例分别为 62.08%、61.31%、60.57% 以及 59.24%。发行人的投资收益绝大多数来自对参股公司长春派格、常熟英提尔和长春英提尔采用权益法确认的投资收益。

（二）反馈问题

发行人是否符合《首次公开发行股票并上市管理办法》第三十条第四款规定的发行人不得有"最近 1 个会计年度的净利润主要来自合并报表范围以外的投资收益"。

（三）发行人及中介机构回复

发行人在目前中国汽车行业的整体环境下为其自身长远发展及经营需要，采取了与国际知名汽车零部件供应商麦格纳集团（现已将其内饰件业务整体转让予另一家跨国企业安通林集团）和 SMP 成立合资公司的经营模式，由常熟汽饰配合合资公司参与部分中外合资整车厂的招投标，合资公司在取得合同后，部分业务发包给常熟汽饰及其全资子公司，常熟汽饰及其全资子公司协助合资公司完成相关合同。另一方面，若扣除上述投资收益后，2013 年、2014 年及 2015 年常熟汽饰归属于母公司净利润分别为 6,798.19 万元、7,814.72 万元及 8,811.75 万元，均为正数且最近三个会计年度累计超过 3,000 万元。

发行人最近 1 个会计年度来自合并财务报表范围以外的投资收益占发行人净利润的比例较高，为 62.08%。发行人合并报表范围以外的投资收益主要来自于合资公司常熟英提尔、长春英提尔及长春派格。其中，常熟英提尔、长春英提尔为发行人与麦格纳集团（Magna International Inc.）的下属企业中国香港英提尔合资设立；长春派格为发行人与萨玛派格德国有限公司（SMP Deutschland GmbH）合资设立。长春英提尔副总经理陶建兵、发行人副总经理、董事兼长春派格总经理吴海江的访谈并经发行人确认，合资品牌汽车生产厂商在国内的车型大多自国外引进，该等引进车型的零部件相关技术信息多由该车型的境外零部件原供应商掌握；另外，相对于国内内资零部件供应商，跨国零部件供应商在技术、规模、管理、品牌等方面有一定优势，因此，该等零部件供应商在国内设立的合资零部件供应商在争取合资品牌汽车生产厂商的业务合作机会方面也有一定优势。发行人为了适应该等市场需求，与跨国汽车内饰件供应商合作，通过设立合资企业从事汽车内饰件业务，从而进一步提升了发行人在汽车内饰件行业的竞争力和持续发展能力。

根据《审计报告》及发行人的书面说明，（1）长春英提尔及长春派格均具有较强的盈利能力，长春英提尔报告期内的净利润分别为 −11,458,853.8 元，26,327,938.97 元，51,386,487.35 元；长春派格报告期内的净利润分别为 98,977,270.57 元，145,528,757.91 元，228,561,781.93 元，虽然常熟英提尔最近两年存在亏损，但其与长春英提尔及长春派格在报告期内的净利润合计数分别为 128,066,260.32 元，151,851,409.22 元，258,565,075.29 元，三家公司的合计净利润保持持续增长，从而保证发行人获得稳定、持续的投资收益；（2）发行人通过设立合资企业，除了获得投资收益外，也促进了自身业务的发展，实现了营业收入的增长，发行人报告期内通过上述三家公司实现的营业收入分别为 159,585,582.60 元，260,717,833.85 元，342,492,138.12 元，分别占发行人当期总营业收入的 23.53%、31.75% 及 40.21%；（3）发行人报告期内归属于母公司所有者的净利润分别为 132,096,093.02 元、150,118,341.46 元、179,271,656.47 元，保持持续增长。

综上，虽然发行人最近 1 个会计年度来自合并财务报表范围以外的投资收益占发行人净利润的比例较高，但该等情形并未对发行人的持续盈利能力构成实质不利影响，对发行人本次发行上市不构成实质性法律障碍。

（四）案例点评

本案例中常熟汽饰能顺利通过审核，是因为采取了《首发业务若干问题解答（2020 年 6 月修订）》关于投资收益占比问题的解决措施。

《首次公开发行股票并上市管理办法》第三十条第四款规定，发行人不得有"最近 1 个会计年度的净利润主要来自合并报表范围以外的投资收益"，若申请在主板上市的首发企业存在最近 1 个会计年度投资收益占净利润的比例较高的情形，上述事项是否影响发行条件？

　　首发办法对发行人持续盈利能力条件中，要求发行人不得有"最近 1 个会计年度的净利润主要来自合并报表范围以外的投资收益"的情形，通常是指发行人最近 1 个会计年度的投资收益不超过当期合并报表净利润的 50%。

　　对该款限制性要求的把握，不仅关注发行人来自合并财务报表范围以外的投资收益对盈利贡献程度，还关注发行人纳入合并报表范围以内主体状况、合并财务报表范围以外投资对象业务内容以及招股说明书相关信息披露等情况。

　　如发行人能够同时满足以下三个条件，则最近 1 个会计年度投资收益占净利润比例较高情况不构成影响发行人持续盈利能力条件的情形。

　　（1）发行人如减除合并财务报表范围以外的对外投资及投资收益，仍须符合发行条件要求，包括具有完整产供销体系，资产完整并独立运营，具有持续盈利能力，如不含相关投资收益仍符合首发财务指标条件。

　　（2）被投资企业主营业务与发行人主营业务须具有高度相关性，如同一行业、类似技术产品、上下游关联产业等，不存在大规模非主业投资情况。

　　（3）需充分披露相关投资的基本情况及对发行人的影响。发行人如存在合并报表范围以外的投资收益占比较高情况，应在招股说明书"风险因素"中充分披露相关风险特征，同时，在管理层分析中披露以下内容：①被投资企业的业务内容、经营状况，发行人与被投资企业所处行业的关系，发行人对被投资企业生产经营状况的可控性和判断力等相关信息；②发行人对被投资企业投资过程、与被投资企业控股股东合作历史、未来合作预期、合作模式是否属于行业惯例、被投资企业分红政策等；③被投资企业非经常性损益情况及对发行人投资收益构成的影响，该影响数是否已作为发行人的非经常性损益计算；④其他重要信息。

九、税收优惠占比较高：苏州科达（603660）

（一）相关事实

　　报告期内，发行人享受的税收优惠金额占当期利润总额的比例分别为 51.06%、119.72% 和 58.10%。

（二）反馈问题

上述税收优惠政策是否具有可持续性，发行人的经营成果对税收优惠是否存在严重依赖。

（三）发行人及中介机构回复

本公司和子公司科远软件、上海泓鎏作为高新技术企业，根据《企业所得税法》等相关规定，报告期执行 15% 的所得税税率。该项优惠具有较高的稳定性，但若国家调整政策或公司及下属子公司未能继续被认定为高新技术企业，以近三年情况测算，公司累计享受的高新技术企业所得税优惠金额为 125.58 万元，占同期累计归属于母公司股东的净利润的 0.47%。

子公司上海领世作为新办软件生产企业，根据《关于企业所得税若干优惠政策的通知》（财税〔2008〕1 号）和《关于进一步鼓励软件产业和集成电路产业发展企业所得税政策的通知》（财税〔2012〕27 号）等相关规定，自 2012 年度起享受了企业所得税"两免三减半"优惠，该项优惠将于 2016 年底到期。以近三年情况测算，上海领世累计享受到优惠金额为 960.86 万元，占同期累计归属于母公司股东的净利润的 3.59%。

科远软件和上海领世根据《国务院关于印发〈进一步鼓励软件产业和集成电路产业发展若干政策〉的通知》（国发〔2011〕4 号）和《关于软件产品增值税政策的通知》（财税〔2011〕100 号）的相关规定，报告期内享受销售自行开发的软件产品增值税实际税负超过 3% 的部分实行即征即退。公司主要从事网络视讯设备的研发、生产和销售业务，而设备功能的实现主要依赖软件，公司在报告期内持续享受增值税税收优惠。虽然公司享受的增值税优惠政策具有一定的稳定性和持续性，预计未来调整的可能性较小，但若国家调整针对软件企业增值税税收优惠政策，以近三年情况测算，公司累计收到的增值税退税金额为 14,865.35 万元，占同期累计归属于母公司股东的净利润的 55.57%。

近三年，公司税收优惠金额占扣除非经常性损益后净利润的比例情况如下：

单位：万元

项目	2015 年度	2014 年度	2013 年度
高新技术企业所得税优惠金额	–	–	125.58
软件企业所得税减免金额	732.03	51.01	177.82
软件产品增值税退税金额	5,913.19	4,716.02	4,236.14
税收优惠金额合计	6,645.22	4,767.03	4,539.54
归属于母公司股东的净利润	12,027.84	5,341.44	9,381.79
占比	55.25%	89.25%	48.39%

2016 年 1—9 月，公司税收优惠金额为 4,460.06 万元，其中软件企业所得税减免金额为 579.53 万元，软件产品增值税退税金额为 3,880.53 万元。近年来，公司在研发方面持续保持高投入，通过研发费用加计扣除后，所得税税率方面的优惠对公司的影响较小。公司持续的研发投入保证了产品的高技术附加值，而软件是高附加值的载体，使得软件产品增值税退税额逐年增长。该项税收优惠符合国家财税相关法规的规定，且行业内企业普遍享受。

公司享受的上述各项税收优惠政策在报告期及未来可预见的时间内将保持持续性，不会对公司未来的经营业绩的实现构成重大影响。

（四）案例点评

发行人依法取得的税收优惠，如高新技术企业、软件企业、文化企业及西部大开发等特定性质或区域性的税收优惠，符合《公开发行证券的公司信息披露解释性公告第 1 号——非经常性损益》规定的，可以计入非经常性损益。本案例中，发行人的税收优惠主要来自高新技术企业、软件企业及其增值税即征即退方面，上述税收优惠是国家财税法规规定的且行业内普遍享受的，因此得到监管机构认可。

若发行人取得的税收优惠到期后，发行人、保荐机构、律师和申报会计师应对照税收优惠的相关条件和履行程序的相关规定，对发行人税收优惠政策到期后是否能够继续享受优惠进行专业判断并发表明确意见。

（1）如果很可能获得相关税收优惠批复，按优惠税率预提预缴。经税务部门同意，可暂按优惠税率预提并做风险提示，并说明如果未来被追缴税款，是否有大股东承诺补偿；同时，发行人应在招股说明书中披露税收优惠不确定性风险。（2）如果获得相关税收优惠批复的可能性较小，需按照谨慎性原则按正常税率预提，未来根据税收优惠批复情况进行相应调整。

十、毛利率波动：明微电子（688699）

（一）相关事实

报告期内，发行人与同行业可比公司之间毛利率的比较情况见表4-2-1。

表 4-2-1　发行人与同行业可比公司之间的毛利率比较情况

公司名称	2019 年度	2018 年度	2017 年度
富满电子	22.22%	28.66%	30.71%
晶丰明源	22.84%	23.14%	22.04%
芯朋微	39.75%	37.75%	36.37%
可比公司平均值	28.27%	29.85%	29.71%
发行人	30.44%	30.46%	32.43%
其中：LED 显示屏驱动类产品	21.85%	19.38%	24.51%
LED 照明驱动类产品	26.30%	29.75%	35.47%

（二）反馈问题

请发行人说明：报告期内，发行人毛利率变动趋势与可比公司不一致的原因及合理性。请保荐机构、会计师核查并发表明确核查意见。

报告期内发行人 LED 显示驱动类产品的经销毛利率高于直销毛利率，发行人解释系因 LED 显示驱动类产品结构问题导致，其中 LED 显示驱动类项下的智能景观类产品的毛利率高达 56% 左右，远高于 LED 显示驱动类其他产品的毛利率。而从智能景观类产品的主营业务成本来看，报告期内智能景观类产品的销售中存在较大比例为未封装晶圆的销售。

请发行人说明：（1）智能景观类产品销售中存在大比例销售未封装晶圆的情况下，其产品毛利率远超过 LED 显示驱动类其他已完成封装的芯片产品毛利率的合理性。（2）报告期内未封装晶圆的销售数量大幅下降的原因，相关销售是否具有持续性。

（三）发行人及中介机构回复

1.报告期内，发行人毛利率变动趋势与可比公司不一致的原因及合理性

（1）同行业可比公司的收入构成情况、产品应用领域、客户群体均存在一定的差异，因此其毛利率及变化趋势均并不完全具有一致性

目前，暂无与公司在业务模式、细分产品种类上均完全相同的同类可比企业。在同行业公司中，与公司主要采取 Fabless 模式，具有竞争关系且有公开数据的有富满电子、晶丰明源和芯朋微。报告期内，前述可比公司的主营业务产品和产品应用领域具体如下：

公司名称	主要产品	应用领域
富满电子	电源管理类、LED 灯、LED 控制及驱动、MOSFET 类等芯片	LED 显示屏、LED 照明灯具、移动电源、充电器等
晶丰明源	LED 照明驱动芯片	LED 照明灯具
芯朋微	家用电器类、标准电源类、移动数码类、工业驱动类等芯片	家用电器、手机及平板的充电器、机顶盒及笔记本的适配器等
发行人	LED 显示驱动芯片、LED 照明驱动芯片、电源管理芯片	LED 显示屏、智能景观灯具、LED 照明灯具、家用电器等

根据上表，由于同行业可比公司的收入构成情况、产品应用领域、客户群体均存在一定的差异，因此其毛利率及变化趋势均并不完全具有一致性。

（2）发行人不同品类产品的毛利率与同行业可比公司有所差异的原因

报告期内，发行人目前主要将人力和资源聚焦在 LED 显示驱动芯片和 LED 照明驱动芯片的持续升级和创新方面，电源管理类产品的投入较小，因此其收入占比亦较低。

根据上表，发行人在主要产品上，与富满电子可比的主要为 LED 显示屏驱动芯片，与晶丰明源可比的主要为 LED 照明驱动芯片，主要产品毛利率与同行业可比公司毛利率的差异原因分析如下：

1）LED 显示屏驱动类产品：2017 年和 2018 年，富满电子自封比例整体高于发行人，低成本导致其毛利率高于发行人；2019 年，发行人自封比

例提升且推出高单价的小间距、高刷新率产品，而富满电子实施降价策略，导致两者毛利率差异有所收窄

报告期内，LED 显示屏驱动类产品毛利率低于富满电子，主要系由于自封比例、经营战略和应用领域不同所致。富满电子整体自封比例较高，因此封装成本相对较低，而 2017 年、2018 年公司封装线正处于逐步投入建设的过程中，因此毛利率显著低于富满电子；2019 年富满电子为抢占市场份额，采取"薄利多销"的经营策略，其产品毛利率大幅下滑，但整体营业收入增速显著提高。而公司结合市场发展趋势，稳扎稳打，通过工艺技术升级和创新，持续向市场输出高附加值的小间距 LED 显示驱动芯片产品，因此 2019 年显示屏驱动类芯片毛利率略有上升。

2）LED 照明驱动类产品：晶丰明源主打开关电源驱动产品，内置 MOS 管，成本较发行人的线性电源驱动产品要高，导致发行人毛利率高于晶丰明源

LED 照明驱动类产品毛利率与晶丰明源毛利率有所差异，主要系产品工艺、技术特性不同所致。晶丰明源的产品主要系开关电源驱动芯片，并逐步向线性电源驱动拓展；公司产品主要系线性电源驱动。线性驱动电源容易通过 EMC 认证，芯片外围器件几乎都是贴片器件，有助于下游客户的生产自动化；在调光、智能方面更有优势，可实现大功率并联应用，且无需搭配 MOS 管，成本方案相对较低，因此毛利率相对较高。

综上，发行人与同行业可比公司的收入构成情况、产品应用领域、客户群体均存在差异，各家毛利率及变化趋势均并不完全具有一致性。

2. 智能景观类产品销售中存在大比例销售未封装晶圆的情况下，其产品毛利率远超过 LED 显示驱动类其他已完成封装的芯片产品毛利率的合理性

（1）LED 显示驱动类产品的毛利率情况

报告期内，公司 LED 显示驱动类产品细分为显示屏驱动类产品以及智能景观类产品。智能景观类晶圆的毛利率和智能景观类芯片的毛利率基本维持在 50% 以上，高于显示屏驱动类产品的毛利率，具体情况如下：

666

6666

6666

666

产品类别及形式	2020 年 1—6 月	2019 年度	2018 年度	2017 年度
显示屏驱动类产品	22.00%	21.85%	19.38%	24.51%
智能景观类产品	55.91%	56.59%	55.84%	56.69%
其中：智能景观类芯片	60.26%	59.52%	56.48%	56.08%
智能景观类晶圆	48.39%	51.33%	54.38%	59.03%
LED 显示驱动类产品	28.89%	31.46%	30.30%	31.11%

2020 年 1—6 月，智能景观类晶圆毛利率较 2019 年下滑 2.94%，主要系当期销售收入占比为 66.34% 的 MW1XX62 晶圆毛利率下降所致。MW1XX62 主要销售给大客户东莞市欧思科光电科技有限公司，因其在报告期内采购规模一直较大，公司对其定价、毛利率相对其他客户略低。2020 年上半年，受新冠疫情影响，其他小客户采购占比均有所下滑，东莞市欧思科光电科技有限公司的采购占比提升，拉低了公司 MW1XX62 晶圆的整体毛利率。

报告期内，发行人智能景观类产品的毛利率整体高于显示屏驱动类产品毛利率，与智能景观类晶圆销售占比无必然关系。

（2）智能景观类产品销售毛利率高于显示屏驱动类产品毛利率具有合理性

发行人智能景观类产品毛利率整体较高，主要原因系：

1）发行人较早进入智能景观领域，产品具有先发优势；同时，下游客户更换成本较高，智能景观类产品的议价能力整体较强

公司利用在 LED 显示屏领域积累的 LED 恒流驱动和控制技术，于 2011 年开始逐步进入景观驱动芯片领域，发行人在行业内具有一定的先发优势，且智能景观类领域的芯片设计类企业较少，竞争程度相对较低。同时，智能景观整体工程一般规模较大，尽管驱动芯片在整体工程中占比较小，但因更换成本很高，下游客户对该类产品品质要求很高，因此，自公司涉入该领域，智能景观类产品一直保持了较好的议价空间，销售单价相对较高，带来较高的毛利率。

而公司显示屏驱动类产品所处细分领域竞争相对激烈，相关产品议价能力弱于智能景观类产品，因此芯片平均价格低于智能景观类产品，从而

导致其毛利率低于智能景观类产品的毛利率。

2）公司持续工艺改进，向市场输出高附加值智能景观类产品，毛利率得以维持在较高水平

随着我国消费升级的不断深化，我国景观工程逐步向艺术型和智能型过渡，新的应用场景层出不穷，产品结构逐步由串联芯片向并联芯片、恒流芯片等升级，为客户提供更智能化、高电流及高灰度的产品性能。该类产品通常内置其他电子元器件等模块，工艺成本相对较高，具有较高附加值，毛利率因此较高。

3. 报告期内未封装晶圆的销售数量大幅下降的原因，相关销售是否具有持续性

2017年至2019年，公司晶圆的销售收入分别为2,467.32万元、3,531.54万元和3,855.30万元，呈逐年上升趋势。公司未来晶圆销售收入仍具有可持续性，具体分析如下：

（1）公司持续提升创新能力，为晶圆销售的可持续性奠定基础

公司向客户销售的未封装晶圆产品包含了公司布图设计及工艺技术，与公司芯片产品相比仅为交付形式不同。公司在驱动芯片领域通过多年发展建立了较为明显的竞争优势，在集成电路产品设计、工艺技术等方面拥有了自身核心竞争力，持续在研发端和产品端进行革新，不断提升产品的性价比，为产品销售的可持续性提供了有力保障。

（2）市场需求的变化和增加亦会带动下游客户的持续需求

随着我国消费升级的深化以及LED产品技术不断升级，LED显示驱动产品与LED照明驱动产品在下游应用领域相互融合，新的应用场景将层出不穷，公司下游客户对晶圆的需求亦将持续加大。

（四）案例点评

毛利率是上市企业的重要经营指标，能反映企业的核心获利能力，反映企业产品的竞争力。毛利率及其波动幅度是IPO审核的重点关注事项，几乎每家IPO企业都会被关注和询问，监管机构一般关注IPO企业以下几点。

（1）发行人毛利率波动较大的原因及合理性。

（2）发行人毛利率大幅提高/下降的原因及合理性。

（3）发行人毛利率高于/低于行业平均水平的原因及合理性。

（4）发行人毛利率变动趋势与行业平均毛利率变动趋势不符的原因及合理性。

如果发行人的毛利率高于行业平均水平，监管机构关注是否存在粉饰业绩甚至财务造假的嫌疑；如果发行人的毛利率低于行业平均水平，监管机构关注发行人的行业地位、竞争能力甚至是否具备持续经营能力。不论是高于还是低于行业平均水平，发行人都必须有合理的理由来解释这一差异。

每个行业都具有自身的特点，每个行业中的每个企业都具有各自的特色，因此，造成毛利率差异的原因各不相同。发行人要结合自身实际情况，解释毛利率异常的原因，让监管机构不怀疑财务数据的真实性并相信发行人的持续盈利能力，那么毛利率问题就不会成为发行上市的实质性障碍。

十一、境外销售核查：传音控股（688036）

（一）相关事实

发行人销售收入均来自境外。

（二）反馈问题

请保荐机构及申报会计师说明对境外业务、收入及其他重要财务数据的尽职调查过程，结合获取的内部及外部证据、公开数据等，说明尽职调查是否充分、有效。请保荐机构及申报会计师：（1）核查发行人出口退税情况是否与发行人境外销售规模相匹配；（2）结合报告期内主要结算货币对人民币的汇率变动趋势，核查出口收入和汇兑损益之间是否匹配；（3）结合物流运输记录、资金划款凭证、发货验收单据、出口单证与海关数据、中国出口信用保险公司数据、最终销售或使用等情况，说明境外客户销售收入的核查过程、结论和依据。

（三）发行人及中介机构回复

针对上述事项，中介机构执行了以下主要尽调和核查程序：

1. 对公司高管及销售人员进行访谈，了解公司的市场区域情况、主要客户情况、销售流程、销售收款情况等；

2. 了解与销售相关的内部控制制度，评价其设计是否有效，并测试相关内部控制的运行有效性；

3.通过检查主要的销售合同并与管理层的沟通等，识别与商品所有权上的主要风险和报酬转移相关的条款，评价收入确认政策是否符合企业会计准则的规定；

4.对营业收入及毛利率按产品等实施实质性分析程序，识别是否存在重大或异常波动，并查明波动原因；

5.获取公司报告期内银行账户开户清单和银行对账单，抽取销售相关大额银行流水记录与银行日记账进行交叉核对；同时，对于内销收入，以抽样方式检查与收入确认相关的支持性文件，包括销售合同、销售订单、销售发票、出库单及客户签收单等；对于外销收入，以抽样方式检查销售合同、销售订单、销售发票、出库单、报关单、装箱单、货运提单等支持性文件；

6.对主要客户进行实地走访

对公司非洲、印度主要客户进行实地走访，获取了客户的营业执照、最新公司章程、年度进销存数据、期末库存与访谈当日库存清单、访谈提纲及无关联关系声明等资料，对公司的销售明细与经销商的采购明细进行核对，对经销商的库存进行了盘点，确认与经销商之间交易真实，不存在库存积压的情况。2016—2018 年，对非洲客户走访的覆盖比例分别占公司当期非洲地区收入的 68.35%、62.92%、60.05%，对客户合计走访的覆盖比例分别占公司当期营业收入的 56.76%、47.91%、47.41%。另外，在客户走访的过程中，根据经销商提供的二级客户名单，随机穿透走访二级经销商，获取其基本注册资料和财务数据等，并在走访地区随机选取终端销售门店进行实地走访，向门店销售人员了解手机产品实际销售情况等；

7.以抽样方式向主要客户应收账款余额及交易额进行函证

应收账款余额函证情况如下：

单位：人民币万元

项目	2018 年度	2017 年度	2016 年度
发函的应收账款金额	36,217.50	31,610.46	43,338.13
发函占应收账款原值比例	72.78%	74.46%	94.92%
回函确认的应收账款金额	33,231.16	30,269.28	42,510.17
回函确认占应收账款原值比例	66.78%	71.30%	93.10%

客户交易额函证情况如下：

单位：人民币万元

项目	2018 年度	2017 年度	2016 年度
发函的收入金额	1,553,921.26	1,347,411.93	1,041,585.13
发函占收入比例	68.62%	67.22%	89.51%
回函确认的收入金额	1,407,121.88	1,217,562.99	941,554.24
回函确认占收入比例	62.14%	60.75%	80.91%

8. 以抽样方式对资产负债表日前后确认的营业收入核对至销售发票、出库单、报关单、装箱单、货运提单等支持性文件，评价营业收入是否在恰当期间确认；

9. 获取资产负债表日后的销售退回记录，检查是否存在资产负债表日不满足收入确认条件的情况；

10. 获取移动通信领域权威调查机构 IDC 的行业数据，将其调研统计数据与公司实际销售数据进行核对分析如下：

单位：万部

项目		2018 年度	2017 年度	2016 年度
功能机	公司实际销量①	9,022	9,877	5,896
	IDC 统计出货量②	9,445	10,047	6,078
	差异率②－①/②	4.48%	1.70%	2.99%
智能机	公司实际销量①	3,407	2,856	1,661
	IDC 统计出货量②	3,866	2,882	1,715
	差异率②－①/②	11.88%	0.92%	3.15%

IDC（国际数据公司）是全球著名的信息技术、电信行业和消费科技咨询、顾问和活动服务专业提供商，长期密切跟踪调研手机行业发展状况，是手机领域权威的第三方专业调研机构。根据 IDC 通过公开市场调研统计的公司报告期内功能机及智能机出货量数据，权威公开市场统计数据较公司实际销量数据稍高，其中功能机报告期各期统计出货量较实际销量分别高出 2.99%、1.70%、4.48%，智能机报告期各期统计出货量较实际销量分别高出 3.15%、0.92%、11.88%。因此，从公开市场权威统计数据和公司销量

数据对比来看，公司实际销量数据合理、可靠；

11. 获取公司手机终端的IMEI码激活情况，通过手机终端激活数据分析验证公司手机产品最终销售实现情况。国际移动设备识别码（International Mobile Equipment Identity，IMEI），即通常所说的手机序列号、手机"串号"，用于在移动电话网络中识别每一部独立的手机等移动通信设备，相当于移动电话的身份证。公司在手机产品中内置激活装置APK，当手机联网开机后公司可获取IMEI码的激活信息，显示该手机已经被终端消费者使用。根据IMEI激活系统专项IT审计报告：公司智能机6个月平均激活率可达87.07%，12个月平均激活率可达94.80%；功能机出货后6个月平均激活率可达78.15%，12个月平均激活率可达86.28%，功能机激活率相对较低主要原因为：（1）功能机用户偏低端，该等用户存在不使用数据网络的情况，导致激活数据无法联网回传；（2）部分国家与地区网络环境较差，导致激活数据无法联网回传。公司手机整体激活率较高，终端销售状况良好；

12. 获取海关统计出口数据，与公司出口销售进行对比；

13. 核查公司中信保投保记录

公司海外销售主要采取先款后货的模式，因此，公司仅对部分运营商及赊销经销商客户的应收账款向中国出口信用保险公司进行投保。2018年末已向中信保投保的应收账款余额为18,511.94万元，占应收账款余额的比例为40.68%；

14. 分析物流费用与营业收入的匹配关系

报告期内，公司营业收入与物流费用比例如下：

单位：人民币万元

项目	2018年度	2017年度	2016年度
营业收入	2,264,588.12	2,004,362.63	1,163,675.75
物流费用	50,819.93	41,768.47	21,187.11
物流费用占收入比例	2.24%	2.08%	1.82%

2016—2018年，公司物流费用占营业收入的比例分别为1.82%、2.08%和2.24%，逐年略有增长，主要原因系运费单价上涨所致，物流费用与营业收入规模整体匹配。

15. 分析公司出口退税情况是否与公司境外销售规模相匹配；

报告期内，公司应收出口退税占主营业务收入比例如下：

单位：人民币万元

项目	2018 年度	2017 年度	2016 年度
通过自营出口应收的出口退税	173,484.84	73,964.67	57,738.36
通过供应链企业应收的出口退税[注]	116,362.58	218,765.05	90,757.97
小计	289,847.42	292,729.73	148,496.33
主营业务收入	2,217,196.08	1,959,047.25	1,084,003.93
占主营业务收入的比例	13.07%	14.94%	13.70%

注：报告期内，公司除自主外贸出口外，对部分产品出口还采用了由供应链服务企业提供外贸综合服务的模式。该模式下，出口销售的出口退税款通过供应链公司实现。

报告期内，公司出口退税的金额逐年提高，与境外销售规模的增长匹配。公司出口退税款占主营业务收入比例在 13.07%—14.94% 之间，基本稳定，其占比小于公司主要出口退税率 17% 或 16%（因增值税税率调整，2018 年 5 月起主要产品退税率由 17% 变更为 16%），主要系产品销售毛利影响所致。

综上所述，公司出口退税与公司境外销售规模匹配。

16. 结合报告期内主要结算货币对人民币的汇率变动趋势，核查出口收入和汇兑损益之间是否匹配；

报告期内公司的汇兑损益明细情况如下：

单位：人民币万元

项目	2018 年度	2017 年度	2016 年度
汇兑损益	7,723.35	19,854.81	−5,169.88

报告期内，公司海外销售主要使用美元收款，而印度当地设厂经营主要使用印度卢比收款，部分原材料采购使用美元结算。受外币汇率波动影响，公司外币货币性资产和负债在经营过程中产生汇兑损益波动。

2016 年度，美元兑人民币汇率呈现持续升值态势，公司持有美元资产形成汇兑收益；2017 年度，美元兑人民币汇率贬值幅度较大，公司持有美元资产规模较大，从而形成大额汇兑损失；2018 年度，美元兑人民币汇率呈先抑后扬的走势，而同期印度卢比兑美元大幅贬值，公司印度子公司以印度卢比作为记账本位币，部分原材料采购以美元作为结算货币形成应付账款，印度子公司持有美元负债形成较大汇兑损失。

核查结论：通过实施上述主要核查和尽调程序，我们认为，对公司境外业务、收入及其他重要财务数据的尽职调查过程充分、有效；公司出口退税与公司境外销售规模匹配；公司汇兑损益主要与外币货币性资产和负债有关；公司境外客户销售收入真实。

（四）案例点评

随着经济的持续发展，拟上市企业存在境外销售的情况越来越普遍，而限于中介机构的核查手段力度，监管机构比较关注境外销售收入的真实性。浙江三锋实业股份有限公司、福建永德吉灯业股份有限公司、广东日丰电缆股份有限公司、辽宁振隆特产股份有限公司等因存在境外销售情况而未被审核通过。

监管机构审核过程中，一般关注以下方面。

（1）出口收入的变动趋势及原因。

（2）境外客户的开发方式、交易背景，有关大额合同订单的签订依据、执行过程。

（3）出口退税情况是否与境外销售规模相匹配。

（4）结合报告期内相关货币对人民币的汇率变动趋势，说明出口收入和汇兑损失之间的匹配性。

（5）境外销售中是否存在第三方回款情况；如存在，其具体情况、原因和合理性，上述交易是否真实。

（6）当境外销售主要为经销模式时，经销产品的最终去向，经销商的库存情况，结算方式，是否为买断销售，是否存在退货，与发行人是否存在关联关系，回款情况等需重点关注。

中介机构一般履行的核查程序包括以下方面。

（1）访谈（电话、实地、邮件）。

①内部访谈：访谈拟上市企业负责境外销售的高级管理人员、主要客户相关负责人。访谈拟上市企业销售部外贸业务员，对出口业务进行核对。

②客户访谈：走访时对客户高级管理人员或相关负责人员就客户基本

情况、经营规模、产品评价、地区贸易政策、交易内容和金额、回款情况、是否实现最终销售、产品市场认可度、与发行人的业务合作历史、产品质量及售后服务、未来合作意向等情况进行现场访谈，了解客户的实际控制人及关键经办人员与发行人是否存在关联关系。

（2）独立发函。

（3）境外实地走访。

对于重点客户，要实地核查，对于一些非重点客户，可以采取实地核查境外客户在境内的办事处、电话访谈、请当地律师协助核查的方式等。在走访之前就本次走访路线和时间进行详细规划并制作相应控制表，列明走访客户、各方负责人、历年销售金额及占比、走访方式、具体走访时间、资料要回情况及后续跟进情况，对于走访中发现的重要信息要拍照留存。需要配备能够熟练使用英语作为沟通语言的团队成员。出于谨慎，境外核查人员应当要求拟上市企业或者自行安排翻译人员同行。

（4）内部财务核查。

①核查发行人销售环节相关内部控制关键控制点。

核查发行人销售环节相关内部控制关键点包括核查签订销售合同（境外客户的开发方式、交易背景，有关大额合同订单的签订依据、执行过程）、销售定价政策、客户信用政策、销售出库、销售收入确认、销售收款，并进行期后回款测试。

②对销售收入执行核查程序。

顺查：抽取记账凭证、销售合同（或订单）、发货单、销售发票进行核对，以确认销售收入真实性和完整性；核查外汇水单和银行进账单等单据。

逆查：获取海外销售明细，将其与出口报关单、发货单、境外销售合同、销售发票等单据进行核对。

测试：穿行测试、收入截止性测试、期后回款检查、入库抽样测试、账龄分析。

核对拟上市企业的增值税申报表、增值税免抵退税申报表，以确认账面收入与增值税申报表收入是否存在差异；结合报告期内相关货币对人民币的汇率变动趋势，说明拟上市企业出口收入和拟上市企业汇兑损失之间的匹配性；关注拟上市企业是否存在套期保值产品及其会计处理；结合物流运输记录、资金划款凭证、发货验收单据、出口单证与海关数据、中国出口信用保险公司数据、最终销售或使用等情况发表核查意见，并说明核查的过程、结论和依据。核查退换货情况：重点关注年底大额确认、来年初大额退货的情形。

（5）利用第三方渠道。

①工商资料查询：如果客户有官方网站，通过官方网站了解境外客户的经营范围，企业基本情况介绍等信息；如没有，对于境外客户，目前主要通过中国出口信用保险公司查询，获取主要客户的股东结构、工商登记信息、经营范围、资信状况等信息。

②利用所在国家或地区类似国内的国家企业信用信息公示系统获取信息。

③海关数据：如果发行人的数据能够与海关管理的数据基本匹配，那么也可以佐证发行人销售的真实性。当然，发行人销售数据若与海关报关统计数据存在一定的差距，那么应该是统计口径导致的。

（6）同行业对比。

与同行业上市企业进行比较，分析其合理性。

十二、应收账款余额较大：有方科技（688159）

（一）相关事实

报告期各期末，应收账款账面价值分别为 10397.34 万元、18109.77 万元、30555.20 万元和 28957.39 万元，占营业收入比例较高。

（二）反馈问题

请发行人：（1）补充披露报告期各期应收账款新增、收回情况，说明应收账款大幅增加的具体原因；（2）应收账款新增金额与营业收入的匹配性，各期末应收账款主要欠款对象的期后回款情况，回款方与客户是否一致，是否存在个人账户收款或第三方回款情形；（3）是否存在应收账款核销的情形，各期期末的应收账款的回款情况及其与信用期政策的一致性，是否存在应收账款保理业务，是否存在客户以其他资产抵债的情形或其他债务重组的情形；（4）应收账款坏账准备计提是否充分，商业承兑汇票的减值准备是否计提充分。请保荐机构及申报会计师就上述问题进行核查并发表意见。

（三）发行人及中介机构回复

1. 补充披露报告期各期应收账款新增、收回情况，说明应收账款大幅增加的具体原因

报告期内公司应收账款新增、收回情况列示如下：

单位：万元

会计期间	期初余额	本期增加	收回	期末余额
2019 年 1—3 月	31,162.17	18,652.99	20,037.73	29,777.43
2018 年	18,383.87	64,823.74	52,045.44	31,162.17
2017 年	10,613.03	58,163.65	50,392.81	18,383.87
2016 年	6,109.60	38,083.05	33,578.97	10,613.03

2018 年，公司应收账款余额大幅增加，主要原因系公司智能 OBD 终端获得了 Harman 等海外客户的批量订单，相关销售主要集中在 11、12 月，相关的应收账款在期末尚在信用期内。此外，公司智能电网客户回款速度有所放缓，其应收账款周转率从 2017 年 3.31 次下降至 2.19 次。

2. 应收账款新增金额与营业收入的匹配性，各期末应收账款主要欠款对象的期后回款情况，回款方与客户是否一致，是否存在个人账户收款或第三方回款情形

（1）应收账款新增金额与营业收入的匹配性报告期内，应收账款余额的变动趋势与公司营业收入的比较情况如下：

单位：万元

项目	2019-3-31	2018-12-31	2017-12-31	2016-12-31
应收账款账面余额	29,777.43	31,162.17	18,383.87	10,613.03
应收账款同比增幅	—	69.51%	73.22%	—
营业收入	16,091.13	55,713.56	49,896.92	32,803.75
营业收入同比增幅		11.66%	52.11%	—
应收账款账面余额占营业收入比例	185.05%	55.93%	36.84%	32.35%

2016 年至 2018 年各期末，应收账款余额随公司经营规模的扩大而增

长。2018 年末，应收账款余额增长幅度大于收入增长幅度，且占营业收入的比例较高，主要原因为：公司智能 OBD 终端产品获得了 Harman 等海外客户的批量订单，对应销售主要集中在十一、十二月，使得公司四季度收入同比增长 40.73%，相关销售的应收账款在期末尚在信用期内；另一方面，报告期内，公司智能电网客户回款速度有所放缓，应收账款周转率从 2017 年的 3.31 次下降至 2.19 次。2018 年和 2019 年 1—3 月，公司海外销售占比上升，相关客户绝大部分在信用期内回款，使得公司应收账款回款情况有所改善。

（2）各期末应收账款主要欠款对象的期后回款情况

报告期内各期末，公司前十大应收账款客户及其期后回款情况如下：

单位：万元

客户名称	2019 年 3 月 31 日	
	期末应收账款余额	期后未回款金额
Harman	6,092.01	–
世纪通	2,645.51	915.41
科陆电子	2,114.15	626.78
烟台东方威思顿电气有限公司	1,215.28	700.28
深圳市亿控电子科技有限公司	1,200.05	184.38
威胜信息技术股份有限公司	1,196.50	986.50
艾睿（中国）电子贸易有限公司	967.47	–
韦展数码（深圳）有限公司	938.20	938.20
科大智能电气技术有限公司	892.17	367.17
华立科技股份有限公司	696.38	695.79
合计	17,957.72	5,414.51

注：期后未回款情况统计截至 2019 年 6 月 27 日。

单位：万元

客户名称	2018 年 12 月 31 日	
	期末应收账款余额	期后未回款金额
Harman	5,521.24	–
深圳市亿控电子科技有限公司	1,966.37	168.71
世纪通	1,919.37	–
科陆电子	1,462.93	–
威胜信息技术股份有限公司	1,417.21	633.71
南昌市科陆智能电网科技有限公司	1,398.02	–
Reliance	1,377.86	20.07
烟台东方威思顿电气有限公司	1,040.16	–
韦展数码（深圳）有限公司	990.31	938.20
艾睿（中国）电子贸易有限公司	772.45	–
合计	17,865.92	1,760.69

注：期后未回款情况统计截至 2019 年 6 月 27 日。

单位：万元

客户名称	2017 年 12 月 31 日	
	期末应收账款余额	期后未回款金额
南昌市科陆智能电网科技有限公司	2,329.11	–
国网甘肃省电力公司物资公司	1,562.26	–
珠海慧信微电子有限公司	1,511.37	–
北京市腾河智慧能源科技有限公司	1,015.00	–
华立科技	858.95	–
南京新联电子股份有限公司	800.88	–
科大智能电气技术有限公司	760.24	–
上海大唐	599.96	–
科陆电子	583.47	–
中国联合网络通信有限公司广州市分公司	545.25	179.00
合计	10,566.49	179.00

注：期后未回款情况统计截至 2019 年 6 月 27 日。

单位：万元

客户名称	2016 年 12 月 31 日	
	期末应收账款余额	期后未回款金额
深圳市倚天科技开发有限公司	1,859.67	–
科陆电子	1,764.91	–
宁波奥克斯供应链管理有限公司	1,119.44	–
上海大唐	1,051.25	–
世纪通	493.63	–
积成电子股份有限公司	437.17	–
中国联合网络通信有限公司广州市分公司	392.94	–
珠海中慧微电子股份有限公司	383.18	–
华立科技	308.17	–
深圳友讯达科技股份有限公司	305.41	–
合计	8,115.77	–

注 1：期后未回款情况统计截至 2019 年 6 月 27 日。

注 2：中国联合网络通信有限公司广州市分公司的应收账款余额及期后未回款金额，为中国联合网络通信有限公司广州市分公司、中国联合网络通信有限公司广东省分公司的合并金额。

报告期各期末，公司应收账款主要欠款对象的期后回款比例分别为100.00%、98.31%、90.14%、69.85%。2019 年一季度期末主要欠款对象期后回款比例较低，主要原因为部分智能电网客户回款速度较慢，未完全在信用期内回收。综上，报告期内公司应收账款主要欠款对象应收款项期后回款情况良好。

（3）各期末应收账款主要欠款对象回款方与客户是否一致，是否存在个人账户收款或第三方回款情形

1）公司应收账款主要欠款对象第三方回款情况

报告期内，公司第三方回款情况如下：

单位：万元

项目	2019 年 1—3 月	2018 年	2017 年	2016 年
第三方回款金额	–	1.97	–	63.01
收入金额	16,091.13	55,713.56	49,896.92	32,803.75
第三方回款占同期收入的比例	–	0.00%	–	0.19%

2016 年和 2018 年，公司存在小额第三方海外回款情况。其中，2016 年，公司的海外客户 Gamma Ukranie. Ltd. 通过其分公司和海外注册的其他公司偿还公司货款 39.91 万元，公司客户深圳市华士科电子有限公司通过其采购代表人偿还公司货款 11.59 万元。报告期内，公司应收账款主要欠款对象回款方与客户一致，主要欠款对象不存在第三方回款。

2）是否存在个人账户收款情形

报告期内，公司应收账款主要欠款对象不存在个人账户收款情形。

3. 是否存在应收账款核销的情形，各期期末的应收账款的回款情况及其与信用期政策的一致性，是否存在应收账款保理业务，是否存在客户以其他资产抵债的情形或其他债务重组的情形

（1）是否存在应收账款核销的情形

报告期内，公司无实际核销的应收账款。

（2）各期期末的应收账款的回款情况及其与信用期政策的一致性

公司的信用期政策集中在 2—3 个月。公司各期末应收账款期后回款情况如下：

单位：万元

项目	2019 年 1—3 月	2018 年	2017 年	2016 年
期末余额	29,777.43	31,162.17	18,383.87	10,613.03
3 个月内回款	18,217.66	16,689.99	6,385.61	5,871.58
12 个月内回款	–	–	17,165.48	10,098.14
3 个月内回款比例	61.18%	53.56%	34.73%	55.32%
12 个月内回款比例	–	–	93.37%	95.15%

注：2018 年、2019 年 3 月 31 日回款情况统计至 2019 年 6 月 27 日。

2016年至2019年3月，公司部分应收账款在信用期内未能及时回收，主要原因系公司产品主要应用在智慧能源领域，主要客户包括威胜控股等智能电网产品客户，其最终客户主要为国家电网和南方电网等国有电力企业，相关客户信用度较高，应收账款坏账损失风险较低，但回款周期较长。2016年和2017年，期末应收账款基本在一年内完成回款。

由于公司智能电网客户回款速度有所放缓，2017年公司期末应收账款信用期内回款比例下降。2018年和2019年1—3月，公司海外销售占比上升，相关客户绝大部分在信用期内回款，使得信用期内回款情况有所改善。

（3）是否存在应收账款保理业务

报告期内，公司不存在应收账款保理业务。

（4）是否存在客户以其他资产抵债的情形或其他债务重组的情形

报告期内，公司不存在客户以其他资产抵债的情形或其他债务重组的情形。

4. 应收账款坏账准备计提是否充分，商业承兑汇票的减值准备是否计提充分

（1）应收账款坏账准备计提是否充分

1）应收账款坏账准备计提情况

报告期内，应收账款主要采取账龄分析法计提坏账，并对预计难以收回的应收账款单独计提坏账。

报告期各期末，公司的应收账款主要在1年以内，1年以上账期的应收账款比重低于5%，总体来看，公司应收账款的质量较好，公司应收账款账龄结构合理。

2）坏账政策与同行业比较

由于产品应用领域和客户类型的差异，同行业可比公司之间的应收账款坏账准备政策存在差异。报告期内，公司1年以上的应收账款坏账准备计提比例和同行业可比公司相比不存在重大差异。公司未对1—3个月的应收账款计提坏账准备，主要是基于以下原因：

报告期内，公司产品的主要应用领域之一为智能电网，公司的主要客户群体和同行业可比公司存在较大差异。报告期内，公司主要客户大多为大型的上市公司、国有企业和海外知名企业，经营业绩较好，且公司的最终客户为国家电网、南方电网，其销售回款有保障。同行业可比公司中，高新兴物联和芯讯通对 1—6 个月内应收账款未提坏账。

综上，公司应收账款坏账准备计提充分。

（2）商业承兑汇票的减值准备是否计提充分

2016 年至 2019 年 1—3 月各期末公司应收商业承兑汇票金额分别为 1,383.16 万元、1,510.94 万元、1,467.73 万元、1,323.98 万元，计提的减值准备金额为 69.16 万元、75.55 万元、73.39 万元、66.20 万元。报告期内，公司收到的商业承兑汇票出票人主要为贵州电网、上海大唐等大型国有企业，企业信誉较好，且在票据到期日均已兑付，在票据兑付过程中，公司未发生兑付纠纷，公司收到的票据产生坏账的风险较低。基于对商业承兑汇票更谨慎的会计处理，公司按照应收款项坏账计提方法调整了商业承兑汇票的减值确认，公司已充分计提商业承兑汇票的减值准备。

中介机构核查程序及核查意见

1. 取得并查阅了发行人的主要销售合同、应收账款明细；核查了发行人应收账款回款情况。

2. 对发行人主要客户的销售金额、应收账款余额进行函证。

3. 分析了发行人应收账款余额较大的原因；查阅同行业公司坏账政策，并与发行人所执行的坏账政策进行对比分析。

4. 取得了发行人的应收票据备查簿和明细账，核查了各期末应收商业承兑汇票的期后承兑情况。

经核查，保荐机构及申报会计师认为：

1. 发行人已于招股说明书披露报告期各期应收账款新增、收回情况，并说明应收账款大幅增加的具体原因。相关披露内容真实准确。

2. 发行人应收账款新增金额与营业收入匹配，各期末应收账款主要欠款对象的期后回款情况列示准确，主要欠款对象回款方与客户一致，主要欠款对象不存在个人账户收款或第三方回款情形。

3. 发行人不存在应收账款核销情形，不存在应收账款保理业务，不存在客户以其他资产抵债的情形或其他债务重组的情形；发行人客户信用期主要集中在 2—3 个月；2016 年至 2019 年 3 月部分应收账款在信用期内未能及时回收，主要原因系公司产品主要应用在智慧能源领域，主要客户包括威胜控股等智能电网产品客户，其最终客户主要为国家电网和南方电网等大型国有电力企业，其对其上游供应商在付款方面有较强的主动性，付款周期较长，从而影响了公司的应收账款回收。

4.发行人应收账款坏账准备计提充分；发行人商业承兑汇票减值准备计提充分。

（四）案例点评

2020年9月2日，上交所科创板股票上市委员会召开2020年第68次审议会议，不同意精英数智科技股份有限公司首发上市。该公司是2020年第1家被否的科创板企业。审核意见显示，主要就应收账款提出了问询：（1）说明在发行人部分主要客户已呈现诸多信用风险、期末应收账款余额中逾期款项占比较高的情况下，发行人对资信状况恶化客户的应收账款的坏账准备计提是否充分，是否符合企业会计准则的相关规定，与同行业可比公司相比是否存在重大差异；（2）说明发行人是否对应收账款逾期风险采取了有效的应对措施，发行人控股股东、实际控制人是否已采取有效措施避免发行人由于已存在应收账款计提坏账准备不充分而可能遭受损失的风险。因此，发行人应对应收账款占比较高的情形高度重视。

监管机构主要关注以下几个方面。

（1）关注发行人的销售信用政策。如果发行人报告期内应收账款大幅增加，原因可能就是发行人为了促进销售改变了信用政策，这也就是典型的"粉饰业绩"的情形。

（2）关注应收账款的客户性质、信用情况、以前的回款情况、是否存在恶意拖欠的情况。主要通过核查这些信息，来判断发行人收回后续应收账款的可能性。如果通过历史经验判断发行人应收账款收回存在重大不确定性，那么发行人的持续盈利能力也就存在重大不确定性。

（3）关注坏账准备计提比例与同行业可比公司是否保持一致，是否审慎。在某些案例中，发行人账龄在三年以上的应收账款坏账准备计提比例低于可比公司，而账龄长的应收账款金额较大，那么这样的坏账准备政策可能会影响发行人盈利能力。

（4）关注应收账款金额持续增加及其占营业收入的比例的变化情况。如果应收账款金额增加且与营业收入增长幅度保持一致，那么是合理的。

反之，如果营业收入增加不多但应收账款大幅增加，那么发行人的经营环境、业务模式以及盈利质量都可能发生了重大变化。

十三、科创属性问题：航亚科技（688510）

（一）相关事实
发行人关于符合科创属性的说明如下。

（一）发行人是否符合《上海证券交易所科创板企业发行上市申报及推荐暂行规定》第三条规定的行业领域的情况

公司主要从事航空发动机关键零部件及医疗骨科关节植入锻件的研发、生产及销售，根据中国证监会发布的《上市公司行业分类指引》（2012年修订），属于铁路、船舶、航空航天和其他运输设备制造业（分类代码：C37）；根据国家统计局发布的《国民经济行业分类》（GB/T 4754-2017），公司属于"航空、航天器及设备制造（C374）"中的"飞机制造（C3741）"公司符合《上海证券交易所科创板企业发行上市申报及推荐暂行规定》第三条规定的高端装备领域，发行人主营业务与所属行业领域归类匹配，与可比公司行业领域归类不存在显著差异。

（二）发行人是否符合《上海证券交易所科创板企业发行上市申报及推荐暂行规定》第四条规定情形的有关事项的情况

1. 最近三年累计研发投入占最近三年累计营业收入比例 13.10%；公司最近三年累计研发投入金额为 6,769.53 万元，满足相关要求。

2. 最近三年营业收入复合增长率 62.5%，满足相关要求。

3. 在科创属性评价标准一中规定的专利条件方面，在 2020 年 4 月首次申报时，公司没有达到"形成主营业务收入的发明专利（含国防专利）大于等于五项"的要求，因此，公司首次申报时以符合"科创属性评价标准二"申报，该标准也是公司申报以来一贯符合，并持续符合科创板定位的保证。具体详见本部分之"（三）发行人是否符合《上海证券交易所科创板企业发行上市申报及推荐暂行规定》第五条规定情形的有关事项的情况"。

在审期间随着发明专利的陆续取得，公司达到了"形成主营业务收入的发明专利（含国防专利）大于等于五项"的相关条件，截至本招股意向书出具日，公司一共获得8项发明专利，其中形成主营业务收入的发明专利一共7项。

综上，公司符合《科创板企业发行上市申报及推荐暂行规定》第四条规定的情形。

（三）发行人是否符合《上海证券交易所科创板企业发行上市申报及推荐暂行规定》第五条规定情形的有关事项的情况

1. 公司符合"独立或者牵头承担与主营业务和核心技术相关的国家重大科技专项项目"的条件

2019年，公司牵头承担了某两项航空发动机基础科研项目，国防科工局已对公司承担该两项项目予以批复。根据该批复，公司是该两个项目的牵头承担单位。根据国防科工局对公司牵头承担该两个项目的批复文件，及保荐机构对大型飞机动力系统长江1000发动机总冶金师的访谈确认，公司牵头实施的本两项国家级航空发动机基础科研项目属于"国家科技重大专项—大型飞机"。该两项"大型飞机"项目由公司牵头，航发集团体系内的科研院所、工厂等竞争对手也参与其中并承担了相应的科研或生产任务。

公司牵头实施的本两项国产航空发动机基础科研项目是大型飞机动力系统的关键零部件，符合该"大型飞机"国家重大科技专项内容。公司符合"科创属性评价标准二"之"独立或者牵头承担与主营业务和核心技术相关的国家重大科技专项项目"的条件。

2. 公司符合"依靠核心技术形成的主要产品（服务），属于国家鼓励、支持和推动的关键设备、关键产品、关键零部件、关键材料等，并实现了进口替代"的条件

（1）公司参与提供了LEAP发动机关键零部件，该发动机使用在国产大飞机C919上，实现了发动机关键零部件的进口替代

我国自主研发的大涵道比涡扇发动机"长江"系列仍处于研制阶段，尚未实现正式交付。目前我国国产的150座干线飞机C919使用进口航空发动机LEAP-1C，该发动机的压气机叶片在发行人开始进口替代之前均由国外供应商提供。

2016年8月，发行人首次向赛峰供货LEAP发动机压气机叶片，至此开始实现该款发动机上压气机叶片国产化0的突破，实现进口替代。目前，公司生产制造的压气机叶片已在LEAP-1A/1C等型发动机上批量应用。公

司依靠核心技术形成的产品实现了进口发动机上关键零部件的进口替代。

（2）公司工程化与产业化能力在推进我国民用发动机关键零部件进程中体现了进口替代作用

我国自主研发并将在国产大飞机替代进口的大涵道比涡扇发动机"长江"系列还依旧处于研发阶段。基于公司较强的工程化与产业化能力，公司积极为"长江"系列发动机研制单位中国航发商发提供叶片、叶盘、涡轮盘、压气机转子组件、压气机毂筒组件等各类关键零部件的工程化技术开发支持。公司承担的长江系列发动机关键零部件的技术开发任务促使我国实现了商用发动机关键零部件的进口替代。

综上，公司符合《科创板企业发行上市申报及推荐暂行规定》第五条第二项"独立或者牵头承担与主营业务和核心技术相关的国家重大科技专项项目"及第四项"依靠核心技术形成的主要产品（服务），属于国家鼓励、支持和推动的关键设备、关键产品、关键零部件、关键材料等，并实现了进口替代"，具有科创属性。

（二）反馈问题

根据首轮问询回复，发行人承担的国家某部门某两项科研项目依然处于中前期，暂时没有形成新的专利等成果，也未形成新增营业收入。请发行人说明：相关科研项目的预计进展，包括技术成果、对主营业务的贡献等。请保荐机构就上述项目及进展情况是否符合《上海证券交易所科创板企业发行上市申报及推荐暂行规定》相关要求进行核查并发表明确意见。

（三）发行人及中介机构回复

一、发行人说明

（一）相关科研项目的预计进展

该两项科研项目在立项时间、进度预期和完成节点等方面较为一致，相关项目推进正在有条不紊的进行中，2020 年将完成部分工艺评审，预计 2021 年底完成。

（二）技术成果

该两项研究项目将针对"大型飞机"专项中航空发动机所需部件开展技术研究，公司研究过程中自主形成的专利、专有工艺方案、制造技术等均由公司独立享有。公司预计将形成各类研究和技术总结报告、叶片精锻技术标准、预计将申请 4 个以上发明专利，形成 4 篇以上科技论文，培养锻炼精锻叶片骨干技术人才 3~5 名。

（三）对主营业务的贡献

自主研制具有独立自主知识产权的国产发动机是国家"两机专项"的战略目标。公司牵头承担的前述两项科研项目实施成功后，将提高公司整体工艺技术水平，有助于公司成为国产发动机的重要供应商，增厚公司收益，为主营业务做出较为明显的贡献。

二、保荐机构就上述项目及进展情况符合《上海证券交易所科创板企业发行上市申报及推荐暂行规定》相关要求所进行核查及核查意见

《上海证券交易所科创板企业发行上市申报及推荐暂行规定》第五条规定："具备下列情形之一，科技创新能力突出的发行人，不受前条规定的科创属性指标的限制，支持和鼓励其按照《指引》的规定申报科创板发行上市：……（三）独立或者牵头承担与主营业务和核心技术相关的"国家重大科技专项"项目；……"

2019 年，公司牵头承担了某两项航空发动机基础科研项目，国防科工局已对公司承担该两项项目予以批复。根据该批复，公司是该两个项目的牵头承担单位，目前项目正在有条不紊的推进过程中。

该两项项目均为"国家科技重大专项——大型飞机"中航空发动机所需部件开展的研究项目，与公司主营业务"航空发动机关键零部件研发、生产及销售业务"及精锻近净成形等核心技术密切相关。

根据国家重大科技专项官方网站（nmp.gov.cn）的公告，国家重大科技专项包括"大型飞机"，其目标包括国产大型飞机动力系统的设计、开发和制造。根据国防科工局对公司牵头承担该两个项目的批复文件，及保荐机构对大型飞机动力系统长江 1000 发动机总冶金师的访谈确认，公司牵头实施的本两项国家级航空发动机基础科研项目属于"国家科技重大专项"。

针对公司牵头承担与主营业务和核心技术相关的国家重大科技专项项目并符合《科创板企业发行上市申报及推荐暂行规定》第五条第（三）项的相关情况，保荐机构对发行人董事长、相关技术人员等进行了访谈，查阅了发行人正在从事的研发项目资料；由符合相关保密资质要求的人员查询了公司承接国家项目相关资料，查阅了国防科工局对公司承担该两项

目予以批复的文件，与任职于"国家科技重大专项－大型飞机专项"中动力系统的主要承接单位——中航商发的长江1000总冶金师进行了访谈确认，查阅了国家重大科技专项官方网站（nmp.gov.cn）相关公告内容并与公司牵头承接的国家项目进行比对分析，并对该项目与发行人核心技术和主营业务的相关性进行了比对确认。

经核查，保荐机构认为上述项目及进展情况符合《科创板企业发行上市申报及推荐暂行规定》第五条第三项"独立或者牵头承担与主营业务和核心技术相关的国家重大科技专项项目"的定义，因此符合《上海证券交易所科创板企业发行上市申报及推荐暂行规定》的相关要求。

（四）案例点评

拟在科创板上市的企业，需要重点关注企业自身是否符合《上海证券交易所科创板企业发行上市申报及推荐暂行规定》《科创属性评价指引（试行）》规定的科创属性特征，发行人与中介机构在确认申报哪个板块时就应论证明确。

因科创属性问题被否决的情况经常出现，如下。

（1）上交所对上海泰坦科技股份有限公司作出不同意其在科创板发行上市的决定，否决的原因在于上海泰坦科技股份有限公司未能准确披露业务模式和业务实质，以及未能准确披露其核心技术及其先进性和主要依靠核心技术开展生产经营的情况。

（2）长沙兴嘉生物工程股份有限公司申请科创板IPO未予审核通过。据长沙兴嘉生物工程股份有限公司披露的相关信息，公司不属于科创板"生物医药"行业定位。根据《高新技术企业认定管理办法》之附件《国家重点支持的高新技术领域》，发行人主要产品属于"二、生物与新医药"之"（七）农业生物技术"之"2.畜禽水产优良新品种与健康养殖技术"之"安全、优质、专用新型饲料、饲料添加剂"，因此，长沙兴嘉生物工程股份有限公司修订相关申报材料，并将公司所属行业重新定位为《上海证券交易所科创板企业发行上市申报及推荐暂行规定》之"第三条"之"（七）符合科创板定位的其他领域"。

（3）成都苑东生物制药股份有限公司（以下简称"苑东生物"）是一家从事化学原料药和化学药制剂的研发、生产与销售的医药制造企业，其主营业务是创新药和仿制药的研发和产业化。2019年4月3日，苑东生物披露科创板 IPO 申报文件，苑东生物在此后三个月历经上交所四轮项目审核问询，苑东生物在当年 8 月底撤回申报材料，终止 IPO 审核，其亦成为科创板首家医药制造业 IPO 终止审核企业。上交所关于苑东生物核心技术的问询贯穿项目审核全程。在首轮问询中，苑东生物被要求说明相关技术在国内领先的认定依据，同时要求披露核心技术是自主研发、合作研发还是外部采购等问题；第二轮问询要求苑东生物审慎判断以仿制药为收入来源的情形是否符合科创板定位；第三轮问询仍然要求苑东生物说明现有的首家化学仿制药、通过仿制药质量和疗效一致性评价的产品是否属于"市场潜力大、临床价值高"的产品。同时，在审核中，在研 1 类新药引起了特别关注。苑东生物在研产品的 7 个 1 类新药中有 2 个已进入临床试验阶段，其中，CX3002 项目正在 I 期临床，优格列汀片正在 II 期临床。苑东生物披露 CX3002 的知识产权存在共有的情况；在第四轮问询中，要求苑东生物补充说明发行人对核心技术中共有专利和合作研发是否存在依赖以及纠纷，苑东生物认为 CX3002 项目所涉及的 24 项专利中只有 1 项为共有专利而不存在依赖。

《上海证券交易所科创板股票发行上市审核问答》对拟申报企业是否符合科创板定位的解答如下。

《上海证券交易所科创板股票上市规则》规定，上交所对发行上市进行审核。审核事项包括三个方面：一是发行人是否符合发行条件；二是发行人是否符合上市条件；三是发行人的信息披露是否符合要求。在对上述事项进行审核判断时，将关注发行人是否符合科创板定位。发行人应当对其是否符合科创板定位进行审慎评估，保荐机构应当就发行人是否符合科创板定位进行专业判断。

（1）发行人自我评估的考虑因素。

发行人进行自我评估时，应当尊重科技创新规律、资本市场规律和企业发展规律，并结合自身和行业科技创新实际情况，准确理解、把握科创板定位，重点考虑以下因素：

①所处行业及其技术发展趋势与国家战略的匹配程度；

②企业拥有的核心技术在境内与境外发展水平中所处的位置；

③核心竞争力及其科技创新水平的具体表征，如获得的专业资质和重

要奖项、核心技术人员的科研能力、科研资金的投入情况、取得的研发进展及其成果等；

④保持技术不断创新的机制、技术储备及技术创新的具体安排；

⑤依靠核心技术开展生产经营的实际情况等。

（2）对保荐机构的相关要求。

保荐机构应当根据《上海证券交易所科创板企业上市推荐指引》的相关要求，围绕科创板定位，对发行人自我评估涉及的相关事项进行核查，并结合尽职调查取得的充分证据、资料等，对其是否符合科创板定位作出专业判断，出具专项意见，说明理由和依据、具体的核查内容、核查过程等，并在上市保荐书中简要说明核查结论及依据。

（3）上交所审核中予以关注。

审核问询中，上交所发行上市审核机构将关注发行人的评估是否客观，保荐人的判断是否合理；根据需要，可以向科技创新咨询委员会提出咨询，将其作出的咨询意见作为审核参考。

十四、个人账户流水核查：佰仁医疗（688198）

（一）相关事实

实际控制人通过向发行人转让专利技术、分配利润获得大量资金。

（二）反馈问题

请发行人及实际控制人：（1）向中介机构提供实际控制人及其直系亲属的全部银行账户（包括2012年以来已注销的银行账户）及对应资金流水情况。（2）说明实际控制人及直系亲属的银行账户是否与发行人主要客户及其关联方、员工等存在资金往来，如有请说明原因、资金实际用途并提供依据。（3）说明实际控制人及直系亲属的银行账户是否存在大额或频繁现金取现的情况，如有请说明原因、资金实际用途并提供依据。（4）说明上述资金流水报告期内单笔超过1万元支出、2012年至2015年单笔超过10万元支出的具体情况，包括但不限于各年笔数、累计金额、按照金额区间的分布情况，按照重要资金往来方或具有特殊关系的资金往来方（如发行人员工、主要客户及其关联方、实际控制人的关联方、近亲属或控制的其他企业员工等）不同期间交易金额的分布情况，重要资金往来方或具有特殊关系资金往来方的交易时间、交易金额、资金实际用途并提供依据。（5）对单笔未超过（4）所列金额但是累计金额较大的重要资金往来方，比照（4）的要求进行说明。

请保荐机构、会计师：（1）核查上述情况，详细说明核查方式、核查标准、核查比例、核查证据等是否足以支持核查结论，并将核查证据列表、重要核查证据作为附件。（2）通过亲自取得实际控制人的征信信息或与实际控制人一起去银行查询等方式，核查实际控制人提供的银行账户是否完整。（3）重点核查从发行人处取得资金的实际流向，是否与发行人员工、主要客户及其关联方、实际控制人近亲属或控制的其他企业员工等存在大额资金往来；若是，请通过进一步追查上述人员资金流水，核实资金流向，是否存在间接流向发行人主要客户及其关联方的情况。（4）重点核查有无通过存单或金融资产抵押获得资金，投向信托、资产管理计划，大额或频繁现金存取等情形及相应资金流向。

（三）发行人及中介机构回复

（一）向中介机构提供实际控制人及其直系亲属的全部银行账户（包括2012年以来已注销的银行账户）及对应资金流水情况

公司实际控制人为金磊博士和李凤玲夫妇，实际控制人直系亲属为其女儿金灿，其向中介机构提供的银行账户和资金流水情况如下：

姓名	与实际控制人关系	提供银行账户及资金流水情况
金磊	实际控制人	已提供开立的全部银行账户； 已提供全部银行账户2012年1月1日—2019年6月30日（如开户日期晚于2012年1月1日，则获取开户日期—2019年6月30日）的银行流水。
李凤玲	实际控制人	已提供开立的全部银行账户； 已提供全部银行账户2012年1月1日—2019年6月30日（如开户日期晚于2012年1月1日，则获取开户日期—2019年6月30日）的银行流水。
金灿	实际控制人之女	已提供开立的全部银行账户； 已提供全部银行账户2012年1月1日—2019年6月30日（如开户日期晚于2012年1月1日，则获取开户日期—2019年6月30日）的银行流水。

（二）说明实际控制人及直系亲属的银行账户是否与发行人主要客户及其关联方、员工等存在资金往来，如有请说明原因、资金实际用途并提供依据

1. 实际控制人主要收入及资金用途

2012 年—2019 年 6 月 30 日，实际控制人金磊博士银行账户主要收入来源为佰仁医疗向其支付转让专利技术费 8,000 万元，支付股东分红 3,056.95 万元以及工资及费用报销；实际控制人李凤玲女士主要收入系工资及退休金收入；实际控制人之女金灿主要收入系工资收入。截至目前，实际控制人金磊博士银行账户余额为 1,454.50 万元。实际控制人主要资金用途表格（略）。

（1）收到专利费缴纳所得税情况及购房支出情况

金磊博士在 2014 年—2017 年收到专利费已足额缴纳所得税，并取得了税务局代开具的发票。

2015 年，金磊博士与北京杰宝房地产开发有限责任公司签署了北京市商品房认购书，购买北京市东城区安定门外盛德大厦（盛德紫阙楼盘）住宅楼，面积 94.5 平米，总房价款 737.55 万元，上述购房款已支付完毕并已取得购房发票。2015 年金灿与北京杰宝房地产开发有限责任公司签署了北京市商品房预售合同，购买北京市东城区安定门外盛德大厦（盛德紫阙楼盘）住宅楼，总房价款 1,410.00 万元，上述购房款已支付完毕并已取得购房发票。

（2）天首投资私募理财产品投资（略）

（3）宜信投资私募理财产品投资

2014 年—2015 年，金磊博士对宜信卓越财富投资管理（北京）有限公司（以下简称"宜信投资"）管理的有私募基金（均已备案）进行了股权投资。保荐机构网络查询了金磊博士投资上述有限合伙企业的工商信息，查询了私募基金在中国证券投资基金业协会的私募基金公示信息，获取了出资证明文件，获取了宜信投资系统中查询的金磊博士投资详情。

保荐机构和申报会计师，获取了宜信投资出具的金磊博士认购的理财产品的资产配置分析报告，金磊博士投资的上述私募基金主要通过投资多支标的基金，间接投资已上市、新三板挂牌公司。截至目前，金磊博士上述投资尚有本金余额 600 万元未到期，尚未退出。

（4）上海亿融、上海靖详私募理财产品投资

2014年，金磊博士与上海亿融股权投资基金管理有限公司（以下简称"上海亿融"）签署合伙协议，双方约定金磊博士出资上海丰舜投资管理中心（有限合伙）800万元，并约定了投资期限和收益率，上述合伙协议实质是上海亿融向金磊博士借款，上述投资款用于投资上海市虹口区旧城改造项目。截至目前，还款期限届满，上海亿融尚未归还借款。

2013年，金磊博士签署了上海靖详投资管理合伙企业（有限合伙）（以下简称"上海靖详"）《入伙协议》，金磊博士认购110万元，并约定了投资期限和收益率，上海靖详以FOF形式将资金投向北京信江环境工程有限公司承建的辽源国家矿山公园BT项目。截至目前，还款期限届满，上海靖详尚未归还借款。

（5）北京佰奥辅仁增资

金磊博士持有北京佰奥辅仁医疗投资管理中心（有限合伙）99.87%的股份，出资额为599.22万元，2018年5月、10月，北京佰奥辅仁医疗投资管理中心（有限合伙）分别向公司增资300万元。

2. 金磊博士银行账户资金往来情况

金磊博士2012年—2019年6月30日，主要收入来源系佰仁医疗支付的专利费、分红以及工资及报销费用款项，主要支出包括个人消费支出、购房、向佰奥辅仁增资、私募理财投资。

2012年—2015年，金磊博士与佰仁医疗存在关联资金往来，上述资金往来已于2015年末结清。报告期各期，金磊博士与佰仁医疗不存在关联资金往来。2012年—2019年6月30日，金磊博士资金流水中朋友等其他转账，主要是朋友、同学等因购房等个人原因借款及归还，支付朋友代购外汇款项、人情往来等。

2012年—2015年，金磊博士银行账户往来中购买和赎回银行及信托理财产品金额较大，截至2015年末，金磊博士购买的银行及信托理财产品均到期赎回。2012年—2019年6月30日，金磊博士私募理财投资主要是认购天首投资、宜信投购私募理财产品份额及投资退出。2018年，金磊博士对外债权投资金额1,200万元，并约定偿还期限及借款利息，2019年9月，上述债权投资已收回1,000万元。

（三）说明实际控制人及直系亲属的银行账户是否存在大额或频繁现金取现的情况，如有请说明原因、资金实际用途并提供依据

金磊博士银行账户不存在大额或频繁取现的情况，金磊博士单笔支取现金的金额较小，主要用于个人日常消费支出。

（四）说明上述资金流水报告期内单笔超过 1 万元支出、2012 年至 2015 年单笔超过 10 万元支出的具体情况

1. 金磊博士资金流水具体情况

金磊博士资金流水主要为佰仁医疗支付的专利费、分红及工资报销款项、支付购房款、个人消费支出、投资理财、因购房借款等个人原因发生的转账等。2012 年—2019 年 6 月 30 日，金磊与公司主要客户及关联方不存在资金往来，亦不存在资金间接流向主要客户及关联方的情况。金磊博士银行账户不存在大额或频繁取现的情况，金磊博士单笔支取现金的金额较小，主要用于个人日常消费支出。金磊博士与公司员工、近亲属之间存在少量转账，主要为因购房等给个人原因借款、代报销、代购外汇、借款等发生的资金往来。

2. 李凤玲资金流水具体情况

2012 年—2019 年 6 月 30 日，李凤玲不存在与公司员工、公司主要客户及关联方、实际控制人控制企业员工、与公司重要关联方的资金往来，亦不存在资金间接流向主要客户及关联方的情况。

实际控制人李凤玲银行账户不存在大额或频繁取现的情况，李凤玲银行账户现金支出和存入金额较少，笔数较少，主要用于日常消费。李凤玲与近亲属之间存在 2 笔转账，主要是支付母亲生活费，金额分别为 6.00 万元和 10.00 万元。李凤玲银行支出主要为投资理财、个人消费支出、朋友等因个人原因发生的转账等。

【保荐机构、会计师说明】

（一）核查上述情况，详细说明核查方式、核查标准、核查比例、核查证据等是否足以支持核查结论，并将核查证据列表、重要核查证据作为附件。

保荐机构和申报会计师履行了以下核查程序：1、亲自前往实际控制人及其直系亲属的开户银行打印 2012 年至今的资金流水明细；2、亲自前往中国工商银行、中国农业银行、中国建设银行、中国银行、交通银行、光大银行、招商银行、民生银行、中信银行、北京银行、北京农商银行，查询实

际控制人在该行的开户情况；3、取得实际控制人的征信信息；4、核查了 2016 年—2019 年 6 月 30 日内单笔 1 万元以上及 2012 年至 2015 年单笔 10 万元以上的全部资金流水，查看交易对手方，向实际控制人及直系亲属了解交易对手方身份及交易原因，并与公司员工名册、离职员工名册，公司董监高及及近亲属名单、主要客户及其关联方进行了比对检查其交易对手方；5、获取了实际控制人及其直系亲属主要银行支出的资金实际用途证明资料，如个人所得税缴纳款相关发票、购房协议、购房发票、投资协议等；6、对天首投资进行走访，了解实际控制人金磊的相关投资情况，并获取了天首投资出具的说明文件；7、对天首投资系公司及实际控制人进行网络核查，并查阅了"ST 天首"的公告信息，进一步了解天首投资资金方向；8、获取认购宜信投资私募理财产品的出资凭证，并取得了关于投资方向的说明；对宜信投资的私募基金进行了工商查询，查阅了其基金业协会的公示信息；获取宜信投资出具的资产配置报告，进一步了解宜信投资资金投资方向；9、对 2012 年—2015 年单笔金额低于 10 万但累计交易金额超过 10 万元资金往来进行了核查，对 2016 年—2019 年 6 月 30 日单笔金额低于 1 万元但累计交易金额超过 1 万元资金往来进行了核查，查看了银行流水的交易对手方。

（二）通过亲自取得实际控制人的征信信息或与实际控制人一起去银行查询等方式，核查实际控制人提供的银行账户是否完整。

保荐机构和申报会计师分别委派项目组成员与实际控制人金磊、李凤玲一同前往其全部开户银行，获取全部银行账户 2012 年—2019 年 6 月 30 日（如开户日期晚于 2012 年 1 月 1 日，则获取开户日期—2019 年 6 月 30 日）的银行流水。保荐机构和申报会计师通过分析账户提供方是否提供了包括工资户、还贷户、日常消费户等账户以及交叉核对不同账户之间的交易对手方账户信息等方式复核确认其提供的账户。

保荐机构、申报会计师与实际控制人一同走访了工商银行、建设银行、中国银行、农业银行、交通银行、招商银行、民生银行、光大银行、中信银行、北京银行、北京农商银行，就实际控制人在上述银行开立账户情况进行查询，复核实际控制人提供的银行账户完整性。

保荐机构和申报会计师取得了上述实际控制人的银行账户流水并由其出具已经完整提供银行账户的承诺。

（三）重点核查从发行人处取得资金的实际流向，是否与发行人员工、主要客户及其关联方、实际控制人近亲属或控制的其他企业员工等存在大额资金往来；若是，请通过进一步追查上述人员资金流水，核实资金流向，是否存在间接流向发行人主要客户及其关联方的情况。

保荐机构和申报会计师查阅了实际控制人及其直系亲属全部银行账户 2012 年—2019 年 6 月 30 日的银行流水，经核查，实际控制人从公司取得的资金实际流向主要是购买房屋、投资、缴纳个人所得税。保荐机构和申报会计师向实际控制人获取了购买房屋的发票、购房协议、缴纳所得税的发票、以及相关投资协议和借款协议，经核查，实际控制人不存在直接或间接流向发行人主要客户及其关联方的情况。

保荐机构和申报会计师对实际控制人及其直系亲属 2012 年—2015 年 10 万元以上及 2016 年—2019 年 6 月 30 日 1 万元以上的交易进行了逐笔核查，查看交易对手方信息，向实际控制人及其直系亲属了解交易对手方身份及交易原因，并与公司员工名册、离职员工名册、公司董监高及其近亲属名单、主要经销商及董监高名单进行比对。经核查，实际控制人金磊博士与公司员工、近亲属存在少量转账，主要系员工因购房等个人原因借款，代报销或代购外汇等发生的转账。

（四）重点核查有无通过存单或金融资产抵押获得资金，投向信托、资产管理计划，大额或频繁现金存取等情形及相应资金流向。

保荐机构和申报会计师查阅了实际控制人及其直系亲属全部银行账户 2012 年—2019 年 6 月 30 日的银行流水，经核查，实际控制人及其直系亲属存在购买银行及信托理财产品的情况，且上述理财产品均已收回，不存在通过存单或金融资产抵押获得资金，投向信托和资产管理计划的情况。

经核查，实际控股控制人购买和收回银行和信托理财产品的具体情况如下：（1）金磊博士在 2012 年—2015 年购买的银行和信托理财产品均在 2015 年前收回；（2）李凤玲在 2012 年—2013 年认购的银行理财产品均在 2013 年前已收回，在 2016 年认购理财产品 35 万元在 2017 年已收回。（3）金灿在 2016 年认购的银行理财产品 37 万元在当期已收回。

保荐机构查阅了实际控制人及其直系亲属全部银行账户 2012 年—2019 年 6 月 30 日的银行流水的全部现金存取情况，经核查实际控制人及直系亲属不存在大额或频繁取现的情况。

（四）案例点评

根据证监会发布的《关于进一步提高首次公开发行股票公司财务信息披露质量有关问题的意见》（中国证券监督管理委员会公告〔2012〕第14号）、《会计监管风险提示第4号——首次公开发行股票公司审计》、《关于做好首次公开发行股票公司2012年度财务报告专项检查工作的通知》（发行监管函〔2012〕551号）等文件，保荐机构、申报会计师应对企业资金流水进行核查。

根据《首发业务若干问题解答（2020年6月修订）》，保荐机构、申报会计师应对发行人控股股东、实际控制人、董事、监事、高管等相关人员的个人银行账户流水进行核查。具体规定如下。

保荐机构和申报会计师应当充分评估发行人所处经营环境、行业类型、业务流程、规范运作水平、主要财务数据水平及变动趋势、所处经营环境等因素，确定发行人相关资金流水核查的具体程序和异常标准，以合理保证发行人财务报表不存在重大错报风险。发行人及其控股股东、实际控制人、董事、监事、高管等相关人员应按照诚实信用原则，向中介机构提供完整的银行账户信息，配合中介机构核查资金流水。中介机构应勤勉尽责，采用可靠手段获取核查资料，在确定核查范围、实施核查程序方面保持应有的职业谨慎。在符合银行账户查询相关法律法规的前提下，资金流水核查范围除发行人银行账户资金流水以外，结合发行人实际情况，还可能包括控股股东、实际控制人、发行人主要关联方、董事、监事、高管、关键岗位人员等开立或控制的银行账户资金流水，以及与上述银行账户发生异常往来的发行人关联方及员工开立或控制的银行账户资金流水。

保荐机构和申报会计师在资金流水核查中，应结合重要性原则和支持核查结论需要，重点核查报告期内发生的以下事项：①发行人资金管理相关内部控制制度是否存在较大缺陷；②是否存在银行账户不受发行人控制或未在发行人财务核算中全面反映的情况，是否存在发行人银行开户数量等与业务需要不符的情况；③发行人大额资金往来是否存在重大异常，是否与公司经营活动、资产购置、对外投资等不相匹配；④发行人与控股股东、实际控制人、董事、监事、高管、关键岗位人员等是否存在异常大额资金往来；⑤发行人是否存在大额或频繁取现的情形，是否无合理解释；发行人同一账户或不同账户之间，是否存在金额、日期相近的异常大额资金进出的情形，是否无合理解释；⑥发行人是否存在大额购买无实物形态资产或服务（如商标、专利技术、咨询服务等）的情形，如存在，相关交易的商业合理性是否存在疑问；⑦发行人实际控制人个人账户大额资金往来较多且无合理解释，或者频繁出现大额存现、取现情形；⑧控股股东、实际控制人、董事、监事、高管、关键岗位人员是否从发行人获得大额现金分红款、薪酬或资产转让款、转让发行人股权获得大额股权转让款，主要资金流向或用途存在重大异常；⑨控股股东、实际控制人、董事、监事、高管、关键岗位人员与发行人关联方、客户、供应商是否存在异常大额资金往来；⑩是否存在关联方代发行人收取客户款项或支付供应商款项的情形。

十五、客户集中较高：康平科技（300907）

（一）相关事实

招股说明书披露，报告期内发行人来自第一大客户百得的主营业务收入占比分别为 51.03%、48.77% 和 49.73%，对百得存在重大依赖；来自第二大客户 TTI 的主营业务收入占比分别为 26.86%、32.84% 和 27.44%，存在一定依赖性。

（二）反馈问题

请发行人：（1）结合与百得、TTI 的合作历史、报告期内签订的合作协议的主要条款、销售价格的定价公允性等，补充披露发行人与百得、TTI 的合作协议是否存在不能续期的风险，与上述客户之间是否存在排他约定或特殊利益让渡等安排，并结合上述事项，补充披露关于客户依赖的风险提示；（2）结合百得、TTI 等发行人主要客户所处行业的竞争格局、最新经营情况和财务状况等，补充披露发行人对百得、TTI 的依赖是否对发行人持续经营能力产生重大不利影响。

（三）发行人及中介机构回复

问题 1 回复：

1. 发行人与百得、TTI 具有良好的合作历史发行人于2004年起通过百得考察，进入百得合格供应商体系；于2009年起通过TTI考察，进入TTI合格供应商体系。近年来，发行人对百得、TTI销售收入稳定增长，长期稳固的合作经历使得发行人与百得、TTI形成了互利共赢的合作伙伴关系。

2. 报告期内签订的合作协议的主要条款

（1）百得

发行人与百得签署的主要合同为百得与一般供应商签订的通用格式框架合同，双方关于主要权利义务等的约定属于行业惯例，合作协议中未约定具体交付的产品型号及数量。截至目前，发行人正在履行的与百得签署的主要合作协议如下：

序号	合同名称	签订主体	合同当事人（买方）	签订时间	合同标的	合同价款或报酬	履行期限
1	《委托制造协议》	越南康平	百得	2019-8-30	电机产品/整机产品	未具体约定	至2021年3月，到期后续展，一年一期
2	《战略合作框架协议》	越南康平、康平科技	百得	2019-6-5	电机产品/整机产品	未具体约定	五年，到期后自动续延一年或重新签署
3	《Contract Manufacturing Agreement》	康平科技	百得	2018-7-12	电机产品/整机产品	未具体约定	至2021年6月30日，到期后续期一年

上述协议的具体条款（略）

（2）TTI

发行人与TTI签署的主要合同为TTI与一般供应商签订的通用格式框架合同，双方关于主要权利义务等的约定属于行业惯例，合作协议中未约定具体交付的产品型号及数量。截至目前，发行人正在履行的与TTI签署的主要合作协议如下：

序号	合同名称	签订主体	合同当事人（买方）	签订时间	合同标的	合同价款或报酬	履行期限
1	《Master Supply Agreement》	越南康平	TTI	2019-9-20	电机产品	未具体约定	三年，到期后以年为单位不断续期
2	《Master Supply Agreement》	艾史比特	TTI	2013-11-22	电机产品	未具体约定	三年，到期后以年为单位不断续期

上述合作协议的合作内容、合作方式、终止合作条件、排他性条款或特殊利益让渡等主要条款（略）

3. 销售价格的定价公允性

发行人与百得、TTI 签署的主要合同均为框架性合同，未约定具体产品的型号、数量、价格等。报告期内，发行人基于汇率、原材料成本变化等因素与百得、TTI 进行产品定价和议价，经双方充分协商后，对产品销售定价达成一致。

发行人获取了部分与发行人拥有相同主要客户的上市公司的销售价格定价机制，发行人与上述上市公司和主要客户间的定价机制不存在明显差异，具体如下：

公司（客户）	销售模式	定价、议价和调价机制
康平科技（客户 TTI）	直销模式	2017 年年末基于年内主要原材料漆包线的采购成本以及美元汇率等，协商对本年度内电机产品进行重新定价。具体操作方式为：TTI 与艾史比特约定基准日铜价和美元兑人民币汇率并在报告期内保持不变，如艾史比特因铜价下降和人民币贬值获得额外收益，经双方协商确定给予 TTI 销售折扣的具体数额，并相应冲减收入，以达到对本年内销售产品进行重新定价的目的。2018 年至今，双方定价系根据对应年度的铜价及汇率水平综合确定产品销售价格

续表

公司（客户）	销售模式	定价、议价和调价机制
深圳贝仕达克（客户 TTI）	直销模式（包括国内销售、深加工结转和直接出口三种销售方式）	次年年初，公司根据原材料价格波动、设备投入、人力成本投入等因素与该客户进行议价，双方协商确定上年度销售返利最终金额。

注：贝仕达克数据来源于其招股说明书。

发行人与百得、TTI 的产品价格基于合理的定价、议价和调价机制，与其他供应商的定价、议价机制不存在明显差异，且经发行人与百得、TTI 协商一致后确定，故发行人与百得、TTI 的产品销售价格具备定价公允性。

综上，发行人与百得、TTI 合作均超过十年，合作时间较长且合作良好；发行人与百得、TTI 正在履行的协议均为长期框架性协议，双方关于主要权利义务等的约定属于行业惯例，未约定排他性条款或特殊利益让渡等安排；百得、TTI 可在合作协议到期后根据《合同法》的一般原则可以决定是否续期，但自双方合作起至今从未发生不能续约的情况；发行人与百得、TTI 的合作协议不能续期的风险较低。发行人与百得、TTI 基于合理定价、议价和调价机制，并经双方协商后确定产品销售定价，定价具备一定公允性。

问题 2 回复：

1. 电动工具行业竞争格局稳定，百得、TTI 行业龙头地位突出

发行人主要产品为电动工具用电机及电动工具整机。经过多年发展，全球电动工具行业已形成较为稳定的竞争格局，百得、TTI、博世、牧田、麦太保等大型跨国企业占据了高端市场的主要份额。百得、TTI 在全球电动工具行业处于龙头地位，根据中国电器工业协会电动工具分会主办的《行业通讯》的数据，百得在 2018 年全球电动工具市场占有率约 32.6%，TTI 占有率约 22.6%，二者合计约 55.2%。考虑到行业龙头市场占有率较高，公司客户集中符合行业竞争态势，具备合理性。

2. 百得、TTI 经营情况和财务状况良好

2019 年度，百得实现营业收入 144 亿美元，净利润 9.58 亿美元，其中工具及存储业务实现收入 101 亿美元；TTI 实现营业收入 77 亿美元，净利润 6.15 亿美元，其中电动工具业务实现收入 68 亿美元；百得、TTI 经营情况和财务状况良好。

3. 同行业公司主要客户依赖情况

电动工具零部件供应商中下游客户同为行业内主要整机品牌厂商的公司有：深圳贝仕达克技术股份有限公司（以下简称"深圳贝仕达克"）、扬州海昌新材股份有限公司（以下简称"海昌新材"，拟上市企业）、广东金霸智能科技股份有限公司（以下简称"金霸智能"，已在全国中小企业股份转让系统终止挂牌），其客户集中度均较高。上述公司的第一大客户和前两大客户集中度情况与发行人对比如下：

项目	年度	2019 年度	2018 年度	2017 年度
第一大客户占比	本公司（百得）	49.73%	48.77%	51.03%
	深圳贝仕达克[注1]（TTI）	77.95%	83.49%	80.18%
	金霸智能[注2]（TTI）	/	57.79%	48.63%
	海昌新材[注3]（百得）	54.78%	55.70%	53.18%
前两大客户占比	本公司（百得、TTI）	77.17%	81.60%	77.89%
	深圳贝仕达克（TTI、亚马逊）	93.72%	92.88%	93.89%
	金霸智能（TTI、九阳股份）	/	77.02%	66.38%
	海昌新材（百得、博世）	65.77%	67.12%	67.53%

注 1：深圳贝仕达克数据来源于其招股说明书，为营业收入占比。深圳贝仕达克主营业务为智能控制器及智能产品的研发、生产和销售。公司智能控制器主要应用于电动工具领域，包括电机控制器和锂电池控制器，并向智能家居、汽车电机等领域拓展。2017 年度—2019 年度，深圳贝仕达克电动工具控制器收入占比超过 65%。

注 2：金霸智能数据来源于其年度报告，为营业收入占比。金霸智能主营业务为微型电机的研发、生产和销售，其产品广泛应用于家用家电、电动工具、航天模型及汽车等各个行业；将其披露的前五大客户中同一实际人控制的企业进行了合并计算。金霸智能已于 2019 年 8 月在全国中小企业股份转让系统终止挂牌。

注 3：海昌新材数据来源于其招股说明书，为营业收入占比，2019 年数据已更新为全年数据。海昌新材主营业务为粉末冶金制品的研发、生产和销售，应用领域包括电动工具、汽车、办公设备和家电等。电动工具零部件是公司销售收入的主要来源，报告期内占比稳定在 90% 左右。

综合上述与同行业公司的比较，发行人客户集中度较高符合电动工具行业终端品牌商较为集中的行业特性。

综上，电动工具行业竞争格局稳定，发行人主要客户百得、TTI 系电动工具行业龙头企业；百得、TTI 经营情况和财务状况良好，近年来业绩增长良好，不存在重大不确定性。发行人与百得、TTI 不存在关联关系，与其合作时间超过十年，业务合作关系稳定并具有一定可持续性。发行人与百得、TTI 的依赖关系具有一定相互性，双方协同发展，共同促进业务增长。根据与同行业可比公司的对比，对大客户的集中程度较高符合行业特性。因而发行人对于百得、TTI 的依赖不会对发行人持续经营能力造成重大不利影响。

（四）案例点评

《首发业务若干问题解答（2020 年 6 月修订）》关于客户集中的解答如下。

部分首发企业客户集中度较高，如向单一大客户销售收入或毛利占比超过 50%，在何种情况下不构成重大不利影响？

发行人来自单一大客户主营业务收入或毛利贡献占比超过 50% 的，表明发行人对该单一大客户存在重大依赖，但是否构成重大不利影响，应重点关注客户的稳定性和业务持续性，是否存在重大不确定性风险，在此基础上合理判断。

对于非因行业特殊性、行业普遍性导致客户集中度偏高的，保荐机构应充分考虑该单一大客户是否为关联方或者存在重大不确定性客户，是否为异常新增客户；客户高度集中是否可能导致对其未来持续盈利能力存在重大不确定性的重大疑虑，进而影响是否符合发行条件的判断。

对于发行人由于下游客户的行业分布集中而导致的客户集中具备合理性的特殊行业（如电力、电网、电信、石油、银行、军工等行业），发行人应与同行业可比上市公司进行比较，充分说明客户集中是否符合行业特性，发行人与客户的合作关系是否具有一定的历史基础，有充分的证据表明发行人采用公开、公平的手段或方式独立获取业务，相关的业务具有稳定性以及可持续性，并予以充分的信息披露。

针对因上述特殊行业分布或行业产业链关系导致发行人客户集中情况，

中介机构应当综合分析考量以下因素的影响：一是发行人客户集中的原因，与行业经营特点是否一致，是否存在下游行业较为分散而发行人自身客户较为集中的情况及其合理性。二是发行人客户在其行业中的地位、透明度与经营状况，是否存在重大不确定性风险。三是发行人与客户合作的历史、业务稳定性及可持续性，相关交易的定价原则及公允性。四是发行人与重大客户是否存在关联关系，发行人的业务获取方式是否影响独立性，发行人是否具备独立面向市场获取业务的能力。

同时，保荐机构应当提供充分的依据说明上述客户本身不存在重大不确定性，发行人已与其建立长期稳定的合作关系，客户集中具有行业普遍性，发行人在客户稳定性与业务持续性方面没有重大风险。发行人应在招股说明书中披露上述情况，充分揭示客户集中度较高可能带来的风险。符合上述要求，一般不认为对发行条件构成重大不利影响。

十六、募集资金补流：通源环境（688679）

（一）相关事实

招股说明书披露，发行人本次拟募集资金 46,492.62 万元，其中 40,000.00 万元用于补充流动资金，6,492.62 万元用于技术中心建设项目。

（二）反馈问题

请发行人说明：（1）募集资金重点投向科技创新领域的具体安排，与发行人现有主要业务、核心技术之间的关系；（2）结合公司经营、财务状况、行业特点等进一步说明募集资金主要用于补充流动资金的合理性及必要性。请保荐机构核查并发表明确意见。

（三）发行人及中介机构回复

1. 募集资金重点投向科技创新领域的具体安排，与发行人现有主要业务、核心技术之间的关系

（1）募集资金重点投向科技创新领域的具体安排

本次发行募集资金，公司将紧密围绕公司固废污染阻隔修复、固废处理处置、水环境修复三大业务发展需求，结合行业最新科技发展趋势和新政策、标准的变化，着力提升公司的技术研发水平，增强公司创新能力，巩固公司的竞争优势。主要包括以下方面：

1) 公司将在现有研发技术中心的基础上，引入仿真模拟实验室、研发合成实验室、分析检测实验室、装备设计及工艺集成实验室和智慧运营实验室等研发相关专用仪器设备，进一步增强研发、试验和检测能力，为公司技术创新提供软硬件支持和实验保障。

2) 加强高层次人才的引进，同时建立更为完善的应用型专业人才培养体系，增强对研发人员的指导与培训，提升研发人员专业技能及综合素质，以适应企业自身工艺技术研究及产业应用需求。

3) 对现有技术和工艺进行改进和升级以及开展新技术、新产品、新工艺的研发和攻关工作，不断完善固废污染阻隔修复、固废处理处置、水环境修复三大业务领域核心技术体系。

在固废污染阻隔修复领域，公司将持续围绕"风险管控、生态修复"的治理目标，以目前的固废污染阻隔修复技术体系为基础，进一步向土壤、场地修复方向拓展，包括针对污染物浓度较高的工矿业污染土壤，开发高效土壤重金属固化稳定剂，降低污染地块修复的时间和成本；开发温控炭化转热脱附处理土壤污染物装备技术，通过热能的传导进入污染土壤内外，对污染土壤中的有机物形成高温蒸汽压，并通过土壤孔隙形成流动气体达到有机物与土壤分离，实现土壤中有机污染去除等。

在固废处理处置领域，公司将继续以固废"减量化、无害化、资源化"为目标，进一步开展污泥处理处置技术研发，以污泥性质和消纳途径为出发点，进行工艺优化、装备升级，拓展产物利用途径等；结合目前城市有机固体废弃物来源广泛、成分复杂、处置难度大等问题，开展有机废弃物协同处置工艺集成及技术研发，解决当前处理技术下选址分散、投资高、占地大、资源循环利用率低等问题；依托目前的在建的废油、废酸综合利用项目，开展含油污染物（危废）的蒸馏分析及油品调质研究、废酸的组分分析及除杂分析研究、煤焦油组分分析及相应的处理工艺研究等。

在水环境修复领域，公司将以现有的河道底泥一体化处理处置技术、水生态构建及调控技术为支撑，进一步开展流域水环境综合整治集成技术研发，研究污染源控制及水环境质量之间的关系，针对各个影响因素有针对性的开展污染源控制技术、智慧运营技术研发，包括合流制溢流、底泥修复、水体提质增容、装备设计制造等。

（2）与发行人现有主要业务、核心技术之间的关系

公司本次募集资金的应用，均围绕主营业务开展，与现有业务、核心技术紧密相关。

其中，技术中心建设项目公司将在现有研发技术中心的基础上，进一步升级研发软硬件设施，改善研发条件，增强研发、试验和检测能力，未来重点对现有技术和工艺进行改进和升级以及开展新业务和新技术领域的前瞻性研究等，能够有效提升公司的技术研发水平，增强技术成果转化能力，不断完善公司固废污染阻隔修复、固废处理处置、水环境修复三大业务领域的核心技术体系，巩固和增强公司的行业地位，为公司未来可持续发展奠定良好基础。

补充流动资金项目能够显著增强公司的资金实力，有效解决公司业务规模增长带来的资金压力，提高公司承揽项目的成功率，不断扩大业务规模和增强技术研发投入，推进公司主营业务快速发展。同时对于环保类企业，业务是核心技术的最终载体，公司只有在不断的业务实践中，才能不断总结现有技术的不足，并发行新的技术需求，从而持续改进和完善现有核心技术体系。

2. 补充流动资金的合理性及必要性

（1）公司所处行业具有资金密集型特点

公司所处的生态保护和环境治理行业具有显著的资金密集型的特征，该特征体现在业务实施的各个环节中，如招投标环节需要开具投标保函或支付投标保证金，部分项目尤其是金额较大的工程项目会将公司注册资本、净资产规模作为招投标评分中的重要考核指标之一；合同签署环节通常要求提交合同金额一定比例的履约保证金，一般在项目终验、结算审计后才能返还；施工环节需垫付材料款、施工款等各项费用，施工完成后客户还将保留一定比例的质量保证金。同时，由于环境治理项目建设周期普遍较长，行业下游客户大多以工程完工进度进行结算，且结算进度与公司支付采购款、垫付项目资金的进度并不一致，造成行业具有资金回收期较长，周转速度较慢等经营特点。资金密集型特征决定了行业内企业需要大量的营运资金以满足项目经营需要。

（2）公司业务快速发展需求

近年随着国家对环保问题重视程度的提高，生态保护与环境治理市场需求持续加大。2017年度、2018年度和2019年度，公司分别实现营业收入42,264.75万元、59,676.49万元和77,381.61万元，2019年度较2017年度增长83.09%。2017年末、2018年末和2019年末，公司应收账款账面余额分别为30,751.07万元、41,498.26万元和41,790.00万元，公司存货账面余额分别为9,174.83万元、10,584.67万元和11,501.05万元，日常经营中对营运资金的需求进一步增加。同时公司以BOT模式、BOO模式承担环保项目，该类项目投资金额较大，资金回收期较长，其中2019年末以BOT模式形成的长期应收款账面余额为8,757.12万元，以BOO模式承担的废油、废乳化液处理处置项目、废酸处理处置项目投入的固定资产及在建工程金额为11,796.12万元。

通过本次募集资金补充流动资金储备不仅有利于保障正在和即将履行项目的顺利实施，也能够满足公司不断业务扩张的资金需求，有助于公司把握市场机遇进一步提升公司竞争实力。

（3）改善公司财务结构的需要

目前公司获取资金的渠道主要依靠股东投入和银行借款，规模有限，资金成本高。截至2019年末，公司长期借款和短期借款余额合计19,368.24万元，资产负债率50.23%。公司利用本次公开发行股票募集资金补充部分运营资金，可以改善公司资本结构，增加公司净资产规模，降低资产负债率和偿债风险。

（4）满足持续研发投入的需求

近年随着国家对环保日趋重视，我国生态保护和环境治理行业的市场需求呈现快速增长的态势，尤其是许多新领域的市场需求迅猛增加，对污染防治技术的质量、效率以及装备的自动化、智能化水平等要素的要求也越来越高，行业技术更新日益迅速。为把握市场机遇，紧随行业技术步伐，报告期内公司研发投入持续增长，2017、2018和2019年度公司研发投入金额分别为1,412.70万元、2,002.25万元和3,087.01万元。未来随着公司业务拓展的需求，公司的研发队伍和研发投入将进一步加大，研发资金需求将进一步快速增长。

经核查，保荐机构认为：发行人募投项目重点投项符合实际情况，发行人募集资金主要用于补充流动资金具有合理性和必要性。

（四）案例点评

监管机构对于 IPO 募集资金用于补充流动资金，只规定超募资金、闲置募集资金暂时用于补充流动资金的具体要求，并未规定补充流动资金的其他要求。关于募集资金用于补充流动资金的反馈问题主要集中在"说明补充流动资金的测算依据""说明补充流动资金的必要性及充分性""说明补充流动资金对公司财务状况及经营成果的影响""说明补充流动资金对提升公司核心竞争力的作用"等方面。

除上述规定外，对 IPO 募集资金用于补充流动资金的限制性规定主要是：除金融等行业外，募资不得用于财务投资等禁止性用途。从法律逻辑上来看，未禁止的行为是可以作为的。因此，IPO 募集资金用于补充流动资金并不属于禁止的行为。

IPO 企业在披露募集资金用途中，经常出现比例不等的募集资金用于补充流动资金的情况，可见不存在比例限制的说法，更不存在豁免之类的规定或做法。作为 IPO 企业，在设计募投项目方案时应作充分论证，使之"经得起推敲，耐得住问询"。

第 3 章 对 2019 年至 2020 年 26 家未通过的企业提出询问的主要问题汇总

2019 年监管机构审核通过 247 家企业，未通过 19 家企业。

2020 年监管机构审核通过 342 家企业，未通过 7 家企业。

26 家未通过企业名单如表 4–3–1 所示。（信息来源于证监会、上交所、深交所网站）

表 4–3–1 26 家被否企业时间及名称

序号	时间	拟上市企业名称
1	2019 年 1 月 29 日	信利光电股份有限公司
2	2019 年 1 月 29 日	南通超达装备股份有限公司
3	2019 年 3 月 26 日	杭州天元宠物用品股份有限公司
4	2019 年 4 月 11 日	苏州规划设计研究院股份有限公司
5	2019 年 6 月 6 日	西安瑞联新材料股份有限公司（第二次申报科创板通过）
6	2019 年 6 月 20 日	广东申菱环境系统股份有限公司
7	2019 年 6 月 20 日	北京生泰尔科技股份有限公司
8	2019 年 6 月 27 日	深圳警翼智能科技股份有限公司
9	2019 年 6 月 27 日	上海奕瑞光电子科技股份有限公司
10	2019 年 7 月 11 日	江西 3L 医用制品集团股份有限公司（第二次被否，在 2015 年第一次被否）
11	2019 年 7 月 18 日	深圳市中孚泰文化建筑建设股份有限公司
12	2019 年 7 月 18 日	江苏扬瑞新型材料股份有限公司

序号	时间	拟上市企业名称
13	2019 年 7 月 25 日	上海艾融软件股份有限公司（第二次申报全国股转系统精选层通过）
14	2019 年 8 月 22 日	广东泰恩康医药股份有限公司
15	2019 年 9 月 5 日	北京国科环宇科技股份有限公司
16	2019 年 9 月 26 日	上海泰坦科技股份有限公司
17	2019 年 9 月 27 日	海湾环境科技（北京）股份有限公司
18	2019 年 10 月 11 日	北京墨迹风云科技股份有限公司
19	2019 年 11 月 14 日	博拉网络股份有限公司
20	2020 年 1 月 9 日	北京嘉曼服饰股份有限公司
21	2020 年 7 月 30 日	山东兆物网络技术股份有限公司
22	2020 年 8 月 13 日	深圳威迈斯新能源股份有限公司
23	2020 年 9 月 1 日	精英数智科技股份有限公司
24	2020 年 10 月 29 日	周六福珠宝股份有限公司
25	2020 年 11 月 11 日	江苏网进科技股份有限公司
26	2020 年 11 月 26 日	长沙兴嘉生物工程股份有限公司

发审委会议提出询问的主要问题如下所述。

（一）信利光电股份有限公司

1. 请发行人代表说明：（1）发行人和信利半导体是否构成同业竞争；（2）报告期各期重合的供应商和客户销售和采购价格是否存在不公允的情形；（3）报告期内各项关联交易的必要性和合理性。请保荐代表人说明核查依据、过程并发表明确核查意见。

2. 发行人报告期内营业收入和扣非归母净利润波动较大。请发行人代表说明：（1）各期收入和净利润波动不一致的原因及其合理性；（2）导致 2017 年度经营业绩发生大幅下滑的因素是否均已消除，对金卓通信应收账款坏账准备计提是否足够充分；（3）2018 年度业绩回升是否具有稳定性和持续性；（4）发行人针对业绩波动或下滑采取的应对措施，相关风险是否充分揭示。请保荐代表人说明核查依据、过程并发表明确核查意见。

3.报告期内，发行人及其控股子公司信元光电未足额缴纳社会保险金，住房公积金缴纳比例较低。请发行人代表：（1）说明前述未足额缴纳社会保险金尤其是住房公积金缴纳比例过低的原因及合理性，缴存比例较低是否会构成重大违法行为；（2）针对上述未为全部员工缴纳住房公积金及社会保险的情况，按照法律规定的相关缴费基数与缴费比例进行测算应补缴的相关金额及对发行人净利润的影响，并说明是否构成本次发行上市的障碍；（3）说明报告期职工人数减少的原因及合理性。请保荐代表人说明核查依据、过程并发表明确核查意见。

4.报告期步步高和欧珀2家公司始终为发行人主要客户，客户集中度较高，发行人向这两家公司同时存在采购和销售。请发行人代表说明：（1）与步步高和欧珀同时进行采购和销售的商业合理性，是否对其存在重大依赖；（2）前述交易是否系发行人受托加工的行为而非属于购销关系；（3）发行人与上述2家公司签订最新采购协议的期限，继续开展合作是否存在风险。请保荐代表人说明核查依据、过程并发表明确核查意见。

5.发行人与深圳市汇顶科技股份公司涉及相关专利诉讼。请发行人代表说明：（1）案件受理情况和基本案情、诉讼请求等相关内容，同时结合提起诉讼具体内容进一步说明上述涉诉专利不构成核心专利的依据是否充分，汇顶科技提请赔偿的事实和理由，发行人目前作出的最多赔偿1,211.33万元的判断依据是否充分；（2）发行人报告期内与涉诉专利有关产品的生产、销售及目前存货及订单情况；（3）目前该涉诉案件的进展情况，是否会涉及发行人其他与思立微合作的其他专利，是否会对发行人的业务经营和未来发展产生重大不利影响，是否对发行人的持续盈利能力造成重大不利影响。请保荐代表人说明核查依据、过程并发表明确核查意见。

（二）南通超达装备股份有限公司

1.发行人报告期存在大额取现用于支付加工费及其他零星采购款、支付员工工资和报销款的情形，成本归集和分配、产成品流转、委外加工方面内控制度存在薄弱环节。请发行人代表说明：（1）大额现金收支的原因，实际控制人及其控制的账户大额现金取现的用途；现金支付加工费用和其他现金交易的原因，现金管理内控制度整改及整改后运行时间、运行效果；（2）成本归集和分配、产成品流转、委外加工方面成本核算相关内控制度存在薄弱环节的原因及整改情况。请保荐代表人说明核查依据、过程并发表明确核查意见。

2. 报告期发行人外销收入占比约 50%，其中对美国销售收入占营业收入的比例持续上升，报告期函证回函收入比例偏低。请发行人代表说明：（1）海外主要客户的获取方式、交易背景，有关大额合同订单的签订依据、执行过程；（2）境内外销售毛利率差异的原因及合理性；（3）出口报关单载明的运保费和实际结算的运保费存在较大差异的原因及合理性；（4）2018 年 9 月 24 日美国加征关税后新接美国地区订单较去年同期下滑，是否会对持续盈利能力造成重大不利影响，应对措施情况；（5）回函确认收入占外销收入比例偏低的原因及合理性，执行相关替代核查程序是否充分。请保荐代表人说明核查依据、过程并发表明确核查意见。

3. 报告期发行人应收账款、存货账面价值较高且逐期增长。请发行人代表说明：（1）报告期延长部分订单付款周期对应的客户情况，延长付款期的原因及合理性，上述延长付款期应收账款是否应单独计提坏账准备；（2）发出商品余额较高，且存在账龄较长发出商品的原因及合理性，发出商品的盘点情况，存货跌价准备计提是否充分。请保荐代表人说明核查依据、过程并发表明确核查意见。

4. 报告期内，发行人实际控制人冯建军近亲属冯建国、冯宏亮控股的苏州宏阳宇模具、威震天机械经营范围与发行人相同或相似，且存在重合客户。请发行人代表说明：（1）上述 2 家公司与发行人是否存在同业竞争或利益输送的情形；（2）在冯建国、冯宏亮拒绝提供任何资料的情况下，关于"宏阳宇模具、威震天机械人员、资产、产能、出口规模等远小于超达装备"的结论是否准确、依据是否充分。请保荐代表人说明核查依据、过程并发表明确核查意见。

5. 冯丽丽系实际控制人冯建军之妹，其直接并通过众达投资持有发行人的股份，2016 年 12 月，天津汽车模具股份有限公司公告关于发行股份购买公司资产并募集配套资金暨关联交易报告书（草案）中将冯丽丽认定为冯建军与冯峰的一致行动人。请发行人代表说明冯丽丽及众达投资是否应认定为实际控制人的一致行动人，相关信息披露是否准确。请保荐代表人说明核查依据、过程并发表明确核查意见。

（三）杭州天元宠物用品股份有限公司

1. 发行人产品主要以ODM/OEM贴牌方式在境外销售，报告期ODM/OEM销售模式下产品收入占比呈逐年上升趋势。请发行人代表说明：（1）发行人与外协厂商在产品生产各个环节的具体作用及地位、合同中关于权利义务的约定及实际履行情况，外协加工产品规模显著高于自主生产产品的原因及合理性，是否可持续；（2）外协厂商的选取标准及管理制度，部分主要外协厂商成立后不久即成为发行人外协生产厂商的合理性，外协厂商的规模、生产能力和发行人外协生产的匹配性；（3）外协定价依据及公允性，是否存在外协厂商、供应商为发行人分摊成本、承担费用的情形；（4）报告期主要外协厂商、供应商是否存在差异，是否与发行人、实际控制人、董监高及其他关联方存在关联关系；（5）猫爬架生产线调整的具体情况，对发行人产能的影响，未充分利用自有产能的原因及合理性；（6）自主品牌毛利率高于ODM/OEM模式的原因及合理性，在自产产品毛利率显著高于外协产品毛利率的背景下，外协产品销售金额占比逐年大幅上升的原因及合理性；境内境外销售毛利率、自产产品和外协产品毛利率是否存在差异及其合理性，报告期综合毛利率与可比公司差异的原因及合理性，成本、销售价格、产品品种等各方面的敏感性影响。请保荐代表人说明核查依据、过程并发表明确核查意见。

2. 发行人称"设计研发"为其核心竞争优势之一。请发行人代表说明：（1）设计研发为发行人核心竞争优势具体表现，发行人整体设计的主要内容，设计研发模式、设计研发团队、报告期设计研发支出、设计成果及在产品中的具体体现，对比分析可比公司及发行人委托设计、自主设计等情况，是否与其披露的"设计研发"核心竞争力相匹配；（2）部分局部性和节点性的设计内容委托设计公司或外部设计师完成，具体包括哪些内容，该部分设计内容委托设计和自行设计各自所占比例，是否属于行业惯例；（3）发行人获取的113项专利的性质、内容，获取方式；（4）招股说明书相关信息披露内容是否真实、准确，是否有可验证的证据支持。请保荐代表人说明核查依据、过程并发表明确核查意见。

3. 发行人在三板挂牌期间相关的信息披露与本次招股书披露内容在前五名客户销售和前五名供应商采购情况存在差异，且2015年自产和外协前

5 名供应商及采购金额均存在一定差异。请发行人代表说明：（1）新三板挂牌期间信息披露遗漏关联交易等事项的具体内容及原因，相应的整改情况和整改效果；（2）自产和外协前五名供应商及采购金额存在较大差异的原因，期末暂估金额的主要内容，每家供应商的具体情况，差异金额和比例的计算依据；（3）关联方及关联交易的披露是否真实、准确、完整，是否存在应披露而未披露的其他事项；（4）发行人是否建立健全相关内部控制制度保证会计信息和关联方认定、披露的真实、准确、完整。请保荐代表人说明核查依据、过程并发表明确核查意见。

4.2017 年、2018 年发行人境内收入大幅增长，主营业务毛利率呈下滑趋势。请发行人代表说明：（1）境内销售收入的具体构成，并定量分析对比 2017 年、2018 年度境内收入大幅增长的原因，是否与同行业可比公司变化趋势基本一致；（2）对宠物窝垫下调价格的原因及合理性，与同行业可比公司是否一致；（3）毛利率下滑的原因及合理性，导致毛利率下滑的因素是否持续存在，对经营业绩和持续盈利能力是否构成重大不利影响，相关风险是否充分披露；（4）国际贸易形势的转变对未来经营业绩的影响，是否对发行人产生重大不利影响。请保荐代表人说明核查依据、过程并发表明确核查意见。

5.2012 年发行人先后购买了王平喜、郝波所控制的北京酷迪、北京派服、上海宠爱三家子公司，2014 年发行人又将上述三家子公司出售给王平喜、郝波。请发行人代表说明：（1）购买北京酷迪等前述三家子公司后又由原出售人购回的原因及商业合理性，采用不同定价政策的原因及对发行人的影响；（2）王平喜、郝波与发行人及其股东、高管人员、客户及供应商等是否存在关联关系。请保荐代表人说明核查依据、过程并发表明确核查意见。

（四）苏州规划设计研究院股份有限公司

1. 发行人以规划和工程设计业务为主。请发行人代表：（1）说明房地产行业长期调控、政府机构改革、公共预算紧缩对公司业务、经营模式及持续盈利能力的影响，发行人的应对措施；（2）结合目前以区域性规划设计业务为主的态势，说明发行人和全国同行业相比的行业竞争优势和核心竞争力，区域外市场竞争可能面临的挑战和不足。请保荐代表人说明核查依据、过程并发表明确核查意见。

2.发行人采用完工百分比法确认收入，在规划设计和工程设计中根据合同约定的结算金额确认分阶段收入。请发行人代表：（1）结合规划设计和工程设计各阶段收入确认时点，说明报告期确认收入对应的前期已签合同量、当期新增合同量项下各收入确认节点分别对应的收入情况，各阶段收入波动与合同量是否匹配；（2）结合报告期各期末实际工作量的情况，对比具体项目合同约定的结算比例，说明资金结算比例是否能够反映各阶段工作量的合理性，以及是否符合相关会计准则规定的依据；（3）说明报告期各季度确认的收入情况，分析其波动情况及原因；（4）说明相关合同是否均与客户约定有明确的分阶段结算比例，具体确定依据，不同客户约定的资金结算比例是否一致，约定的结算金额与完工进度是否存在一致性及其依据，是否存在利用结算金额进行收入和利润跨期调节的情形；（5）说明相关合同收费情况在不同阶段差异较大的原因，与客户商定不同阶段收费标准的具体原则及是否存在一致性；（6）说明报告期决算工时和预算工时是否存在差异，如存在差异，如何保证合同约定的结算金额与施工进度一致；（7）说明发行人总体规划业务的获取方式，收入占比较高的原因，该业务是否具有持续性和稳定性。请保荐代表人说明核查依据、过程并发表明确核查意见。

3.发行人报告期内毛利率持续上升，省外规划业务毛利率显著低于省内项目，可比上市公司毛利率持续下降，报告期建筑工程设计业务毛利率明显低于同行业平均水平。请发行人代表：（1）说明各类型规划设计项目单价，分析对应的收费标准来源及可比性，2017—2018年镇总体规划类别单价异常的原因；（2）结合相同区域可比上市公司启迪设计业务类型、人均创收、人均薪酬、成本构成等差异情况，说明工程设计毛利率低于同行业的原因及合理性；（3）说明发行人主营业务的成本收入构成中人工成本占比数据的计算方式，成本较低的各项因素影响程度及其合理性，与其人均薪酬占人均创收比例的差异情况及原因；（4）结合同行业可比公司、市场竞争状况、行业地位等说明规划设计业务毛利率较高的原因及合理性，特别是显著高于同行业可比公司深圳新城市的原因及合理性；（5）说明总体规划、控制性详细规划、修建性详细规划的毛利率是否存在差异及原因，省外规划业务毛利率显著低于省内项目的原因；（6）结合 2019 年一季度发行人收入规模、毛利率、净利润率情况，说明发行人在 2019 年度是否存在业绩下滑的风险。请保荐代表人说明核查依据、过程并发表明确核查意见。

4. 改制为有限公司之前，发行人前身为苏州市规划局下属单位，报告期苏州市规划局及其下属单位为发行人第一大客户。请发行人代表说明：（1）报告期发行人参与招投标的具体情况，通过投标和直接委托获得项目的数量、占比和对应项目金额等情况，与同行业可比上市公司相比有无明显差异；（2）报告期发行人分别通过投标和直接委托获得苏州市规划局及其下属单位项目的数量、占比和对应项目金额等情况，占其对外发标项目数量和金额的比例情况；（3）发行人与苏州市规划局及其下属单位交易的定价机制和付款条款与非苏州市规划局及其下属单位相比是否存在重大差异，报告期内苏州市规划局及其下属单位是否均按照约定及时支付款项，是否存在推迟支付或者发行人放宽信用政策的情形；（4）发行人与苏州市规划局及其下属单位交易单价与报告期发行人报告期单价情况有无明显差异；（5）发行人对苏州市规划局及其下属单位是否存在重大依赖，其他客户的开拓方式和稳定性，是否存在影响发行人持续盈利能力的重大不利情形，发行人主要应对措施。请保荐代表人说明核查依据、过程并发表明确核查意见。

5. 报告期发行人存在应履行而未履行招投标程序的项目，且惠州分公司曾受到行政处罚。请发行人代表说明：（1）合同投标和中标过程中，是否发生与招投标相关的费用；（2）过往及正在履行的招标合同中存在招标程序瑕疵的业务合同，相关款项的回收期及回收情况，是否存在后续无法回收款项等情形；（3）客户未履行招投标程序或获得上级主管部门批准，发行人是否需承担相应责任，发行人是否涉及不正当竞争或其他不规范事项；（4）是否存在配合发包方通过分拆等形式规避招投标程序承接业务的情形；（5）未履行招投标程序签订的合同是否有被认定为无效的法律风险，是否存在合同被撤销风险，是否存在法律纠纷或潜在纠纷，相关内控机制是否健全并有效运行。请保荐代表人说明核查依据、过程并发表明确核查意见。

（五）西安瑞联新材料股份有限公司

1. 发行人实际控制人之一刘晓春曾担任中国瑞联及其关联方深圳瑞联、

宁波屹东的董事及高管，并曾持有深圳瑞联股权。请发行人代表：（1）说明2015年发行人核销深圳市盈方泰科技发展有限公司676.06万元应收账款的合理性，是否损害发行人及其他股东利益；（2）说明2015年5月刘晓春转让所持深圳瑞联股权时的原因、转让真实性；（3）结合刘晓春的收入来源及债权债务情况，说明偿还2958万元补偿款的资金来源，是否具有偿债能力，是否会影响实际控制人的稳定性。请保荐代表人说明核查依据、过程并明确发表核查意见。

2. 发行人曾向江苏御尊房地产开发有限公司提供借款，并通过供应商向控股股东关联方博信达拆出资金。请发行人代表说明：（1）发行人向江苏御尊提供借款的原因及合理性；（2）发行人通过供应商向博信达拆出资金的原因及合理性，是否履行相应的审批程序；（3）发行人资金管理制度是否完整，发行人财务是否独立，相关内控是否健全并有效运行。请保荐代表人说明核查依据、过程并明确发表核查意见。

3. 山西义诺等11家企业为发行人的外协厂商和原材料供应商，部分未取得相关资质。请发行人代表说明：（1）发行人选择山西义诺提供外协加工服务的原因及必要性，是否符合商业逻辑；（2）外协供应商定价存在差异的原因及合理性，是否存在关联关系，是否存在为发行人分担成本费用的情形；（3）山西义诺股权转让的真实性，未将山西义诺纳入发行人体系的原因及合理性，是否存在股份代持安排，是否存在关联交易非关联化情形；（4）山东瑞辰2017年9月收购山西义诺的价格，主要资产构成，短期内两次转让定价存在重大差异的原因及合理性，采购后向山东瑞辰采购金额快速增长的原因及合理性，是否存在关联关系，是否存在利益输送；（5）发行人是否存在利用外协采购规避环保风险和安全生产风险的情形。请保荐代表人说明核查依据、过程并明确发表核查意见。

4. 发行人报告期内综合毛利率整体水平高于同行业可比上市公司，除液晶材料以外的其他产品毛利率各期波动变化较大。请发行人代表：（1）对比同行业可比上市公司同类产品毛利率情况，结合产品定价、客户、产品结构、原材料价格波动及成本构成等方面，说明毛利率高于同行业可比上市公司的原因、合理性及可持续性；结合期间费用占收入比重，分析说明净利率与同行业可比上市公司的差异、原因及合理性；（2）说明在主要产品显示材料价格总体呈下降趋势的态势下，OLED 材料毛利率自 2017 年快速上升的原因及合理性；（3）说明电子化学品 2018 年度毛利率低于 2016 和 2017 年度的原因及合理性；（4）结合行业发展趋势、技术更新、竞争对手情况、发行人技术及竞争优势等，说明发行人未来业务发展及盈利能力的可持续性；（5）说明 2019 年上半年业绩预计情况，2019 年一季度医药中间体产品 PA0045 销量、毛利率大幅提升的原因及合理性。请保荐代表人说明核查依据、过程并明确发表核查意见。

5. 发行人报告期内销售方式包括贸易商模式和直销模式，存在通过市场拓展服务机构拓展业务并支付相关费用的情形。请发行人代表说明：（1）贸易商模式下各产品销售毛利率显著高于生产企业直销毛利率的商业合理性，贸易商合理贸易利润的体现方式和依据；（2）贸易商类客户是否专门销售发行人产品，主要贸易商是否与发行人及其大股东、关联方、董监高是否存在关联关系；（3）市场拓展咨询服务机构所提供服务的主要内容，相关费用计提的依据，与相关产品销售收入是否匹配；报告期部分服务机构未持续提供服务的原因及商业合理性；通过市场拓展咨询服务机构拓展业务的必要性，其所支付的咨询服务费比例与同行业可比公司相比是否存在差异。请保荐代表人说明核查依据、过程并明确发表核意见。

（六）广东申菱环境系统股份有限公司

1. 报告期内，发行人收入逐年增长，毛利率较为平稳。请发行人代表说明：（1）业绩大幅增长的原因及合理性，与同行业可比公司变动趋势是否一致；（2）发行人与华为公司的合作历史及背景，对华为公司销售的毛利率较同类产品其他客户较低的原因及合理性；（3）发行人对华为是否存在重大依赖，与华为公司的合作是否具有可持续性；（4）工业空调毛利率较低、特种空调与公建机商用空调毛利率稍高的原因及合理性，与同行业可比公司相比是否存在差异；（5）服务收入与空调销售不相匹配的原因，发行人服务费的定价标准，远低于同行业上市公司的原因及合理性；（6）原材料采购数量与产量是否匹配、价格是否公允，董事陈忠斌控制的企业向发行人主要供应商采购是否与自身规模相匹配，是否存在为发行人承担成本费用、利益输送或其他利益安排等情况。请保荐代表人说明核查依据、过程并发表明确核查意见。

2.报告期内，发行人政府补助金额较高。请发行人代表：（1）结合"广七号线西延拆迁专项奖励补偿款"、"三旧改造补偿项目"等搬迁补偿项目拆迁协议文书、政府拆迁改造工作意见文件等，说明上述补偿款会计处理是否符合企业会计准则；（2）说明政府补助是否可持续，发行人的经营成果对政府补助是否有重大依赖，是否存在后续追偿的可能性。请保荐代表人说明核查依据、过程并发表明确核查意见。

3.发行人各报告期末应收款项余额逐年增加，占收入比重较高，且逾期金额也逐年增加。请发行人代表：（1）结合销售金额、合同付款进度约定、客户规模、信用政策等情况，说明期末余额大幅增长的原因及合理性，逾期金额大幅增长的原因及合理性；（2）说明应收款占收入比例与同行业可比公司是否存在差异、差异的原因及合理性；（3）说明应收账款增幅与营业收入增幅不一致且余额较高的原因；（4）说明应收账款单项计提是否充分，应收账款管理内部控制的具体措施是否有效。请保荐代表人说明核查依据、过程并发表明确核查意见。

4.发行人实际控制人之一崔颖琦及监事会主席欧兆铭涉及多起受贿罪案件。请发行人代表说明：（1）发行人及其实际控制人、董监高是否涉嫌犯罪被司法机关立案侦查，购买土地、项目立项、申请科技专项扶持资金是否合法合规；（2）发行人内控制度是否健全并有效运行，保证生产经营合法合规性的制度安排及风险防范措施，相关信息披露是否真实、准确、完整、及时。请保荐代表人说明核查依据、过程并发表明确核查意见。

（七）北京生泰尔科技股份有限公司

1.报告期内，发行人客户集中度较低；同时，销售模式以直销为主，经销为辅。请发行人代表：（1）结合主要产品在牲畜养殖过程中的具体作用、用药成本和效益测算等情况，说明大型养殖企业与中小型养殖户采购发行人产品的原因、必要性及合理性，直销收入的真实性、可持续性；（2）说明大型养殖企业和中小型养殖户对发行人的采购规模与其同期养殖规模的匹配关系，同类品种的养殖客户在采购品种上存在差异的原因及合理性；（3）说明相同产品向大型养殖企业和中小型养殖户销售单价差异较大的原因及合理性；同类产品销售给直销客户和经销客户的单价差异较大的原因及合理性；（4）说明各期末主要经销商的库存及终端销售情况，报告期内经销收入的真实性、合理性；（5）说明 2016 年、2017 年第三方回款比例较高的原因及合理性，是否符合行业惯例，相关交易是否真实、可验证，2018 年大幅降低第三方回款的主要措施及有效性，相关内控制度是否健全并有效执行。请保荐代表人说明核查依据、过程，并发表明确核查意见。

2. 报告期内，发行人毛利率逐期下滑。请发行人代表：（1）结合产品结构、定价机制、价格及成本波动情况，说明主要产品毛利率变动的原因及合理性，与同行业可比公司同类产品毛利率情况是否一致；（2）说明部分产品（例如 0.1% 水产用复合预混合饲料）销售给大型养殖企业的单价低于中小型养殖户，但销售给大型养殖企业的毛利率高于中小型养殖户的原因及合理性；（3）结合 2019 年 1 季度情况，说明主要产品毛利率是否呈下滑趋势，对发行人持续盈利能力的影响。请保荐代表人说明核查依据、过程，并发表明确核查意见。

3. 请发行人代表：（1）结合报告期内推广费用的明细构成，说明推广费用发生的真实性、合理性，国际旅行社作为推广会服务商的原因及合理性，是否存在实际交易与开票内容不符的情况；（2）结合同行业可比公司、北京地区拟上市企业的平均工资水平，说明发行人目前董监高、员工人均薪酬水平的合理性，是否可持续，是否存在通过压缩人工成本、费用等方式调节利润的情形。请保荐代表人说明核查依据、过程，并发表明确核查意见。

4. 发行人原材料供应商数量较多，且集中度不高，部分供应商为个人、农村合作社等主体。请发行人代表说明：（1）报告期内主要原材料采购价格的确定依据，采购价格及变动与同期市场价格及变动趋势是否一致，价格是否公允；（2）供应商销售原材料是否具备相关业务资质，发行人对原材料质量控制的具体措施，相关内控制度是否健全并有效执行；（3）向个人、农村合作社等供应商采购过程中的开票、结算、支付、物流等具体情况，采购交易的规范性、真实性和可验证性。请保荐代表人说明核查依据、过程，并发表明确核查意见。

（八）深圳警翼智能科技股份有限公司

1. 报告期发行人经销收入占比较高，经销商变化较大。请发行人代表结合行业特征和行业可比公司，说明发行人经销占比较高及经销商销售大幅波动的合理性与可比性，年度新增和退出数量较大的原因与合理性，前10大经销商大比例变化的原因及合理性，是否对发行人销售的稳定性带来重大不利影响。请保荐代表人说明核查依据、过程并发表明确核查意见。

2. 报告期内，发行人技术服务费占直销收入比重约为三分之一。请发行人代表说明：（1）技术服务的主要内容，直销方式下采用外购技术服务模式的合理性及必要性，是否属于行业惯例；（2）技术服务定价的依据及公允性，相同类型技术服务定价是否存在不一致的情形及原因；（3）技术服务费的增长幅度超过直销收入增长幅度的原因及合理性，是否存在跨期确认的情形；（4）与技术服务商相关的内控制度和防范商业贿赂、不正当竞争所采取的措施，相关制度是否健全并有效执行，是否存在违反相关规定而被给予行政处罚的情形。请保荐代表人说明核查依据、过程并发表明确核查意见。

3. 发行人主要采用外协和ODM整机采购方式组织生产。请发行人代表说明：（1）采用较大比例外协和ODM整机采购的必要性、合理性，是否为行业惯例，发行人的生产经营和业务链条是否完整、独立，是否对外协或ODM整机采购商存在重大依赖；（2）上海通铭是否具备向公安等终端客户销售执法记录仪的资质，是否与发行人存在竞争关系，发行人是否对上海通铭存在重大技术依赖；（3）报告期发行人向上海通铭采购量大幅增加的合理性，毛利率及定价的合理性，是否存在利益输送；（4）发行人对4G执法记录仪逐渐由ODM整机采购转为自主生产的原因及合理性、是否具备可行的技术和生产条件，自主生产与ODM两种模式对发行人生产经营及财务状况的影响。请保荐代表人说明核查依据、过程并发表明确核查意见。

4. 报告期内，发行人主营业务毛利率较高，直销与经销毛利率差异较大。请发行人代表：（1）说明发行人高毛利率及其波动的合理性，维持高毛利率的可持续性；（2）结合产品具体类别、技术差异、产品替代、应用领域、销售区域、价格差别等，进一步说明与可比上市公司毛利率水平存在差异的原因及合理性；（3）说明同一类型产品通过直销和经销渠道销售毛利率存在较大差异的原因及合理性；发行人对经销商是否存在终端销售指导价及具体情况；针对同类产品，经销商的终端销售价格与直销价格是否存在较大差异及商业合理性。请保荐代表人说明核查依据、过程并发表明确核查意见。

（九）上海奕瑞光电子科技股份有限公司

1. 请发行人代表：（1）说明魅丽纬叶、视涯、箩箕、菲森等 4 家关联方与发行人是否存在同业竞争，报告期内持续亏损的原因及合理性，与发行人在采购、销售或研发上是否存在资产、人员混同或为发行人分担成本、费用情形；（2）说明主要股东与主要客户蓝韵实业及关联方发生资金往来的原因及合理性；（3）结合蓝韵实业自身经营和重组情况，说明与蓝韵实业交易的真实性、合理性，交易价格公允性，是否存在利益输送；（4）说明发行人对蓝韵实业采取 100% 预收款结算方式的原因，蓝韵实业曾经存在大额应收账款长期未收回的情况下仍继续进行交易的原因及合理性。请保荐代表人说明核查依据、过程并发表明确核查意见。

2. 发行人 2018 年扣非后净利润下降，报告期内主营业务毛利率存在波动。请发行人代表说明：（1）各种产品毛利率变动的原因及合理性；结合上海联影发展情况说明对其销售毛利率较低的原因和合理性，是否具有稳定性和可持续性；（2）报告期内主要产品单价持续大幅下降的原因及合理性，主要产品的生命周期，未来的产品储备和应对措施，主要产品未来价格的变动趋势及对发行人未来经营效益是否构成重大不利影响；（3）2018年扣非后净利润下降的主要原因，结合 2019 年 1 季度业绩及 2019 年上半年业绩预测，说明相关不利因素是否已经消除，未来是否存在持续下滑的可能性。请保荐代表人说明核查依据、过程并发表明确核查意见。

3. 请发行人代表说明：（1）向深天马独家采购 TFT SENSOR 的必要性、合理性，是否符合行业惯例，采购价格的公允性，是否存在利益输送等；（2）与深天马合作的稳定性和可持续性，是否对深天马构成重大依赖，对发行人持续盈利能力是否构成重大不确定性，发行人的应对措施。请保荐代表人说明核查依据、过程并发表明确核查意见。

4. 报告期内，发行人对美国销售收入占比较高。请发行人代表：（1）说明关税加征后至今，出口美国产品的价格、关税、销售收入、净利润、毛利率的变化情况，主要客户及销售量的变化情况，对经营业绩的影响程度；

（2）说明发行人与美国主要客户沟通协商的具体情况，包括是否转移关税成本等，相关做法是否符合两国法律法规的规定；（3）结合2019年在手订单、主要客户沟通情况、与美国市场同类产品的竞争情况等，说明未来对美国产品出口的趋势和可能发生的重大变化，国际贸易形势的转变对发行人经营状况及财务状况的影响以及拟采取的应对措施。请保荐代表人说明核查依据、过程并发表明确核查意见。

5.请发行人代表说明：（1）申报前一年新增股东上海慨闻、上海辰岱、苏州辰知的出资人及合伙事务管理人情况，与发行人大股东、董监高、供应商及客户等是否存在关联关系或其他利益关系；（2）同时间、同批次入股但入股价格不一致的原因及合理性，2015年两次股权激励价格差异较大的原因及合理性。请保荐代表人说明核查依据、过程并发表明确核查意见。

（十）江西3L医用制品集团股份有限公司

1.请发行人代表说明：前次首发申请未通过发审会审核相关事项的整改落实情况，报告期内是否发生类似问题，现有内控制度是否健全且有效运行。请保荐代表人说明核查依据、过程并发表明确核查意见，说明对报告期内发行人收入真实性的核查过程及核查结论。

2.发行人报告期内以直销为主，经销模式销售占比逐年提升。请发行人代表说明：（1）医院或医院各科室自行采购中客户的获得方式、客户的稳定性，是否存在商业贿赂情形；（2）经销商大幅变动的原因及合理性，经销模式下产品的终端销售实现情况，是否存在通过经销商囤货调节收入的情形，经销终端价格与发行人直销价格是否存在较大差异及合理性；（3）部分原直销客户转为经销商客户的原因及合理性，是否存在规避商业贿赂的情况；（4）未签订合同或协议客户的收入确认依据及方法，相关内控制度是否执行到位；（5）销售费用率显著高于行业可比公司平均水平的原因及合理性，销售费用报销相关内控制度是否健全并有效执行；（6）业务宣传费逐年增加的原因，是否存在以业务宣传名义进行商业贿赂等不正当竞争的情况。请保荐代表人说明核查依据、过程并发表明确核查意见。

3.发行人各报告期末应收账款余额占同期营业收入的比例较高。请发行人代表说明：（1）各期末应收账款余额占同期营业收入比例较高的原因，与行业可比公司是否存在差异及合理性；（2）应收账款变动比例与主营业务收入变动比例不一致的原因，超出信用期应收账款余额逐年增加、增长幅度远高于收入和应收账款余额增长幅度的原因及合理性；（3）发行人报告期是否存在变更信用政策调节收入规模的情形；（4）应收账款坏账准备计提比例低于行业可比公司的原因及合理性，是否存在少计提坏账准备调节利润的情况；（5）应收票据中商业承兑汇票未计提坏账的合理性。请保荐代表人说明核查依据、过程并发表明确核查意见。

4. 报告期内，发行人综合毛利率高于行业可比公司平均水平，直销与经销模式毛利率存在差异。请发行人代表：（1）结合销售模式、产品结构、产品售价及单位成本等情况，说明发行人综合毛利率显著高于行业可比公司平均水平的原因及合理性；（2）说明不同类别产品在直销与经销模式下毛利率存在差异的原因及合理性；（3）说明经销毛利率显著高于行业平均水平的原因。请保荐代表人说明核查依据、过程并发表明确核查意见。

5. 发行人报告期内存在因产品质量问题受到行政处罚的情形。请发行人代表说明：（1）相关产品不合格是否导致严重的社会后果、是否属于社会影响恶劣的事件；（2）国家药品监督管理局 2019 年 6 月通告公司生产的 1 批次颅脑手术薄膜水蒸气透过性不符合标准规定的具体情况以及整改措施；（3）发行人是否存在承担民事赔偿责任的情形和潜在风险，产品质量内控措施是否健全并有效执行。请保荐代表人说明核查依据、过程并发表明确核查意见。

（十一）深圳市中孚泰文化建筑建设股份有限公司

1. 发行人报告期内存在一笔串投标行为被行政处罚。请发行人代表说明：（1）行政处罚的具体事项是否构成重大违法违规行为，发行人是否对招投标行为进行自查，以及落实整改情况；（2）发行人关于招投标相关制度建设，是否完善健全，是否能有效避免违反《招标投标法》相关规定及商业贿赂等情形。请保荐代表人说明核查依据、过程并发表明确核查意见。

2. 报告期，发行人按成本法确认完工进度。请发行人代表说明：（1）采取成本法确认完工百分比的原因及合理性，与若按照工作量法确认完工百分比存在的差异情况，以及按工作量法测算完工进度的依据、过程；（2）成本核算内控制度是否健全有效，报告期内各工程项目的完工百分比的确认依据是否充分合理，成本投入与实际施工进度是否匹配，是否存在虚增完工百分比提前确认收入的情形，部分项目完工百分比与回款进度差异较大的原因；（3）发行人工程项目延期中因客户资金延迟支付、验收流程延迟的主要原因，是否会影响发行人收入的确认和款项的回收，是否存在控制工程进度从而调节收入的情形；（4）发行人收入季节性较强的原因及合理性。请保荐代表人说明核查依据、过程并发表明确核查意见，并对报告期期后对项目材料仓库和实物耗用情况进行现场盘点并倒推期末材料结存的原因及合理性发表明确核查意见。

3.报告期，发行人综合毛利率高于同行业可比公司。请发行人代表说明：（1）总包项目毛利率显著高于业主项目的商业合理性，与同行业可比公司是否一致，是否符合行业惯例；（2）邀标项目毛利率高于公开招标项目毛利率的原因及合理性；（3）总承包管理模式的具体内容，报告期主要项目涉及的政府财政部门审核确认的专业工程招标控制价格、管理费标准及支付方式，以及对各项目毛利率的具体影响；（4）劳务成本占比较高，是否与同行业公司情况一致，劳务成本发生的真实性、合理性，是否存在通过劳务分包公司调节成本的情形。请保荐代表人说明核查依据、过程并发表明确核查意见。

4.发行人应收账款余额占比较大，且呈上升趋势。请发行人代表说明：（1）应收账款余额较大以及逐年增加的原因及合理性，坏账准备计提是否充分；（2）报告期内部分前十大客户回款进度较慢的原因，目前最新的回款进展情况，是否存在无法收回的风险；（3）报告期内逾期应收账款账龄较长的原因，逾期账款坏账准备计提是否充分。请保荐代表人说明核查依据、过程并发表明确核查意见。

5.请发行人代表：（1）结合发行人实际控制人及亲属控制的企业报告期内的经营情况，说明前述关联方是否存在为发行人分担成本、费用的情形；（2）说明万盖美式股权受让方的资金来源及合理性，是否存在关联方非关联化的情形。请保荐代表人说明核查依据、过程并发表明确核查意见。

（十二）江苏扬瑞新型材料股份有限公司

1.报告期发行人对第一大客户奥瑞金销售占比较高，2016年奥瑞金通过间接持股100%的子公司鸿辉新材受让发行人4.9%的股份，目前奥瑞金第一大客户中国红牛股东中泰双方股东因经营期限纠纷发生诉讼。请发行人代表说明：（1）奥瑞金通过子公司鸿辉新材入股发行人的商业合理性，入股价格是否公允，是否存在故意规避关联方认定的情形是否存在其他利益安排；（2）发行人的业务获取方式，罗刚因中国香港身份由方雪明和薛秀代持晨继化工股权的合理性，2014 年至 2016 年发行人通过晨继化工／苏州震茂将粉末涂料销售给奥瑞金以此进入红牛罐供应商体系的商业合理性，是否违反相关规定，是否存在潜在风险；（3）2016 年 9 月奥瑞金入股后不再通过晨继化工向奥瑞金销售粉末涂料而改为直销模式，且入股后销售占比提高的原因及合理性，是否存在潜在纠纷；（4）报告期各期对奥瑞金销售定价，部分产品发行人向其他客户的销售单价与奥瑞金差异较大原因及合理性，发行人向奥瑞金销售红牛罐用涂料价格高于向其他客户销售同类涂料产品价格的原因及合理性；（5）报告期内发行人及其子公司、发行人实际控制人的企业与奥瑞金及原龙投资发生的大额资金拆借、商品销售以及资产出售等事项的必要性、合理性及其公允性；（6）发行人实际控制人收购福建鼎盛境内外资产后，短期内又拟向奥瑞金拆分其中境外资产的商业合理性，前后两次交易价格的定价依据，转让价格的公允性，是否涉及利益输送；（7）截至目前中国红牛及奥瑞金的涉诉事宜进展情况，奥瑞金涉诉事宜是否对发行人的持续盈利能力造成重大不利影响，应对可能的诉讼不利后果所采取的应对措施及其有效性；（8）发行人与奥瑞金报告期各期销售占比较高且不断提升是否符合行业经营特点，发行人与奥瑞金之间的交易是否具有可持续性和稳定性，是否对奥瑞金存在重大依赖，相关的应对措施，相关风险揭示是否充分；（9）发行人主要客户 2018 年业绩大幅下滑的原因及其合理性，是否对发行人持续盈利能力构成重大不利影响；（10）对发行人、董监高、实际控制人、主要股东及关联方与奥瑞金、董监高、奥瑞金的控股股东、实际控制人及关联方资金往来的专项核查情况。请保荐代表人说明核查依据、过程并发表明确核查意见。

2. 发行人实际控制人陈勇曾在发行人竞争对手苏州 PPG 任职十余年，2012 年 1 月陈勇从苏州 PPG 离职。请发行人代表说明：（1）发行人实际控制人在苏州 PPG 任职期间，于 2006 年投资设立与苏州 PPG 存在相似业务的发行人前身，是否符合发行人与 PPG 公司的相关约定，原任职单位是否知悉并同意陈勇的投资行为；（2）2007 年陈勇股份由其弟媳代持的原因及商业合理性；（3）发行人业务发展过程，与实际控制人曾任职单位是否存在相关性，是否利用职务便利给予发行人利益，是否存在损害所任职单位利益的情形；（4）发行人核心技术的形成、发展过程，现有各项核心技术的研发人员，发行人核心竞争优势的具体体现。请保荐代表人说明核查依据、过程并发表明确核查意见。

3. 发行人实际控制人陈勇控制的众多公司从事金属易拉盖、铝片的研发、生产和销售，报告期内与发行人存在关联交易，同时与发行人存在客户重叠情形。请发行人代表说明：（1）发行人未将产业链上的金属易拉盖、铝片加工业务整合进入发行人业务实现整体上市的原因及合理性，是否符合行业惯例；（2）关联方向发行人的共同客户销售易拉盖等产品的定价依据；（3）山东博瑞特经营情况。向其销售涂料价格高于其他主要客户销售同款涂料价格的原因；（4）报告期关联方资金拆借的原因、履行的内部程序，对山东博瑞特的资金拆出于 2017 年 11 月才进行清偿的原因，是否满足首发相关规定。请保荐代表人说明核查依据、过程并发表明确核查意见。

4. 报告期昇兴集团为发行人前五大客户之一，报告期内发行人存在向昇兴昆明、昇兴北京、昇兴山东采购涂料的情形。请发行人代表说明：（1）昇兴集团的基本情况，昇兴集团不被认定为发行人的关联方依据是否充分，是否符合实际情况；（2）发行人与昇兴集团的交易内容、交易金额及交易必要性，交易定价依据及公允性；（3）2016 年和 2017 年发行人向昇兴集团销售的粉末涂料相比其他供应商价格较高的原因和合理性；（4）2018 年发行人对昇兴集团粉末涂料的销售价格下调，而向非关联客户销售价格没有一同下调的原因；（5）除对昇兴集团和奥瑞金涂料销售返利外，发行人对其他客户无销售返利及折让等优惠安排的原因和商业合理性；（6）与包括昇兴集团等主要客户部分采用第三方回款的原因。请保荐代表人说明核查依据、过程并发表明确核查意见。

5. 报告期发行人综合毛利率较高，2018 年度下降明显。请发行人代表说明：（1）2018 年毛利率下降的原因及其合理性，导致毛利率下降的因素是否持续或已消除，毛利率是否存在持续下降的风险；（2）整体综合毛利率明显高于同行业公司的原因及其合理性。请保荐代表人说明核查依据、过程并发表明确核查意见。

（十三）上海艾融软件股份有限公司

1. 报告期内，发行人综合毛利率、净利润率均高于同行业可比上市公司水平。请发行人代表说明：（1）报告期内综合毛利率、净利率显著高于同行业可比上市公司的原因及合理性；（2）发行人与客户约定人月单价的确定依据，不同客户人月单价差异较大的原因及合理性，部分项目人月单价高于同行业可比公司水平的原因及合理性，是否符合行业惯例；（3）各期有效人月工作量的确认依据，发行人获取额外工作量奖励的确定依据及合理性，在持续性项目中通过调整人员结构控制成本支出而客户未调整支付对价的合理性；（4）发行人人均薪酬、技术及研究人员人均成本低于同行业可比上市公司的原因及合理性；（5）研发资源人员级别的划分标准，与同行业可比公司是否一致，报告期内发行人研发资源人员级别变动情况。请保荐代表人说明核查依据、过程并发表明确核查意见。

2. 发行人报告期前五大客户收入占比较高。请发行人代表：（1）说明主要客户占比较高是否属于行业惯例，发行人对主要客户是否存在重大依赖；（2）结合行业竞争、市场情况、与主要客户的合作历史、订单获取方式等，说明发行人的核心竞争力、市场开拓能力、与主要客户的稳定性及可持续性；（3）说明订单获取过程是否合法合规，是否存在商业贿赂或不正当竞争等情形。请保荐代表人说明核查依据、过程并发表明确核查意见。

3. 发行人实际控制人为吴臻、张岩，控制的企业较多，部分员工为关联方钱先生、钱咸升等公司办理辅助性的行政事务并在其报销费用。请发行人代表说明：（1）共同控制人吴臻与张岩意见不一致情形下的解决机制，是否能确保实际控制人对发行人的有效控制以及发行人公司治理的规范性、有效性；（2）关联公司报告期内实际从事的业务情况及主要财务数据，与发行人是否存在同业竞争，在资产、人员、办公场地、技术、客户、供应商方面与发行人的关系，是否存在与发行人共同采购、销售的情形，是否存在为发行人分担成本、费用等情形；（3）发行人员工为关联方办理事务并由关联方报销费用的原因、具体情况、整改措施及效果。请保荐代表人说明核查依据、过程并发表明确核查意见。

4. 报告期，发行人子公司上海宜签与公安部第一研究所进行居民身份证认证业务合作。请发行人代表说明：（1）上海宜签与公安部及其下属机构的合作具体内容、收益分成安排、合作期限以及期限届满后续期是否存在障碍；（2）公安部第一研究所及发行人进行有偿身份认证业务的合法合规性，上海宜签对所获得的身份信息的保密制度及相关安排，是否存在纠纷及潜在纠纷。请保荐代表人说明核查依据、过程并发表明确核查意见。

（十四）广东泰恩康医药股份有限公司

1. 报告期内，发行人以代理业务收入为主。请发行人代表：（1）结合核心代理产品的市场竞争力、授权厂商代理合同期限及续期条件、《进口药品注册证书》再注册等因素，说明发行人核心代理产品授权的稳定性、代理业务的可持续性；（2）说明报告期内核心代理产品的销售收入及变化情况；（3）结合代理与自产产品的业务结构、自产产品的销售情况与市场前景、在研项目储备等，说明发行人的核心竞争力及竞争优势，未来业务发展重点及可持续性。请保荐代表人说明核查依据、过程并发表明确核查意见。

2. 请发行人代表：（1）结合其仿制药销售情况，说明"一致性评价"政策对发行人未来业绩的影响及应对措施；（2）结合报告期内处方药销售客户的构成情况，说明"带量采购"政策对发行人生产经营的具体影响，发行人代理的核心原研药未来被替代或大幅降价的风险；（3）说明"两票制"政策实施后，发行人经销商（配送商）模式、产品售价、毛利率、信用政策、市场推广等方面的变化情况，是否对发行人未来财务状况和经营成果构成重大不利影响；（4）结合"两票制"政策的影响，说明收购第一大经销商武汉威康股权的原因及合理性，经销商推广服务的内容及必要性，是否存在商业贿赂或者其他利益输送的情形。请保荐代表人说明核查依据、过程并发表明确核查意见。

3. 报告期内，发行人控股子公司华铂凯盛按完工百分比法确认技术服务收入，按"里程碑"条款分期确认技术转让收入。请发行人代表：（1）结合技术服务合同的内容及执行情况，说明合同约定的结算比例与实际工作量是否匹配，合同完工进度的确认依据是否准确，技术服务收入的确认方法、时点是否谨慎、合理；（2）说明与上海凯茂技术转让合同中双方的权利义务是否对等，是否具备商业合理性，技术转让的定价依据及公允性，未来取得销售提成收入的不确定性是否充分披露；（3）结合具体合同条款、同行业可比公司情况等，说明技术转让收入的确认方法、时点是否谨慎、合理，是否符合企业会计准则的规定。请保荐代表人说明核查依据、过程并发表明确核查意见。

4. 发行人因收购天福康、武汉威康股权形成大额商誉。2019年，发行人调整天福康 2018 年末的盈利预测，对 2018 年年报进行会计差错更正，计提商誉减值准备 1,230.94 万元。请发行人代表说明：（1）收购天福康、武汉威康形成商誉的确认情况，收购完成后天福康、武汉威康的经营情况；（2）天福康资产组商誉减值测试前期预测数据与实现数差异较大的原因，2015 年末、2016 年末和 2017 年末未对天福康资产组计提商誉减值的合理性，2018 年末对天福康资产组商誉减值测试调整的依据及具体情况，上述会计差错更正的具体影响；（3）与武汉康威内部交易的定价原则及公允性，2016 年—2018 年武汉威康实现业绩与承诺业绩基本接近的原因及合理性，是否通过内部转移定价达成业绩承诺，对各期末武汉康威资产组商誉减值测试的影响，商誉减值计提是否准确、充分。请保荐代表人说明核查依据、过程并发表明确核查意见。

（十五）北京国科环宇科技股份有限公司

1. 请发行人代表补充说明：（1）发行人客户集中度高、关联方交易比重大对其直接面向市场独立持续经营能力的影响；（2）发行人的核心竞争力、行业地位和直接面向市场独立持续经营能力。请保荐代表人发表明确意见。

2. 发行人 2019 年 3 月在北交所申请挂牌时披露的营业收入 1.81 亿元，净利润超 2,786 万元，与本次申报的财务数据有重大差异。根据发行人解释，差异来源一是北交所挂牌时采用了母公司报表数据，二是本次编制申报有多个科目进行了审计调整。发行人两次申报均由瑞华会计师事务所出具审计报告。保荐机构认为该差异不属于会计差错更正事项。

请发行人代表进一步说明发行人于 2018 年对以前年度的企业所得税进行重新申报的具体时间以及重新申报的原因，以及短时间内财务数据存在重大调整、母公司报表净利润存在 995.91 万元差异的原因；以上事项是否反映发行人存在内控制度不健全、会计基础薄弱的情形。请保荐代表人就发行人是否符合《注册办法》第十一条规定的发行条件发表明确意见。

3.发行人在首次披露招股说明书（申报稿）和前两轮问询回复中，均未披露重大专项承研的业务模式下总体单位（单位D），对业务模式的描述不清晰，未充分说明项目承接方式、各参与方在该模式下的角色、权利义务关系，也未披露发行人核心人员与单位D具有关联关系，仅在第三轮问询回复中才进行说明。此外，发行人的业绩对单位A、单位B依赖度较高，但发行人无法披露单位A、单位B的名称，以及其与单位A之间的关联关系。保荐机构和发行人律师在首次申报和首轮问询回复中均无法对信息披露豁免不影响投资者决策判断事项发表明确、无保留的结论性意见，仅在第二轮问询回复中根据审核问询修改了相关表述，对该事项发表了肯定意见。

请发行人代表进一步说明：存在上述第一款情形是否属于信息披露的重大遗漏；发行人未能充分披露上述第二款投资者作出价值判断和投资决策所必需的信息，是否符合《科创板首次公开发行股票注册管理办法（试行）》第五条关于发行人应当依法充分披露投资者作出价值判断的投资决策所必需信息的规定。请保荐代表人发表明确意见。

（十六）上海泰坦科技股份有限公司

1.根据申请文件，发行人定位为"基于自主核心产品的专业技术集成服务商"。发行人各期主营业务收入中近50%为采购第三方品牌产品后直接对外销售；对于自主品牌产品，发行人全部采用OEM方式。针对OEM生产环节，发行人目前仅有两人负责OEM厂商现场工艺指导与品质管控，部分产品由发行人提供原材料后委托OEM厂商进行分装加工，部分产品通过直接采购OEM厂商成品贴牌后对外销售。请发行人代表补充说明：（1）申请文件所述发行人"专业技术集成服务商"的具体内涵；（2）申请文件所述"技术集成解决方案"在业务模式和经营成果中的体现。请保荐代表人对申请文件是否准确披露"专业技术集成"的业务模式和业务实质发表意见。

2.根据申请文件，发行人核心技术包括生产类核心技术和技术集成服务类核心技术。对于生产类核心技术，由于产品种类繁多，核心技术并不对应单一具体产品，更多的体现在为客户提供针对性强的技术集成产品和服务方面。对于技术集成类核心技术，主要包括用户信息采集及分析、智能仓储物流技术，该等技术主要体现在发行人电子商务平台"探索平台"

的运营上。

请发行人代表补充说明：（1）上述两类技术如何在发行人主要产品和服务中使用，发行人核心生产技术如何体现在自有品牌产品销售中；（2）外购第三方产品销售如何体现发行人的核心技术；（3）上述两类技术先进性的具体表征和创新性，在境内外发展水平中所处的位置；（4）申请文件所披露的"核心技术相关产品和服务收入其及占比"的依据；（5）在互联网、大数据及物流技术方面不具备技术优势和技术领先性的情况下，将用户信息采集及分析等技术认定为公司核心技术的依据。

请保荐代表人：（1）以具体技术参数、研发数据等形式说明核心技术的主要内容，以揭示其具有的创新性、先进性，并结合主营业务和产品分析说明发行人的科创企业属性。（2）对发行人是否准确披露其核心技术及其先进性和主要依靠核心技术开展生产经营情况发表意见。

3. 申请文件多处采用打破国外巨头垄断、实现部分产品国产替代、进口替代类似表述。请保荐代表人就申请文件所述下述事项发表意见：（1）市场地位相关佐证依据的客观性；（2）除发行人外，是否存在同类产品的国内厂家，如有，说明相关产品与发行人产品在质量、档次、品类、价格方面的差异；（3）发行人相关产品与国外厂商在数量上的重合能否作为其认定发行人产品实现进口替代的依据；（4）在实现自主产品进口替代情况下，技术集成第三方品牌收入占主营业务收入比重近50%的原因。

4. 根据申请文件，发行人直接销售给终端生产商的特种化学品，无论是自主品牌还是第三方品牌，均与自身核心技术——材料配方技术直接相关，而出于自身及下游生产客户的商业秘密考虑，公司未对该技术本身或具体配方申请专利。请发行人代表进一步说明采用技术秘密方式保护的材料配方核心技术与主要产品全部采用 OEM 模式进行生产之间的合理逻辑性，相关产品是专用产品还是通用产品，毛利率偏低的原因，第三方品牌如何使用发行人配方，配方是否存在使用公开、被反向技术破解或外泄的可能，相关技术秘密是否已进入公知领域，是否会对公司的核心竞争力和持续经营能力产生重大不利影响。

（十七）海湾环境科技（北京）股份有限公司

1. 请发行人代表说明：（1）2015 年黄永山、杨冠三借款给实际控制人魏巍用于发行人增资的背景、资金来源，是否存在股份代持或其他利益输送情形，实际控制人是否具备足够的偿付能力，借款事项是否影响发行人股权结构的稳定性；（2）报告期内多名高管（包括两任财务总监）先后离职的原因及合理性，对发行人日常经营管理的具体影响；实际控制人之一胡晓海是否具备财务总监的任职能力及条件，目前兼任财务总监是否对发行人及其他股东的权益构成潜在不利影响；（3）收购海湾工程51%股权仅一年，即以相同价格回售原股东的商业合理性；海湾工程被收购后的经营业绩与收购时评估预测结果是否存在差异及原因，相关商誉减值是否充分、合理。请保荐代表人说明核查依据、过程并发表明确核查意见。

2. 报告期内，发行人主营业务包括油品VOCs污染控制业务和工业VOCs等废气污染控制及监测业务。请发行人代表：（1）结合相关环保政策的变化及趋势，说明报告期内油品VOCs污染控制业务收入波动且结构变化较大的原因及合理性；（2）2018年以来双层罐收入快速增长，与同期新增固定资产的匹配关系，产能受限情况对未来双层罐业务的影响及风险；CSI公司专利的许可类型、期限，其同意变更许可费条款的商业合理性，对双层罐业务盈利水平的影响；（3）说明工业VOCs等废气污染控制及监测业务收入2018年以来增长较快、毛利率波动较大的原因及合理性；结合2018年主要项目的完工验收时间节点，说明收入确认时点是否正确，是否存在跨期调节收入利润的情形；（4）结合期末在手订单情况，说明发行人2019年盈利预测报告的依据是否充分，相关预测数据是否谨慎、合理；（5）结合两类业务的市场容量、行业格局、发行人目前的市场份额和竞争优势等，说明各细分产品及业务未来的市场前景及可持续性。请保荐代表人说明核查依据、过程并发表明确核查意见。

3. 报告期内，发行人客户较为集中，部分客户同时为供应商；同时，部分客户系通过与销售服务商合作开发取得。请发行人代表说明：（1）客户较为集中的原因及合理性，是否符合行业惯例；（2）石家庄宇清环保等客户同时为供应商的原因及合理性，是否符合行业惯例，是否具有环保施工等相关经营范围和业务资质，发行人对其销售收入的真实性；（3）与销售服务商合作开发客户模式的商业合理性，服务费定价的依据及其公允性；报告期内销售服务费率不断下降的原因及合理性，是否存在通过销售服务商分担发行人成本、费用的情形；（4）销售服务商与发行人及其主要股东、实际控制人、董监高、客户之间是否存在关联关系；是否存在商业贿赂等不规范情形，相关内控制度是否健全并有效执行。请保荐代表人说明核查依据、过程并发表明确核查意见。

4. 报告期内，发行人应收账款余额较大且持续增长，信用期外账款占比较高；同时，各期经营活动产生的现金流量净额除 2018 年外，均为负值且金额较大。请发行人代表说明：（1）报告期内应收账款大幅增长的原因及合理性，与同行业可比公司情况是否一致；（2）发行人与客户之间有关信用政策的条款约定及其合理性，以内部信用期为标准划分应收账款的合理性，相关信息披露是否准确；（3）各期末应收账款的期后回款情况，回款较慢、信用期外账款占比较高的原因及合理性，是否存在重大的回款风险；（4）坏账准备计提政策是否谨慎，计提是否充分、合理；2019 年变更坏账准备计提政策的原因及合理性，对发行人 2019 年盈利预测数据的影响；（5）各期经营活动现金净流量与同期净利润差异较大的原因及合理性，是否对发行人持续经营能力、偿债能力构成重大不利影响。请保荐代表人说明核查依据、过程并发表明确核查意见。

5. 报告期内，发行人存货余额出现一定波动。请发行人代表说明：（1）存货余额波动的原因及合理性；（2）部分在建工程完工周期较长或长期未结转的原因，与业主方是否存在争议或纠纷，是否存在期间调节收入情形；（3）库龄 1 年以上的原材料金额及占比持续上升的原因及合理性；（4）各期末存货跌价准备计提是否充分。请保荐代表人说明核查依据、过程并发表明确核查意见。

（十八）北京墨迹风云科技股份有限公司

1. 发行人运营的网站、"墨迹天气 APP"存在未经其许可违规发布互联网新闻信息，被责令限期整改的情形；发行人存在在取得《互联网药品信息服务资格证书》之前，发布药品广告的情形。发行人现有的 APP 存在视频节目与游戏节目，以及发布医院广告。请发行人代表：（1）说明报告期内发行人所从事的全部业务是否已取得当时有效的法律法规规定的全部资质，是否已履行了必要的审批或备案程序，是否存在取得相关资质、许可证书前未合规经营的情形，是否存在后续被要求整改或行政处罚等影响业务持续运行的风险；（2）说明发行人经营视频节目是否需要办理《信息网络传播视听节目许可证》或履行备案程序，视频节目跳转是否应明确标识；（3）说明发行人经营网络游戏节目是否向文化部门办理了游戏运营备案手续，是否在运营网站指定位置及游戏内显著位置标明备案编号电子标签，是否需要获得《网络出版服务许可证》，网络游戏上网出版前是否获得了国家新闻出版部门的审批；（4）说明报告期内广告业务是否符合《广告法》及《互联网广告管理暂行办法》等法律法规及行业监管政策的规定，是否受到过行政处罚；发布医院或医疗广告是否已获得相关许可；品牌广告与效果广告二者合法性审核的区别与联系；（5）说明发行人确保业务合规运行的相关内控制度，是否与同行业一致，内控执行是否健全有效，是否构成发行障碍。请保荐代表人说明核查依据、过程并发表明确核查意见。

2. 发行人通过自主收集及第三方途径获取用户数据及标签，并利用数据进行商业化变现，发行人于2019年7月16日收到APP专项治理组发出的《关于APP收集使用个人信息相关问题的通知》，APP专项治理工作组要求发行人就收集使用个人信息中存在的问题进行整改。请发行人代表说明：（1）发行人获取用户数据及标签的过程及方法，是否对用户有明示提示，用户授权在法律上是否完备，是否明确告知收集信息的范围及使用用途，发行人获取用户数据的手段及方式是否合法合规；（2）发行人使用用户数据是否合法合规，尤其是商业化变现的合规性，结合相关媒体报道的墨迹天气上传用户隐私等情况，对照《网络安全法》、《关于办理侵犯公民个人信息刑事案件适用法律若干问题的解释》等法规和司法解释，说明报告期发行人是否存在侵犯用户隐私或数据的情况，是否存在法律风险或潜在法律风险；（3）数据获取、使用、处理等过程的内部控制制度及执行情况，对数据安全和个人隐私的保护措施与手段，是否出现过个人信息、隐私泄露事件，是否存在纠纷或潜在纠纷；（4）日益加强的数据行业监管及个人隐私保护政策对发行人业务的影响及相关应对措施；（5）发行人针对APP专项治理工作组通知指出问题的整改情况及整改效果，是否获得主管部门的认可，是否面临被处罚的风险。请保荐代表人说明核查依据、过程并发表明确核查意见。

3. 报告期内发行人互联网广告信息服务收入占比超过95%。请发行人代表：（1）结合报告期内累计装机用户、新增装机用户、月均活跃用户、日均活跃用户、填充率、单价、单个用户日均使用时长等数据及变化趋势，说明终端广告主客户及其交易金额的稳定性、成长性及其与 APP 价值关键评估指标的匹配性，营业收入及其增长率与 APP 价值关键评估指标的相关性；（2）说明发行人广告投放价值是否发生变化，发行人报告期内收入的增长速度远高于月均活跃用户数的原因及商业合理性，营业收入增长的原因及其与同行业公司的一致性、合理性，营业收入增幅与净利润增幅不匹配的原因；（3）说明主营业务增长和高毛利率的合理性和可持续性，未来发行人是否存在收入和净利润下降的风险；（4）说明报告期推广下载或激活平台的具体情况，该等载体如华为等是否已经具备自行开发的气象软件，发行人是否存在未来无法获得稳定持续下载量或者激活量的风险；（5）针对广告代理商的返点政策及返点结算情况，说明相关返点费用反映是否充分、足额；（6）说明自 2017 年开始品牌广告业务模式发生变化、大量外采广告设计制作，发行人与广告代理商的合同中未明确外采广告设计制作权利义务条款的情形，是否符合行业惯例、是否具有商业合理性。请保荐代表人说明核查依据、过程并发表明确核查意见。

4. 报告期内与发行人存在直接或间接股权关系的客户（阿里、苏宁、腾讯，以下称"股权相关方"）直接或间接贡献收入金额及占比较大。请发行人代表：（1）结合发行人与上述股权相关方业务的具体内容，说明业务的背景、真实性、必要性及商业合理性，发行人获得相关业务是否与股权相关方投资发行人存在直接关系，是否存在免费利用上述直接或间接股权关系的股东及关联方获客渠道或资源的情形，是否符合行业惯例；（2）对比发行人向第三方销售同类服务的价格、相关方采购第三方同类服务的价格等情况，说明交易价格的公允性，是否存在相关方为发行人代垫费用、支付成本或其他利益输送情形；（3）说明发行人与上述股权相关方的业务合作是否具有稳定性、可持续性，是否存在重大不确定性风险，是否影响发行人持续盈利能力，以及发行人在市场开拓方面的应对措施。请保荐代表人说明核查依据、过程并发表明确核查意见。

（十九）博拉网络股份有限公司

1. 请发行人代表以浅显直白，简单易懂的语言说明：（1）发行人的业务模式和业务实质、核心技术及技术先进性以及核心技术在主营业务中的应用情况；（2）发行人营业收入与其主营业务和核心技术的直接对应关系。请保荐代表人发表明确意见。

2. 请发行人代表说明：（1）发行人与其客户在确认投放方案以及具体投放过程中双方的具体权利义务；（2）在投放方案，特别是投放媒体需要客户确认同意的情况下，发行人对具体投放工作的可操作空间以及这些具体操作可能对最终履约效果的影响；（3）发行人如何在执行精准投放前先获取供应商广告资源，是否存在已获取但最终未能使用的广告资源；（4）若客户根据对投放效果的监控，对投放具体事宜提出修改意见，发行人是否有义务根据客户的建议相应修改具体投放方案；（5）在采用 CPM 方式与客户结算的情况下，发行人与其供应商选用何种结算方式；（6）发行人采用全额法核算的数字媒体投放服务在申报期间的毛利率，并据此进一步说明发行人在该类业务中具有实质性的议价能力；（7）结合业务实质，说明发行人所采用的收入确认方法是否符合《企业会计准则》规定。请保荐代表人发表明确意见。

（二十）北京嘉曼服饰股份有限公司

1. 报告期内，发行人存在刷单与自买货行为、固定资产相关内控不健全、使用个人账户支付款项或费用、未能充分抵消内部交易未实现利润、存货及其减值计提等问题。请发行人代表说明：（1）前述问题的基本情况，采取的整改措施及效果，相关责任追究情况，整改是否到位；（2）实际控制人曹胜奎与自然人初锋、马长海之间资金往来的原因及合理性，是否存在利益输送或其他利益安排；相关固定资产的核算是否真实、准确；（3）申报后至 2019 年 6 月仍存在使用个人账户支付款项或代垫费用情形的原因，相关内控制度是否健全有效；（4）涉及事项的相关历史会计处理、资产负债确认，及整改会计差错期后调整，是否符合企业会计准则的规定；上述事项所产生错报对报告期财务状况的影响；（5）发行人报告期内部控制是否存在缺陷、会计基础工作是否薄弱。请保荐代表人说明核查依据、过程，并发表明确核查意见。

2. 发行人报告期内营业收入持续增长。请发行人代表说明：（1）营业收入持续增长的原因及合理性，是否与行业可比公司情况一致；（2）对加盟商销售产品实现终端销售及期末库存情况，是否存在加盟商铺货为发行人调节收入等情形；（3）电商直营快速增长的原因，是否与同行业可比公司趋势一致；电商渠道销售和回款的流程，IT 审计的结论，是否存在线上浏览和下单客户的异常情况。请保荐代表人说明核查依据、过程，并发表明确核查意见。

3. 发行人主要产品为童装，包括自有品牌、授权经营品牌和国际代理零售品牌。请发行人代表：（1）说明授权经营品牌的营业收入占比逐年增长、自有品牌收入占比逐年下降的原因，是否符合行业惯例；（2）结合与国际零售代理业务相关的二十一个国际品牌商未签署长期合作协议、哈吉斯童装品牌授权许可将于 2020 年 12 月 31 日到期的情况，说明发行人与相关品牌方合作的稳定性与可持续性；（3）结合前述情况，说明发行人的核心竞争力及可持续经营能力。请保荐代表人说明核查依据、过程，并发表明确核查意见。

4. 报告期各期末，发行人存货余额较大。请发行人代表说明：（1）报告期内库存商品余额较大且增长较快的原因及合理性；1 年期以上存货占比约为 30%，说明其主要构成内容，是否存在产品滞销情形，与同行业可比公司的差异情况及合理性；（2）对各类产品及不同库龄存货计提存货跌价准备的具体方式，存货跌价准备计提是否充分，存货跌价准备计提比例远小于同行业公司的原因及合理性。请保荐代表人说明核查依据、过程，并发表明确核查意见。

（二十一）山东兆物网络技术股份有限公司

1. 发行人报告期销售收入主要来自公安系统。2019 年营业收入、净利润均出现下滑。请发行人代表说明：（1）报告期各期业务收入波动变化的原因及合理性，是否与同行业可比上市公司变动趋势一致；（2）获取订单的方式，报告期内是否存在应履行招投标程序而未履行招投标的情形，是否存在商业贿赂或不正当竞争等情形，是否构成本次发行的障碍；（3）发行人在手订单是否存在下滑风险，收入是否具有可实现性和持续性，各级公安机关职能调整是否对发行人的业绩产生重大不利影响；（4）新冠疫情对发行人业绩的影响，结合 2020 年上半年业绩实现情况，说明发行人的核心业务、经营环境、主要指标是否发生重大不利变化，是否具有市场竞争力，影响业绩下滑的因素是否已消除，是否对发行人的生产经营构成重大不利影响。请保荐代表人说明核查依据、过程，并发表明确核查意见。

2. 报告期各期末，发行人试用商品余额较大，请发行人代表说明：（1）试用商品模式是否符合业务特点，是否和同行业可比公司一致，部分试用商品试用期大于 2 年的原因及合理性；（2）2018 年底至目前试用商品金额大幅增加的原因及合理性，2019 年末库龄 1 年以上的试用商品占比大幅增加的原因及合理性；2019 年末的试用商品截至目前的转销售情况；（3）试用商品是否属于发行人为推广产品而前期免费使用的情形，对试用商品的会计处理是否符合企业会计准则的相关规定；（4）试用商品未来实现销售的可行性，是否该等退回商品已实质形成损失；（5）预计可转销售相应的具体依据，截至目前仍未签订合同的合理性；（6）部分重要客户报告期存在交易履行的同时或交易履行完毕后短期内发行人交付试用商品是否符合商业逻辑，该等试用商品是否构成已履行合同成本或交易后维修成本；（7）发行人对试用商品的减值准备政策是否合理，是否符合企业会计准则的规定，试用商品减值准备计提是否充分。请保荐代表人说明核查依据、过程，并发表明确核查意见。

3. 发行人报告期扣非后归母净利润率较高。请发行人代表说明：（1）净利润率与可比公司存在差异的原因及合理性；（2）发行人研发人员及销售人员结构和规模是否与发行人营收规模具有配比性，与可比公司是否一致，报告期人均职工薪酬是否处于合理水平；（3）发行人管理费用率低于同行业可比公司平均水平的原因及合理性；（4）直接人工及制造费用远低于同行业可比公司的原因及合理性，是否存在第三方或体外承担成本的情况。请保荐代表人说明核查依据、过程，并发表明确核查意见。

4. 报告期各期，发行人应收账款账面余额占各期营业收入比例较高且最近一年及一期末余额大幅增加。请发行人代表说明：（1）账龄一年以上以及信用期外应收账款占比较高是否符合行业特点，是否存在放宽信用期限达到收入增长的情形；（2）结合公安系统职能调整改革政策的情况、主要客户信用状况、逾期及长账龄应收账款的回款情况说明坏账准备计提是否充分。请保荐代表人说明核查依据、过程，并发表明确核查意见。

（二十二）深圳威迈斯新能源股份有限公司

1. 扬州尚顺、同晟金源合计持有发行人 7.93% 股份。2018 年发行人第一大客户上汽集团及其下属公司间接持有扬州尚顺、同晟金源股权及财产份额。请发行人代表说明：（1）发行人获得上汽集团及下属公司订单与扬州尚顺、同晟金源合计持有发行人 7.93% 股份是否存在关联；（2）上汽集团是否能够控制扬州尚顺及同晟金源；（3）扬州尚顺及同晟金源入股发行人后，发行人与上汽集团及其下属公司的合作条件是否存在明显变化；（4）上汽集团与发行人的合作条件是否与其他第三方可比供应商存在明显不同；双方是否就业务开发、渠道沟通、订单获得等事项存在潜在的安排或承诺；同步开发模式下是否依赖上汽集团的技术或技术资料；（5）上汽集团及其下属公司是否存在对其他供应商投资的情况；这些投资是否与扬州尚顺、同晟金源或者冯戟、陈立北相关。请保荐代表人说明核查依据、过程，并发表明确核查意见。

2. 2017 年 6 月发行人进行股权激励时确认股份支付费用采用的每股价格同 2018 年 3 月引入外部投资者的每股受让价格存在较大差异。请发行人代表：结合两次股份变动时的定价过程及期间的关键影响事件，说明转让价格与授予股份公允价值之间产生差异的合理性。请保荐代表人说明核查依据、过程，并发表明确核查意见。

3. 关于售后服务费计提。2017 年至 2019 年售后服务费实际支出超过预计负债计提金额。2017 年发行人净利润为 300.84 万元。请发行人代表：（1）说明发行人无法对计提比例进行合理预估的原因；在实际发生费用占车载电源产品销售收入比例高于计提比例的情况下，发行人未重新估计并调整计提比例的原因及合理性；（2）结合 2018 年、2019 年实际发生维修费用的构成，说明 2018 年、2019 年的维修费用是否来源于 2018 年之前的产品销售合同，该因素无法纳入 2017 年售后服务预计范围的理由及合理性，各期维修费用的列支是否存在跨期确认的情况；（3）说明 2019 年将过去三年实际发生售后服务费用占销售收入比例的平均值为基础调整预计负债计提比例是否合理，是否充分考虑当期销售合同在未来期间出现维修需求的概率，是否满足企业会计准则的相关要求。请保荐代表人说明核查依据、过程，并发表明确核查意见。

4. 2009 年 9 月蔡友良、杨学锋曾接受万仁春委托代其持有威迈斯有限的股权。2013 年 7 月经双方协商由万仁春将其实际持有的发行人部分股权转让给蔡友良。发行人持股 5% 以上股东蔡友良涉及的执行案件目前仍处于司法程序中。请发行人代表：（1）说明 2009 年至 2013 年蔡友良、杨学锋代发行人控股股东、实际控制人万仁春持有股份是否真实；（2）结合万仁春向蔡友良借款的背景、金额、支付方式等因素，说明解除代持时股权转让款由万仁春向蔡友良的借款抵销的真实性，在解除代持关系过程中是否存在纠纷或潜在纠纷；（3）说明蔡友良持有发行人的股份被司法查封、冻结的可能性以及对发行人的影响。请保荐代表人说明核查依据、过程，并发表明确核查意见。

5. 发行人募投项目"龙岗宝龙新能源汽车电源产业基地建设项目"与深圳市龙岗区发展和改革局项目公示存在差异。请发行人代表说明：（1）上述募投项目在招股说明书中披露的情况与环评单位公示产生差异的原因及合理性；（2）该募投项目在开工时间、进度安排、建设进展情况。请保荐代表人说明核查依据、过程，并发表明确核查意见。

（二十三）精英数智科技股份有限公司

1. 请发行人代表：（1）分析采用项目服务商方式开展业务的商业合理性，选取典型案例说明与项目服务商建立合作关系、确定双方分工及收费的具体流程；（2）说明是否已建立与项目服务外包业务相关的内部控制制度，包括对外包服务商的资质要求、选择流程、与回款相关义务的落实、避免在合作过程中发生体外资金循环、商业贿赂及不正当竞争等情况；（3）结合期末应收账款余额中逾期款项占比较高的情况，说明项目服务商与回款相关的履约义务是否未能切实履行、相关合同条款是否流于形式。请保荐代表人发表明确意见。

2. 请发行人代表：（1）说明在发行人部分主要客户已呈现诸多信用风险、期末应收账款余额中逾期款项占比较高的情况下，发行人对资信状况恶化客户应收账款的坏账准备计提是否充分，是否符合企业会计准则的相关规定，与同行业可比公司相比是否存在重大差异；（2）说明发行人是否对应收账款逾期风险采取了有效的应对措施，发行人控股股东、实际控制人是否已采取有效措施避免发行人由于已存在应收账款计提坏账准备不充分而可能遭受损失的风险；（3）说明发行人、控股股东、实际控制人、董监高、发行人员工及前述主体的关联方是否与相关客户、第三方达成任何未披露的约定。请保荐代表人发表明确意见。

3. 请发行人代表：（1）结合山西省煤炭行业安全生产信息化建设的总体情况，说明发行人在报告期内占主营业务收入比例较大的安全生产风险智能检测业务是否将大幅回落，分析该等变化是否对发行人持续经营能力构成重大不利影响；（2）结合 2020 年上半年业务的实际情况及对 2020 年全年业务收入的展望，说明发行人未来业务变化的前景，分析在市场空间可能收窄的情况下，以募集资金投入"安全生产智能感知系统产业化项目"的必要性。请保荐代表人发表明确意见。

4. 请发行人代表说明：（1）自身地理信息系统的核心 GIS 平台作为核心技术的产品特点，是否存在较高进入壁垒、是否存在相关专利保护或需要面对竞争对手通过专利保护形成的进入壁垒；（2）是否在地理信息外部供应商的基础操作系统基础上进一步做行业应用开发；（3）开发过程中是否与大部分商业化的地理信息系统一样，需要大量人力现场标记和采集信息。请保荐代表人发表明确意见。

（二十四）周六福珠宝股份有限公司

1. 发行人报告期内主营业务收入大幅增加，增幅远高于同行业可比公司。发行人加盟模式下实现的收入占比超过 80%。请发行人代表说明：（1）以加盟销售为主的销售模式是否符合行业惯例；加盟商和发行人是否存在实质和潜在的关联关系，是否存在向加盟商提供财务资助或者资金支持的情形；（2）报告期各期新增加盟店家数是否和同行业可比上市公司相近，各期新增加盟店月平均销售额逐年增长的原因及合理性，新增加盟商店均销售额远高于平均店均销售额的原因及合理性；（3）部分销售额高的加盟商销售波动较大或合作期限较短的原因及合理性；（4）报告期自营店店均销售额呈下滑趋势但加盟店店均销售额呈上升趋势的原因及合理性；（5）发行人主营业务收入增幅远高于同行业可比公司的原因及合理性；（6）报告期内发行人调整品牌使用费和特许经营费的原因及合理性；加盟商更多的选择从发行人处直接采购的商业合理性；（7）部分加盟店不使用发行人 POS 系统进行开单销售的原因及合理性，发行人关于加盟商管理的内控制度是否健全并有效执行；（8）加盟商的终端销售情况及加盟商各报告期平均期末存货变动情况，加盟商是否存在大量库存积压，是否提前压货销售，是否存在调节收入的情形，是否存在资金来自发行人、实际控制人、董监高及主要股东的情形；（9）新冠疫情对发行人经营和财务状况的具体影响，是否会对发行人经营产生重大不利影响。请保荐代表人说明针对加盟商模式下的收入增长的合理性与真实性、加盟商终端销售实现情况及期末存货结存情况的核查依据、过程，并明确发表核查意见。

2. 请发行人代表说明：（1）发行人主要商标的取得及使用情况；（2）关于商标、品牌保护及管理的相关制度；（3）发行人多起商标权纠纷的原因，是否对发行人的生产经营产生重大不利影响。请保荐代表人说明核查依据、过程，并发表明确核查意见。

3. 发行人采取入网模式指定供应商或备案供应商为加盟商提供产品。报告期内应收账款及存货余额较大且增长较快。请发行人代表说明：（1）发行人采取入网模式指定供应商或备案供应商为加盟商提供产品是否符合行业惯例，入网模式下产品质量控制体系及其有效性；（2）存货余额较大且增长加快的原因及合理性；（3）2018年10月出台的助力北方区域渠道信用政策实施的原因及合理性，是否存在为增加销售放宽信用政策的情形，结合具体回款情况进一步说明相关坏账计提是否充分。请保荐代表人说明核查依据、过程，并发表明确核查意见。

（二十五）江苏网进科技股份有限公司

1. 请发行人代表结合黄玉龙、张亚娟和潘成华之间的股权转让及其资金往来和纳税情况等说明实际控制人的认定理由是否充分，实际控制人所持发行人的股份权属是否清晰，是否符合《创业板首次公开发行股票注册管理办法（试行）》第十二条的有关规定。请保荐人代表发表明确意见。

2. 发行人的第一大股东文商旅集团持股比例超过三分之一，并有两名来自文商旅集团的人员担任董事，其中一名担任发行人董事长。文商旅集团为昆山市国有独资企业，报告期发行人90%以上销售收入来源于昆山市智慧城市建设。请发行人代表说明文商旅集团被认定为对发行人既无控制权，也无重大影响，仅作为财务投资人的理由是否充分。请保荐人代表发表明确意见。

3. 请发行人代表说明报告期内发行人长期应收款未计提减值准备是否

符合企业会计准则。请保荐人代表发表明确意见。

（二十六）长沙兴嘉生物工程股份有限公司

1. 请发行人代表：（1）说明新产品研发及饲喂效果验证的流程；（2）说明如何区分新产品研发支出的量产产品的成本；（3）分析发行人所持发明专利与核心技术、主营业务收入的相关性；（4）说明包括董事长、总经理在内的管理团队成员参与研发项目的情况；（5）结合发行人在审核期间将部分工资支出由研发投入改列为管理费用的情况，说明对研发投入的会计核算是否准确、合理。请保荐代表人发表明确意见。

2. 请发行人代表说明：（1）经销商的终端销售及期末存货情况、经销商是否根据其终端客户的需求向发行人采购、国外经销商期末库存情况、经销商期末库存水平是否合理；（2）上述情形是否受到 2020 年新冠疫情的影响而发生重大变化；（3）报告期内，是否存在通过放宽信用政策促进销售、利用经销商囤货提前确认收入的情形，发行人披露的各期营业收入是否真实准确。请保荐代表人说明对境外经销商期末存货、报告期内销售收入的核查情况，包括但不限于是否受到疫情影响而未能进行现场访谈、该等情形是否对销售真实性的核查造成不利影响，并发表明确意见。

3. 请发行人代表结合发行人在审核期间，修改关于自身行业属性、专利数量等表述的情况，说明发行人是否已按照注册制的要求，对自身科创板定位进行合理的评价，相关信息披露是否充分、准确。请保荐代表人发表明确意见。